DUMBARTON OAKS
MEDIEVAL LIBRARY

Jan M. Ziolkowski, General Editor

THE OLD ENGLISH HISTORY

OF THE WORLD

DOML 44

The Old English History of the World

An Anglo-Saxon Rewriting of Orosius

Edited and Translated by

MALCOLM R. GODDEN

DUMBARTON OAKS
MEDIEVAL LIBRARY

HARVARD UNIVERSITY PRESS
CAMBRIDGE, MASSACHUSETTS
LONDON, ENGLAND
2016

Library of Congress Cataloging-in-Publication Data
Names: Orosius, Paulus, author. | Godden, Malcolm, editor, translator. |
Orosius, Paulus. Historiarum adversus paganos libri VII. English (Old
English) Container of (expression): | Orosius, Paulus. Historiarum
adversus paganos libri VII. English. Container of (expression):

Title: The Old English history of the world : an Anglo-Saxon rewriting
of Orosius / edited and translated by Malcolm R. Godden.

Other titles: Historiarum adversus paganos libri VII. English (Old Eng-
lish) | Dumbarton Oaks medieval library ; 44.

Description: Cambridge, Massachusetts : Harvard University Press,
2016. |

Series: Dumbarton Oaks medieval library ; 44 | Text in Old English with
English translation on facing pages; introduction and notes in English. |
Includes bibliographical references and index.

Identifiers: LCCN 2016011702 | ISBN 9780674971066 (alk. paper)

Subjects: LCSH: World history—Early works to 1800. | History,
Ancient—Early works to 1800. | Apologetics—Early works to 1800. |
Church history—Primitive and early church, ca. 30–600. | Orosius,
Paulus. Historiarum adversus paganos libri VII. English (Old English)

Classification: LCC D17 O6813 2016 | DDC 930—dc23 LC record
available at http://lccn.loc.gov/2016011702

Contents

Introduction

On the twenty-fourth of August in the year 410, the Goths, under their king Alaric, entered the city of Rome and spent three days pillaging it, without, it seems, doing much damage to people or buildings. They then moved south toward Sicily, possibly in the hope of escaping to Africa, but Alaric died and the Goths retreated back through Italy to Gaul, from where they were driven into Spain by Roman forces in 414. Traditionally known as "the sack of Rome" or even "the fall of Rome," the brief irruption into the city was by all accounts of little material significance at the time. The western emperor, Honorius, and his administration had long been based far away, in Ravenna, well protected by marshes, rather than in Rome, and were seemingly untroubled by the event. Arguably, Alaric's previous visit to Rome in 409 had been more troubling to the imperial administration, when the senate had allowed the Goths into Rome and collaborated with them in setting up the prefect of the city as emperor in opposition to Honorius (Alaric promptly deposed him again the next year). The pope too, whose office was eventually to give greater significance to Rome again, was absent from the city at the time. Even so, the "sack of Rome" in 410 acquired remarkable resonance away from Italy. Jerome heard the news in his Bethlehem retreat and grieved over the fall of the city that had once conquered the whole world. In distant Britain, the Gothic attack came to be seen as the event that marked the end of nearly five centuries of Roman power in the island. Most important for our purpose, across the Mediterranean in North Africa, the sack of Rome prompted two major rewritings of ancient history, Augustine's *City of God* and Orosius's *Seven Books of History against the Pagans,* which had considerable effects on the study of the past in both the late antique and the early medieval world.

Ancient Greece and Rome each had a venerable tradition of historical writing, but once the Roman Empire began to accept Christianity as its official religion under the emperor Constantine (306–337), historians saw a need to replace the traditional pagan accounts of Rome and its neighbors with new narratives, so as to reflect the role of a benevolent Christian God rather than the pagan gods, to elevate the achievements of imperial Rome—under which Christ was born and Christianity developed—above the supposed glories of republican Rome, to emphasize the ideals of peace rather than war, to tie Roman and Greek chronologies to events in the Bible, and to acknowledge the history and fortunes of other countries abutting on the Mediterranean rather than just the triumphs of Rome itself. The process was begun by Eusebius, bishop of Caesarea under Constantine, whose universal chronicle in Greek included tables synchronizing events from ancient times in different regions and from different sources, including Greeks, Assyrians, and Egyptians. This was updated and turned into Latin by Jerome around 380, taking events down to the defeat and death of the emperor Valens in 378. Then soon after 410,

Augustine began writing his massive *City of God,* which incorporated substantial amounts of Roman history reinterpreted as part of his great polemic about the role of the Christian God in human affairs. And it was Augustine in turn who prompted Orosius to embark on his rewriting of the history of the world from a Christian perspective, which became one of the most widely read accounts of world history through late antiquity and the Middle Ages and an important influence on much later writing of history.

Orosius was a scholar and cleric from Spain (or arguably what is now Portugal) who visited Augustine in Hippo around 414, possibly as a refugee from warfare in his native land, and then Jerome in Palestine, before returning to North Africa around 417 and beginning his history with Augustine's encouragement. His non-Roman origins and travels perhaps helped him to identify with the victims of Rome as much as with the victors. Augustine and Orosius present their accounts of world history as a response to the sack of Rome, which is the starting point for the *City of God* and both a recurrent theme and the endpoint for Orosius's *History.* In particular, they present themselves as responding to those who were apparently claiming that the decline of Rome, which the Gothic entry dramatically revealed, was due to the abandonment by the Romans of traditional paganism in favor of Christianity. By the time of writing, the Roman Empire had operated under Christian rulers almost exclusively for nearly a century, and there is little evidence that a return to Roman paganism was still a serious threat, though there does seem to have been some yearning for its cultural trappings. Roman emperors around the time of Orosius were more concerned about resolving the conflicts between different forms of Christianity than the conflict between Christianity and pagan beliefs and practices. But the real or supposed claims being made for classical paganism and the glories of pagan Rome served as a convenient trigger for the kind of historiographical endeavor that the times called for anyway.

For his rewriting of primarily both Greek and Roman history, Orosius drew heavily on Livy, supplemented with material from Caesar's *Gallic Wars,* along with the Latin epitome by Justinus of the universal history written in Greek by Pompeius Trogus, the chronicle of Eusebius-Jerome, the church history of Rufinus, and various other sources, including Herodotus. For the final twenty years of his narrative up to 410, he seems to have drawn on his own knowledge and ephemeral records. Orosius's view of ancient history was inevitably very different from that of Livy and other classical historians. He repeatedly questions the traditional claims for Roman honor and heroism and expresses doubt about the value of Greek and Roman military successes, especially to those who were the victims. He emphasizes the recurrent miseries of warfare and natural disaster that plagued mankind until the birth of Christ, which took place in a time of universal peace under Augustus and ushered in an age of comparative freedom from conflict and disaster.

Orosius's *History* was widely circulated in early medieval times and much relied on for its account of antiquity. Some fifty manuscripts survive from the period before 1100, and a further two hundred from the period up to 1500. It was clearly well known and much used in Anglo-Saxon England in the centuries immediately following the conversion to Christianity at the end of the sixth century. The evidence of early glossaries, deriving from the late seventh or early eighth century, shows that Orosius's *History* was being intensively studied in England at that time, and it was used by Bede and Aldhelm and at least known to Alcuin. Orosius's initial account of the geography of the world in his time, a novel feature of history writing, was also of great interest to readers and scholars in the early medieval period.

It is not surprising then that sometime in the late ninth or early tenth century an Anglo-Saxon scholar embarked on his own translation and adaptation of Orosius's *History*. This Old English version survives only in two manuscripts, of the tenth and eleventh centuries, and the earliest reference to it is a claim by William of Malmesbury in the early twelfth century, now generally rejected, that it had been written by King Alfred, but there is good evidence for an approximate date around Alfred's time. The reference to Hungarians in the fourth book points to a date of composition substantially after 862, when they are first heard of in Europe, while the apparent influence of *The Old English History* on *The Old English Boethius,* written by 950 at the very latest, suggests 930 or so as the latest likely date. The author was a West Saxon with good knowledge of Latin and a reasonable familiarity with ancient history, but nothing else is known of him. He was probably a cleric, judging from his education, Latinity, and perspective. He may have been inspired by the encouragement for translations from Latin given by King Alfred, but there was an established tradition of scholarly translation before that time. The only evidence for an Alfredian link is of doubtful significance, since it is now thought that the report of the voyages of one Ohthere embedded in the account of European geography near the beginning, which purports to be derived from a spoken account given to the king, was added to the *History* some time after its original composition, and not necessarily by the original author (see Bately, *The Old English Orosius,* 316). The work may indeed have been part of a collaborative project, since some modern scholars have seen linguistic and stylistic evidence that more than one writer was involved in *The Old English History.* But for present purposes we will assume a single author and call him Osric, since it is inconvenient to go on using circumlocutions, and a name helps to give a figure substance (the name is chosen simply because it chimes with Orosius).

Osric did not continue the *History* beyond the year 410 (indeed he left out Orosius's account of the aftermath of the sack of Rome up to 414), or attempt to update it, except in the geographical and ethnographical material, where he supplied a detailed description of the Germanic parts of Europe and their contemporary inhabitants and a long account of the contemporary voyages of Ohthere and Wulfstan around Scandinavia and the Baltic (if that is not a later interpolation). He also supplied several updating references to the later inhabitants—Huns, Hungarians, Lombards, etc.—of particular areas mentioned in the course of the historical narrative by Orosius. For the historical material, Osric substantially rewrote the whole narrative. For the first four of the seven books, he included most of the main events reported by Orosius, but by cutting comment and extraneous detail was able to reduce the length to about 80 percent of the original. For the remaining three books, from the destruction of Carthage in 150 BCE to Orosius's time of writing in 417 CE, he cut more radically, omitting much of the narrative of the later history of the Roman Republic and the history of the empire, and reducing the three books to two.

As well as omitting material, Osric also incorporated a remarkable amount of additional detail into his reworking of the Latin text, especially for the early centuries. Orosius wrote his *History* for classically educated readers who were well-versed in the history of Rome especially, and he could afford to be brief and allusive in his treatment of familiar history. Much of the time, indeed, he seems to have been offering simply a résumé of the traditional account given by Livy or Justinus, reworked with the aid of his own characteristic spin to emphasize the treachery or the destructiveness of the times. Osric could not count on the same kind of familiarity in his readers, so concentrated on retelling the stories with enough color and detail to make them effective and meaningful in their own right. Many of the small additional details that he supplied derive ultimately from earlier histories, often indeed the very sources that Orosius himself had used, such as Livy and Justinus, though the list also includes Ovid, Valerius Maximus, Sallust, Servius, Festus, Florus, and others. There is also occasional use of biblical story with its exegesis and elaboration (including saints' legends), though strikingly little given the likely clerical character of author and readership.

Quite what resources Osric was using for all this additional detail is not immediately clear. If he really knew the astonishing range of Latin books that have been cited for his additions and revisions, then he was one of the most widely read of Anglo-Saxons, at any time, and one with the backing of a remarkably well-equipped library. This seems hard to credit for the period in question (Livy, for instance, otherwise leaves no trace in Anglo-Saxon England at any time), and the details of his rendering often suggest that he had not seen the full account given by these earlier authors. There is though a fair amount of evidence that Osric was using a copy of Orosius that included substantial Latin glosses and annotations in the margins and between the lines, drawn in part from classical sources, a copy probably originating from the Carolingian world, where manuscripts of classical history were much more readily available, and that these furnished much of the additional detail that he exploited in his retelling of the stories. But it seems likely that he also used his imagination in some cases, especially where variants or corruptions in his source-text required some additional effort to make sense of it.

Much of what Osric changes can indeed be characterized as what has been called "imaginative dramatization," supplying explanations, motives, speeches, or outcomes to give point and color to the historical narrative. Particularly striking is his abridgment and recasting of the last decades of the Roman Republic and the birth of the empire, in which he creates a compelling story of the conflict between Julius Caesar, his hero, and Pompey the Great, the villain of the story (and in the process reverses the valuation of these characters implied by Orosius). Both with Caesar and with his hero of earlier times, Scipio Africanus, Osric emphasizes the ingratitude of the Romans who benefited from the successes, courage, and commitment of these heroes. More uncertain is his depiction of Alexander the Great, in which he celebrates the extraordinary courage and daring of the conqueror but also emphasizes his thirst for slaughter, his occasional malevolence, and the destruction of lives and cities.

One of the things that evidently fascinated him was military strategy: repeatedly he creates brief stories of the ploys that generals used to defeat their opponents, by hiding portions of their force or setting up ambushes or feigning flight. This is so despite an evident hostility to war-making and an acute awareness of the horrors of war and the insecurity of life and fortune under Greek and Roman conquerors. Osric was also interested in the origins of countries and customs and in the regrettable role of poets in celebrating and encouraging wars with all their horrors. The great set pieces of his account are often the speeches, such as the city of Babylon's lament over its own fall, Leonidas of Sparta's moving speech to his men before their last battle against the Persians, and Scipio Africanus's eloquent complaint to the Romans, on the day before they murdered him, about their ingratitude for all he had done for them. Osric also lends drama and personality to the narrative by repeatedly invoking the voice of Orosius to express the latter's perspective, even if sometimes the words and sentiments are Osric's own invention.

Osric had enough Latin to make reasonable sense of Orosius's often rather allusive writing, which tends to assume more familiarity with Livy than any Anglo-Saxon had, and to supply additional material from elsewhere, but he had blind spots on Latin usage, which can cause confusion to readers. The Roman practice of using three names such as Gaius Julius Caesar, and sometimes a nickname as well, and of using the same names for many different characters (there are at least five Scipios and a plurality of Pompeys, Julius Caesars, Hannibals, and Hannos in Orosius), plus the Latin scribal practice of giving just the initial for the first name, caused much confusion, for scribes copying the Latin text as well as for Osric, and his knowledge that the Romans had two consuls at a time did not prevent him from sometimes listing three after misdividing the sequence of names provided by Orosius. Although he obviously knew the Latin grammatical inflections well enough to translate prose, he tended to ignore them when it came to place-names and names of peoples, with the result that inappropriate Latin inflections are often reproduced in Old English and the distinctions between places and peoples are often unclear, and sometimes the names of rulers and their subjects or countries are conflated.

Osric omitted Orosius's preface, in which he outlined his agenda and the reasons for the work, and provided no preface of his own. If he had his own agenda and an intended readership, it needs to be deduced from the way that he wrote his *History* rather than from any explicit statements in his own voice. The old assumption that his work was part of an educational program devised by King Alfred for the benefit of the ordinary laity and their children probably has to be abandoned along with the idea of Alfredian authorship or patronage. Osric assumed that his readers already had sufficient education to know without further explanation who Orosius was and why he repeatedly addressed the Romans and kept referring to the sack of Rome, which gets described properly only in the very last paragraph of the work, and to know how the Roman system of dating by years before or after the foundation of Rome worked. He also assumed an interest in ancient history rather than in the events of places and times close to home. He evidently accepted the basic theme of Orosius, that the pre-Christian era was marked by incessant warfare, often driven by manic conquerors like Semiramis and Alexander the Great, and by recurrent natural disasters, while the Christian era was characterized by a God-given peace and general well-being, in which nations all over the world were keen to keep peace and accept Roman rule and even earthquakes and volcanoes were less destructive. He reproduced much of Orosius's picture of the four great empires of world history—the Assyrian or Babylonian, the Greek, the African (comprising both Egypt and Carthage), and the Roman—and repeated Orosius's assurances that the Roman Empire would last until the end of time, but his closing account of the Goths settling in Italy and forming alliances with Honorius, rather than being driven out of the empire and into Spain, suggests his interest in the ways in which the Christianized barbarian world was allowed, after Orosius's lifetime, to replace the Roman Empire and improve on its values.

The Translation

The Old English History has been translated previously by Barrington (1773), Thorpe (1853), and Bosworth (1858), in their editions of the text. In preparing this new translation, I have taken note of their renderings, and of the notes in their editions and those of Sweet and Bately, of the edition of the Latin text by Arnaud-Lindet, and of the translation of the Latin by A. T. Fear.

A number of general points need to be made about Osric's usage and the modern translation:

1. *Names.* There are at least a thousand names in the text, of people and places in ancient times, and they have been badly mangled in the course of transmission, by the scribes

who copied Orosius's sources, by Orosius himself, by the copyists of the Latin text, by Osric himself probably, and by the scribes who copied the Old English text. In the translation, I have used where there is one the general modern form of the name for the person or place in question (Julius Caesar, Pompey, Ptolemy, Spain, Britain, etc.) and otherwise followed the usage of Fear's translation of the Latin text wherever possible rather than following the vagaries of the Old English manuscripts. But where Osric has made more substantial differences, by, for instance, interpreting two consuls with three names each as three consuls with two names each, or mixing up names of persons and names of countries, as especially in Book 3, in the long list of Alexander the Great's successors and the territories over which they ruled, the translation follows the Old English version rather than trying to restore the sense of the Latin text. For the names of northern European places and features that are not derived from Orosius, I have generally used the traditional English form rather than that currently used in the country in question (for example, the river Vistula rather than Polish *Wisła*).

2. *Kings.* Osric uses the word *cyning* (king) for many characters who in the Latin text and historical tradition were not kings but military commanders, consuls, or other elected leaders, emperors, or legendary heroes such as Aeneas. It may be that he intended the term in a much wider sense than modern English "king," and it should therefore be translated "leader" or "ruler," but often the sense "king" is the one required by the context or crucial for the sense, and it is unhelpful to import a distinction that Osric didn't make, so it is translated here as "king" throughout.

3. *People, nations, tribes.* Osric makes heavy use of the Old English words *leode, peode, folc* to designate national or ethnic or political groups, such as the Romans, Athenians, Persians, Samnites, Gauls, and the like. Where such a word is simply accompanying the proper name to indicate what kind of entity it designates, for example, *Telesci and Ciarsað pa leode,* it is generally omitted in translation. But in expressions such as "there are forty-four *leoda* in India," a translation is needed and it is hard to find a satisfactory modern English equivalent. The Latin term is generally *gentes.* "Countries" is probably too geographical and implies an autonomous state. "Nations" similarly implies political autonomy and sounds a bit anachronistic. "Tribes" nowadays implies uncivilized communities or at best kinship groups within a modern state and cannot really be used of, say, the Athenians. "Peoples" is the nearest and has generally been used in this translation, but it often sounds awkward, especially adjacent to "people," meaning humans generally. Often, too, the words for a people and the region or city they inhabit are freely interchanged.

4. *Ravaging, harrying, and beating the enemy.* Much of the warfare in the *History* involves the verbs *forhergian, hergian, oferhergian, westan,* apparently designating actions in which military forces might invade another country and cause much damage and loss of life and property, but not necessarily with the intention of taking territory or acquiring plunder or engaging with enemy forces; indeed, some passages distinguish explicitly between set-piece engagements on the one hand and harrying expeditions on the other. These expeditions might be punitive or they might be designed to induce the submission of cities or countries to the king or

the general responsible or to weaken a rival, but much of the time the purpose is not revealed. It is hard in translation to avoid archaic words like "ravage," "harry," "lay waste": "plunder" puts too much emphasis on booty; words like "attack, invade, raid" convey only part of the meaning; "destroy" implies more than these words intend. A further problem arises with Osric's frequent use of the verb *geflieman* when describing the defeat of an opposing army in battle. This is related to the noun *fleam* (fleeing, flight) and is traditionally understood as meaning "rout, put to flight." But that is not always the sense in which Osric uses it, since in some cases he goes on to report that the opponents were mostly killed or captured, or he has indicated that the army was trapped or surrounded. The verb is accordingly translated here as "defeat" in many cases.

5. *Capturing cities and strongholds.* There is a great deal of this in *The Old English History.* The standard verb used is *abrecan,* which has as its root *brecan* (to break) and is glossed by the *Dictionary of Old English* (*DOE*) in such instances as "A.2 to destroy, raze (a fortification, city)" and "A.3.b to take (a fortification, city) by storm." Most of the instances in *The Old English History* do seem to involve something like the latter sense, taking a place by direct assault, and a few go on to indicate destruction, but in some cases it involves taking a place by some other means, such as a tunnel (2.8.1), or at night with the inhabitants asleep (4.10.6), and it is not clear that in Osric's use it means any more than taking possession of a city or a stronghold, whether by direct assault, stratagem, or surrender under threat of assault, and not necessarily involving any destruction. The point is of particular importance because the verb is used of the taking of Rome, or

entry into Rome, by the Goths under Alaric, and Osric is at pains to emphasize the mildness of this event and the lack of destruction. According to some traditions, indeed, the gates of Rome were opened for the Goths by sympathizers inside. As for strongholds, Osric regularly uses the Old English word *fæsten* to designate places which in Orosius's account are sometimes towns or cities, presumably with some defensive walls or fences and gates implied, but are very often just temporary military camps, places where an army has paused overnight, and sometimes just naturally defensible sites; at 5.11.3 the *fæsten* assaulted by Pompey is the temple within Jerusalem in Orosius's text, though not so identified by Osric. The sense is perhaps just the general one, "strong place; place made fast to resist attack or intrusion" (*DOE* general sense 2), but I have mainly used the word "fortress" or "stronghold," because that is what Osric's depictions of attacks and defenses seem to convey (*DOE* sense 2.a, "[fortified] town or city, fortress").

Other points of translation practice are discussed in the Notes to the Translation. These deal with problems of sense or translation but not the countless places where Osric tells a different story from Orosius or gives different details.

LIST OF CHAPTERS

List of Chapters

BOOK I

List of Chapters

Book 1

8. Hu on Egyptum wurdon on anre niht L manna ofslagen fram heora agnum sunum; and hu Bosiridus se cyning het don to geblote ealle ða cuman þe hine gesohton; and ymb manegra oðra folca gewin.

9. Hu Cretense and Athinense, Creca leode, him betweonum wunnon.

10. Hu Vesoges, Egypta kyning, wolde him to geteon ðone suðdæl, þæt is Asia, ge þone norðdæl, þæt sind Sciðþie; and hu twegen æþelingas wurdon aflymde of Sciðþium; and ymbe þa wif þe man het Amathenas; and ymbe þa Gotan, þe him fore ondredon ge Pirrus se reða Creca kyning, ge se mæra Alexander, ge Iulius se casere.

11. Hu Elena þæs cynges wif wearð genumen on Læcedemonium þære byrig; and hu Eneas se cyning for mid fyrde on Italie.

12. Hu Sardanopolus wæs se siðmesta kyning in Asyria, and hu hine beswac Arbatus his ealdormon; and hu ða wifmen bismredon hiera weras þa hie fleon woldon; and hu se argeotre geworhte anes fearres anlicnesse ðæm æþelinge.

13. Hu Pelopentium and Athinentium þa folc him betweonum wunnon.

14. Hu Læcedemonie and Messiane him betweonum wunnon for hiera mægdena offrunga.

BOOK 2

1. Hu Orosius sæde þæt ure Drihten ðone ærestan man swiðe ryhtne and swiðe godne gesceope; and ymb þa feower anwaldas þisses middangeardes.
2. Hu Remus and Romulus þa gebroþra Romana burh getimbredon on Italium.
3. Hu Romulus and Brutus mid hwelcum mane hi gehalgodan Roma.
4. Hu Romane and Sabine him betweonum wunnon; and hu Cirus wearð ofslagen on Sciððium.
5. Hu Cambisis se cyning forseah ða Egyptiscan deofolgyld; and ymbe Darius gewin and Exersis and Leoniðan;
6. And hu Romanum wearð an wundor oðewed, swelce se heofon burne.
7. Hu Sicilia leode wæron him betweonum winnende.
8. Hu Romane besæton Veiorum ða burh tyn winter; and hu Gallie of Senno abræcon Romeburh.

BOOK 3

1. Hu sio bismerlice sib and facenlice wearð betweonum Læcedemonium and Persum.
2. Hu on Achie wearð eorðbeofung.
3. Hu se micla mancwealm wearð on Rome on twegra consula dæge; and hu Marcus Curtius besceat on ða gyniendan eorðan.
4. Hu Gallie oferhergodon Romana land oð feower mila to þære byrig.

BOOK 2

1. How Orosius said that God made the first human being very just and very virtuous; and about the four empires of this world.
2. How the brothers Remus and Romulus built the city of the Romans in Italy.
3. With what crimes Romulus and Brutus consecrated Rome.
4. How the Romans and Sabines fought against each other; and how Cyrus was killed in Scythia.
5. How King Cambyses showed contempt for the pagan idols of the Egyptians; and about the wars of Darius and Xerxes and Leonidas.
6. How a miraculous sign was shown to the Romans, as if the sky was on fire.
7. How the Sicilians fought among themselves.
8. How the Romans besieged the city of Veii for ten years; and how the Sennonian Gauls captured the city of Rome.

BOOK 3

1. How the Spartans and Persians made a shameful and deceitful peace.
2. How there was an earthquake in Achaia.
3. How there was a great plague in Rome at the time of two consuls; and how Marcus Curtius leaped into the gaping earth.
4. How the Gauls ravaged the territory of the Romans to within four miles of the city.

Book 4

Book 4

3. Hu man geseah rinan meolc of heofenum and weallan
   blod of eorðan.

4. Hu on Romane becom mycel mancwealm; and hu Ca-
   perone sio nunne wearð ahangen; and hu ða burh-
   leode on Cartaina bliotan men hira godum.

5. Hu Himelco, Cartaina cyning, for mid fyrde on Si-
   cilie; and hu Hanna an man wæs anwaldes girnende;
   and hu Cartaine hierdon þæt se mæra Alexander
   hæfde abroken Tirum þa burh.

6. Hu Sicilia folc and Pena wunnon him betweonan; and
   hu Romane besæton Hanniballan, Pena kyning; and
   hu Calatinus se consul for mid fyrde to Camerinan,
   Sicilia byrg; and hu Punice gesetton eft þone ealdan
   Hannibalan þæt he mid scypum wið Romane wunne;
   and hu Romane foron on Affrice mid þrim hunda
   scypa and mid þritigan; and hu Regulus se consul
   ofsloh þa ungemetlican næddran; and hu Regolus ge-
   feaht wið þry Pena cyningas on anum gefeohte; and
   hu Enilius se consul for on Affricam mid þrim hund
   scypa; and hu Cotta se consul oferhergode Sicilie; hu
   twegen consulas foran on Affrice mid þrim hund
   scipa; ond hu on þreora consula dæge com Hasterbal
   se niwa kyning to Libeum þam iglande; and hu
   Claudius se consul for eft on Punice; and hu Gaius se
   consul for on Affrice and on þam sæ forwearð; and hu
   Lutatia se consul for on Affrice mid þrim hunde
   scipa.

7. Hu se ungemetlica fyrbryne wearð on Rome; and hu
   Gallie wurdon Romanum wiðerwearde; and hu Sar-
   dinie wunnon on Romanum swa hie Pene gelærdon;

and hu Orosius sæde þæt he wære cumen to þam
godan tidum þe Romane eft fore gulpon; and hu Gal-
lie wunnon on Romane, and Pene on oðre healfe; and
hu twegen consulas fuhton on Gallium; and hu
mænig wundor wæron gesewen; and hu Claudius se
consul ofsloh Gallia xxx M.

8. Hu Hannibal, Pena cyning, besæt Saguntum, Ispania
burh; and hu Hannibal Pena cyning abræc ofer Pere-
nei þa beorgas; and hu Scipia se consul gefeaht on
Ispanium; and hu manie wundor gewurdon on þære
tide.

9. Hu Hannibal beswac twegen consulas on hira ge-
feohte; and hu Romane him gesetton tictator and
Scipian to consule; and hu Romane sendon Lucius
þone consul on Gallie mid þrim legion.

10. Hu Marcellus se consul for mid sciphere on Sicilie;
and hu Hannibal gefeaht wið Marcellus þone consul
þry dagas; and hu Hannibal bestæl on Marcellus þone
consul and hine ofsloh; and hu Hasterbal, Hannibales
broðor, for of Ispanium on Italie; and hu Cartainum
wearð frið alyfed fram Scipian þam consule.

11. Hu Romana æftere gewin and Punica wearð geendod;
and hu Sempronius se consul wearð ofslagen on Is-
pania; and hu Philippus, Macedonia cyning, ofsloh
Romana ærendracan; and hu þæt Macedonisce gewin
gewearð; and hu Enilius se consul oferwan Perseus
þone cyning.

12. Hu Romanum wearð se mæsta ege fram Sceltiferin,
Ispania folce.

of the Carthaginians; and how Orosius said that he had come to the good times which the Romans later boasted about; and how the Gauls fought against the Romans, and the Carthaginians on the other side of them; and how two consuls fought against the Gauls; and how many portents were seen; and how the consul Claudius killed thirty thousand Gauls.

8. How Hannibal, the king of the Carthaginians, besieged the city of Saguntum in Spain; and how he broke through the Pyrenees; and how the consul Scipio fought in Spain; and how there were many portents at this time.

9. How Hannibal tricked two consuls in battle; and how the Romans appointed a dictator, and chose Scipio as consul; and how the Romans sent the consul Lucius to Gaul with three legions.

10. How the consul Marcellus went to Sicily with a fleet; and how Hannibal fought against Marcellus for three days; and how Hannibal moved stealthily against Marcellus and killed him; and how Hasdrubal, Hannibal's brother, went from Spain to Italy; and how the Carthaginians were granted a truce by the consul Scipio.

11. How the second war between the Romans and the Carthaginians was concluded; and how the consul Sempronius was killed in Spain; and how Philip, king of Macedon, killed the Roman envoys; and how the Macedonian war came about; and how the consul Aemilius defeated King Perseus.

12. How the Romans were terribly afraid of the Celtiberians of Spain.

13. Hu þæt þridde gewin wearð geendod Romana and Cartaina.

BOOK 5

1. Hu Orosius spræc ymb Romana gylp, hu hi manega folc oferwunnan and hu hi manega kyningas beforan hiora triumphan wið Rome werd drifon.
2. Hu on anum geare wurdon þa twa byrig toworpene, Cartaina and Corinthum; and hu Variatus se hyrde ongan ricsian on Ispanium; and hu Claudius se consul geflymde Gallie; and hu Mantius se consul genam frið wið Ispanie; and hu Brutus se consul ofsloh Ispania syxtig þusend; and hu an cild wearð geboren on Rome.
3. Hu Romane sendon Scipian on Ispanie mid fyrde; and hu Craccus se consul wan wið þa oðre consulas oð hi hine ofslogan; and hu ða þeowas wunnan wyð þa hlafordas.
4. Hu Lucinius se consul, se ðe eac wæs Romana yldesta bisceop, for mid fyrde ongean Aristonucuse þam kyninge; and hu Antiochus, Assyria kyning, wilnode Partha anwaldes; and hu Scipia, se betsta Romana þegn, mænde his earfeðu to Romana wytum; and hu Eþna fyr upp afleow.
5. Hu Romana heton eft getimbrian Cartaina; and hu se consul Metallus oferwann þa wicingas.
6. Hu Favius se consul ofercom Betwitusan, Gallia cyning.

13. How the third war between Rome and Carthage came to an end.

BOOK 5

1. How Orosius spoke about the boastful claims of the Romans, that they had defeated many nations and paraded many kings before their triumphal processions toward Rome.

2. How in one year two cities were destroyed, Carthage and Corinth; and how the shepherd Viriatus began to rule in Spain; and how the consul Claudius defeated the Gauls; and how the consul Mancinus made peace in Spain; and how the consul Brutus killed sixty thousand of the Spanish; and how a child was born in Rome.

3. How the Romans sent Scipio to Spain with an army; and how the consul Gracchus fought against the other consuls until they had killed him; and how the slaves fought against their masters.

4. How the consul Licinius, who was also the high priest of Rome, went with an army against King Aristonicus; and how Antiochus, king of Assyria, wanted to take control of Parthia; and how Scipio, the finest Roman officer, complained of his ill treatment to the Roman senate; and how the fire of Etna flared up.

5. How the Romans ordered Carthage to be rebuilt; and how the consul Metellus defeated the pirates.

6. How the consul Fabius defeated Bituitus, the king of the Gauls.

7. Hu Romane wunnon wið Geowyrðan, Numedia cyning.
8. Hu Romane gefuhton wið Cimbros and wið Teutonas and wið Ambronos.
9. Hu Romane agunnan unsibbe him betweonan up ahebban on þam fiftan geare þe Marius wæs consul.
10. Hu ofer ealle Italie wearð ungeferlic unsib on þam syxtan geare þe Iulius se casere wæs consul.
11. Hu Romane sendon Sillan þone consul ongean Metredatis Partha cyning.
12. Hu Romane sealdon Gaiuse þam consule syfan legan; and hu Iulius besæt Tarcwatus, Pompeius latteow, on anum fæstene; and hu Iulius gefeaht wið Ptholomeus þriwa.
13. Hu Octavianus feng to Romana anwalde hyra unwillum.
14. Hu Octavianus se casere betynde Ianes duru.
15. Hu sume Ispanie leode wæron Agustos wiðerwinnan.

BOOK 6

1. Hu Orosius wæs sprecende ymbe þa feower anwaldas ðara feower heafedrica þisses middangeardes.
2. Hu Tiberius feng to Romana anwealde se casere æfter Agustus.
3. Hu Gaius wearð casere feower gear.
4. Hu Tiberius Claudius feng to Romana anwealde.
5. Hu Nero feng to Romana anwalde.

Book 6

6. Hu Galfa feng to Romana anwalde se casere.

7. Hu Vespasianus feng to Romana anwalde.

8. Hu Titus feng to Romana anwalde.

9. Hu Domitianus, Tituses broðor, feng to Romana anwalde.

10. Hu Nerva feng to Romana anwalde.

11. Hu Adrianus feng to Romana anwalde.

12. Hu Pompeius feng to Romana anwalde.

13. Hu Marcus Antonius feng to Romana anwalde mid Aurelius his breðer.

14. Hu Lucius feng to Romana anwalde.

15. Hu Severus feng to Romana anwalde.

16. Hu his sunu feng to rice, Antonius.

17. Hu Marcus feng to Romana anwalde.

18. Hu Aurelius feng to Romana anwalde.

19. Hu Maximus feng to Romana anwalde.

20. Hu Gordianus feng to Romana anwalde.

21. Hu Philippus feng to Romana rice.

22. Hu Decius feng to Romana rice.

23. Hu Gallus feng to Romana rice.

24. Hu Romane gesetton twegen caseras.

25. Hu Claudius feng to Romana rice.

26. Hu Aurelius feng to Romana rice.

27. Hu Tacitus feng to Romana rice.

28. Hu Brobus feng to Romana rice.

29. Hu Carus feng to Romana rice.

30. Hu Dioclitianus feng to Romana rice.

31. Hu Constantius feng to Romana rice mid his twam broþrum.

32. Hu Iuvinianus feng to Romana anwalde.
33. Hu Valentinianus feng to Romana rice.
34. Hu Valens feng to Romana rice.
35. Hu Gratianus feng to Romana rice; and hu Brittannie namon Maximum heom to kasere ofer his willan.
36. Hu Ðeodosius feng to Romana anwalde; and hu Valentinianus fengc eft to rice.
37. Hu Archadius fengc to Romana rice, and Honorius to þæm westrice.
38. Hu God gedyde Romanum his miltsunge.

BOOK ONE

Chapter 1

Ure yldran ealne ðysne ymbhwyrft ðyses middangeardes, cwæð Orosius, swa swa Oceanus ymbligeð utan, ðone man garsegc hatað, on ðreo todældon and hy þa þry dælas on ðreo tonemdon Asiam and Europam and Affricam, þeah ðe sume men sædon þæt þær næran butan twegen dælas, Asia and þæt oþer Europa. Asia is befangen mid Oceanus þæm garsecge suþan and norðan and eastan and swa ealne þysne middangeard fram þæm eastdæle healfne behæfð. Þonne on þæm norðdæle þæt is Asia on þa swiðran healfe in Danai þære ie, þær Asia and Europe togædere ligcgað. And þonne of þære ilcan ie Danai suð andlang Wendelsæs and þonne wið westan Alexandria þære byrig Asia and Affrica togædere licgað.

2   Europe hio onginð, swa ic ær cwæð, of Danai þære ie, sio is yrnende of norðdæle, of Riffing þæm beorgum, þa sindon neah þæm garsecge þe mon hateð Sarmondisc. And sio ea Danai yrnð þanon suðrihte on westhealfe Alexandres herga. On in Rochouasco ðære ðeode hio wyrcð þæt fenn þe man hateþ Meotedisc and þonne forð mid micle flode, neah þære byrig þe man hateð Theodosia, wyð eastan ut on ða sæ floweð þe man hæt Euxinus. And þonne mid langre nearonesse suð þanon be eastan Constantinopolim Creca byrig ligeð, and þonne forð þanon ut on Wendelsæ. Se west-suðende Europe landgemirce is in Ispania westeweardum æt þæm garsecge and mæst æt þæm iglande þætte Gaðes hatte

Chapter 1

Orosius said that our ancestors divided the whole expanse of this world into three parts, surrounded by the sea called Oceanus, and they called the three parts Asia, Europe and Africa, although some people said that there were only two parts, Asia and Europe. Asia is bounded by the sea called Oceanus on the south, north and east, and so occupies the eastern side of the whole world. In the northern part, on Asia's right-hand side, at the river Don, the boundaries of Asia and Europe run together. Then they run southward from the river Don along the Mediterranean, and then the border between Asia and Africa runs to the west of the city of Alexandria.

Europe starts, as I said before, from the river Don, which runs from the north, from the Riphaean Mountains, which are near the Sarmatic Ocean. The river Don runs southward from there to the western side of Alexander's shrines. In the territory of the Rhobasci it forms the marsh which is called Maeotic, and then flows on from there with a mighty flood eastward out into the Euxine Sea, near the city called Theodosia. Then it runs southward from there in a long narrow channel to the east of the Greek city of Constantinople, and from there out into the Mediterranean. The southwestern boundary of Europe is in western Spain at the ocean, and specifically at the island of Cadiz, where the Mediterranean

þær scyt se Wendelsæ up of þæm garsecge þær Ercoles syla standað on þæm ilcan Wendelsæ. Ond hyre westende is Scotland.

3 Affrica and Assia hyra landgemyrco onginnað of Alexandria, Egypta byrig, and lið þæt landgemære suð þanon ofer Nilus þa ea and swa ofer Æthiopica westenne oþ þone suðgarsecg. And þære Affrica norðwestgemære is æt þæm ylcan Wendelsæ þe of þæm garsecge scyt, þær Ercoles syla standað. And hyra rihtwestende is æt þæm beorge þe man Athlans nemneð and æt þæm iglande þe man hæt Fortunatus.

4 Scortlice ic hæbbe nu gesæd ymbe þa þry dælas ealles ðyses middangeardes, ac ic wille nu, swa ic ær gehet, þara þreora landrica gemære reccan, hu hy mid hyra wætrum tolicgað. Asia ongean þæm middele on þæm eastende, þær licgeð se muða ut on þone garsecg þære ea þe man hateð Gandis. Þone garsecg mon hæt Indisc. Be suþan þæm muðan wið þone garsegc is se port Caligardamana; be suþaneastan þæm porte is þæt igland Deprobane. And þonne be norðan þæm Gandis se muða, þær þær Caucasis se beorh endað neh þæm garsecge, þær is se port Samera. Be norðan þæm porte is se muða þære ie þe man nemneð Oðcorogorre. Þone garsegc man hæt Sericus.

5 Þæt sint Indea gemæro þær þær Caucasus se beorh is be norðan, and Indus seo ea be westan, and seo Reade Sæ be suðan and garsegc be eastan. On Indea londe is feower and feowertig ðeoda butan þæm iglande Taprabane, þæt hæfð on him tyn byrig, butan oðrum manegum gesetenum iglandum. Of þære ea Indus, þe be westan eallum þæm lande lið, betux þære ea Indus and þære þe be westan hyre is, Tigris hatte, þa flowað buta suð on þone Readan Sæ, and betweoh þæm

flows in from the ocean and where the pillars of Hercules stand beside the Mediterranean. The western boundary of Europe is Ireland.

The border between Africa and Asia begins at the Egyp- 3 tian city of Alexandria and runs south from there across the river Nile and then across the Ethiopian desert to the southern ocean. The northwestern boundary of Africa is at the Mediterranean where it flows in from the ocean, where the pillars of Hercules stand. Its western boundary is at the Atlas Mountain and at the island called Fortunate.

I have now briefly described the three parts of this world, 4 but now, as I promised, I want to tell you the boundaries of the kingdoms in those three parts, and how they are divided by their rivers and seas. At the midpoint of the eastern boundary of Asia lies the mouth of the river Ganges, flowing out into the Indian Ocean. To the south of that estuary, facing the ocean, is the port called Caligdamana, and to the southeast of that port is the island of Taprobane. Then to the north of the Ganges estuary, where the Caucasus range ends near the ocean, is the port Samara. To the north of that port is the mouth of the river Ottorogorra. The ocean there is called Sericus.

The boundaries of India are the Caucasus range in the 5 north, and the River Indus in the west, and the Red Sea to the south, and the ocean to the east. In India there are forty-four peoples, not counting the island of Taprobane, which has ten cities, and many other inhabited islands. From the river Indus, which flows on the western side of that whole region, the following lands lie in the area between the river Indus and the river to the west of it, called the Tigris, both of which flow south to the Red Sea: Arachosia, Parthia,

twæm ean synd þas land: Oracassia and Parthia and Asiria
and Persiða and Media, þeah þe gewrita oft nemnan ealle þa
land Media oððe Asiria. And þa land sindon swyðe beorhte,
and þær synd swyðe scearpe wegas and stanige. Þara landa
norðgemæro syndon æt þæm beorgum Caucasus, and on
suðhealfe seo Reade Sæ, and on þæm lande syndon twa my-
cele ea, Iþaspes and Arbis. On þæm lande is twa and twentig
þeoda. Nu hæt hit man eall Parthia.

6   Þonne west fram Tigris þære ea oð Eufrate þa ea, þonne
betweox þæm ean syndon þas land: Babylonia and Caldea
and Mesopotamia. Binnan þæm landum syndon eahta and
twentig þeoda. Hyra norðgemæro syndon æt þæm beorgum
Tauro and Caucaso, and hyra suðgemæro licgað to þam
Readan Sæ. Andlang þæs Readan Sæs, þæs dæles þe þær
norð scyt, lið þæt land Arabia and Sabei and Eudomane. Of
þære ea Eufrate west oþ ðone Wendelsæ and norð forneah
oð ða beorgas ðe man Tauris hæt, oð þæt land þe man hæt
Armenie, and eft suð oð Egypte, manega þeoda syndon þæs
landes: þæt is, Comagena and Uenicia and Damascena and
Coelle and Moab and Amon and Idumei and Iudea and Pal-
estina and Sarracene; and þeah hit mon hæt eall Syria.

7   Ðonne be norðan Syria sindon þa beorgas þe man Tauros
hæt and be norðan þæm beorgum syndon þa land Capadocia
and Armenie. And hio Armenia is be eastan Capadocia. And
be westan Capadocia is þæt land þe man hæt seo læsse Asia.
And be norðan Capadocia is þæt gefilde þe man hæt Teme-
seras. Þonne betux Capadocia and þære læssan Asiam is þæt
land Cilia and Issaurio. Seo Asia, on ælce healfe hio is befan-
gen mid sealtum wætere buton on easthealfe; on norðhealfe

Assyria, Persia and Media, though texts often call the whole area Media or Assyria. Those lands are very mountainous and the roads are very rough and stony. The northern boundaries of those lands are the Caucasus range, and on the south the boundary is the Red Sea, and there are two great rivers in that region, the Hydaspes and the Arbis. There are twenty-two peoples in that region. Nowadays it is all called Parthia.

Then going west from the river Tigris as far as the river 6 Euphrates, between those two rivers are these lands: Babylonia and Chaldea and Mesopotamia. Within those lands there are twenty-eight peoples. Their northern boundaries are the Taurus and Caucasus Mountains, and their southern boundaries are at the Red Sea. Along the Red Sea, along the part which extends toward the north, are the lands called Arabia and Sabaea and Eudaemon. In the region that extends from the river Euphrates westward to the Mediterranean and northward almost to the Taurus Mountains, as far as the land called Armenia, and southward as far as Egypt, there are many countries: Commagene, Phoenicia, Damascus, Coele, Moab, Ammon, Idumea, Judea, Palestine and Saracene, though the whole region is called Syria.

Then to the north of Syria are the Taurus Mountains and 7 to the north of those mountains are the countries Cappadocia and Armenia. Armenia is to the east of Cappadocia. To the west of Cappadocia is the region called Asia Minor. To the north of Cappadocia is the Themiscyrian plain. Between Cappadocia and Asia Minor are Cilicia and Isauria. Asia Minor is surrounded on all sides by salt water except on the eastern side: on the northern side is the Euxine Sea, on the

is seo sæ Euxinus, and on westhealfe seo sæ þe man hæt Proponditis and Ellaspontus, and Wendelsæ be suðan. On þære ylcan Asiam is se hyhsta beorh Olimphus.

8   Sio Egyptus ðe us near is, be norðan hyre is þæt land Palestine, and be eastan hyre Sarracene ðæt land, and be westan hyre Libia þæt land, and be suðan hyre se beorh ðe Climax hatte. Nilus seo ea hyre æwylme is neah þæm clife þære Readan Sæ, þeah sume men secgan þæt hyre æwylme sy on westende Affrica neah þæm beorge Athlans, and þonne ful raðe þæs sie east yrnende on þæt sand and þonne besince eft on þæt sand and þær neh sy eft flowende up of þæm sande and þær wyrcð mycelne sæ. And þær heo ærest up wylþ hy hataðþa men Nuchul and sume men Dara. And þonne of þæm sæ þær hio up of þæm sande cymð heo is east yrnende fram eastdæle þurh Ethiopica westenne, and þær man hæt þa ea Ion oð ðone eastdæl, and þær þonne wyrð to miclum sæ. And þær þonne besincð eft in on ða eorðan and þonne eft norð þanon upp asprincð neah þæm clife wið þone Readan Sæ, þe ic ær beforan sæde.

9   Þonne of þæm æwylme man hæt þæt wæter Nilus þa ea. And þonne forð west þanon yrnende heo tolið on twa ymb an igland þe man hæt Mereon and þanon norð bugende ut on ðone Wendelsæ. Þonne on þæm wintrigum tidum wyrð se muða fordrifen foran fram þæm norðernum windum þæt seo ea bið flowende ofer eall Egypta land and hio gedeð mid þæm flode swiðe þicce eorðwæstmas on Egypta lande. Sio fyrre Egyptus lið east andlang þæs Readan Sæs. On suðhealfe and on easthealfe þæs landes lið garsegc, and on hyre westhealfe is seo us neare Egyptus. And on þæm twam Ægyptum is feower and twentig þeoda.

western side are the Propontic and Hellespont Seas, and the Mediterranean is to the south. In Asia Minor lies the highest mountain, Olympus.

The part of Egypt that is nearer to us has Palestine to the 8 north, and to the east is the Saracen land, and to the west is Libya, and to the south is a mountain called Climax. The source of the river Nile is near the shore of the Red Sea, though some people say that its source is on the western side of Africa near the Atlas Mountains, and that it then runs immediately eastward into the sands, sinks into the sands, flows up again from the sands a little farther on and forms a great sea. The place where it wells up is called Nuchul by the local inhabitants, and some people call it Dara. Then from the sea where it wells up from the sands it flows eastward from the eastern region through the Ethiopian desert, where it is called Ion as far as the eastern region, and there it forms a great sea. Then it sinks again into the earth at that point and then springs up again north of there, near the shore of the Red Sea, as I said before.

From the point where it springs up it is called the river 9 Nile. Then it runs on westward from there and splits into two around an island called Meroe and then turns north out into the Mediterranean. In the winter the water at the mouth of the river is driven back by the northern winds so that the river floods the whole of Egypt, and through that flooding the river produces very heavy crops in Egypt. The more distant part of Egypt, or Farther Egypt, runs alongside the Red Sea in the east. On the southern and eastern sides there is ocean, and on the western side is Nearer Egypt. In the two Egypts there are twenty-four peoples.

10   Nu hæbbe we awriten þære Asiam suðdæl, nu wille we
fon to hyre norðdæle, þæt is ðonne of þæm beorgum Cauca-
sus þe we ær beforan spræcon, þa ðe be norðan Indea syn-
don. And hio onginnað ærest eastane of þæm garsecge and
þonne licgað westrihte oð Armenia beorgas; þa landleode hi
hatað Parcoadras. Þær of þæm beorgum wylþ seo ea
suðweard Eufrate, and of þæm beorgum þe man Parcoadras
hæt licgað þa beorgas westrihte þe man Tauros hæt oð Cil-
ium þæt land. Þonne be norðan þæm beorgum andlang þæs
garsecges oþ þone norðeastende ðyses middangeardes, þær
Bore seo ea scyt ut on ðone garsecg and þanon west andlang
þæs garsecges on ðone sæ þe man hæt Caspia, þe þær up
scyt to þæm beorgum Caucasus, þæt land man hæt þa eal-
dan Sciððian and Ircaniam. Þæs landes is þreo and feowertig
þeoda, wide tosetene for unwæstmbærnesse þæs landes.

11   Þonne be westan þæm sæ Caspia oð Donais ða ea and oð
þæt fenn þe man hæt Meotedisc and ðonne suð oð þone
Wendelsæ and oþ ðone beorh Taurus and norð oð ðone gar-
segc is eall Sciþþia land binnan, þeah hit man tonemne on
twa and on þritig þeoda. Ac ða land on easthealfe Danais þe
þær neah syndon, Albani hy synd genemned in Latina, and
we hy hatað nu Liobene.

12   Nu hæbbe we scortlice gesæd ymbe Asia landgemære, nu
wille we ymb Europe landgemære reccan swa mycel swa we
hit fyrmest witon. Fram þære ea Danais west oð Rin ða ea,
seo wylð of þæm beorge þe man Alpis hæt and yrnð þonne
norðryhte on þæs garsecges earm þe þæt land utan ymblið
þe man Bryttannia hæt, and eft suð oþ Donua þa ea, þære
æwylme is neah þære ea Rines, and is siððan east yrnende
wið Creca land ut on þone Wendelsæ, and norð oþ þone

Now that I have described the southern part of Asia I 10 will turn to its northern part. This extends from the Caucasus Mountains that I mentioned before, which are to the north of India. They start in the east from the ocean and then run due west as far as the mountains of Armenia, which the inhabitants call the Parchoatras. The river Euphrates springs from those mountains and runs south, and the Taurus Mountains run due west from the Parchoatras Mountains as far as Cilicia. To the north of those mountains along the ocean as far as the northeast corner of the world, where the river Boreum flows out into the ocean, and westward from there along the ocean to the Caspian Sea, which extends to the Caucasus Mountains, is the region called Old Scythia and Hyrcania. There are forty-three peoples in that region, settled sparsely because of the infertility of the land.

Then the area westward from the Caspian Sea as far as 11 the river Don and the Maeotic marshes and then south to the Mediterranean and the Taurus Mountain and northward to the ocean is all Scythia, though it is divided into thirty-two peoples. But the people of the neighboring territories on the eastern side of the Don are called Albani in Latin, and we call them Liobene nowadays.

Now that I have briefly described the boundaries of Asia, 12 I will give an account of the boundaries of Europe, as far as they are known. The region that extends westward from the river Don to the river Rhine, which springs from the Alps and then runs due north to the branch of the ocean surrounding Britain, and southward as far as the river Danube, which has its source near the Rhine and then runs east toward Greece and out into the Mediterranean, and

garsecg þe man Cwensæ hæt; binnan þæm syndon manega
ðeoda, ac hit man hæt eall Germania.

13   Þonne wyð norðan Donua æwylme and be eastan Rine
syndon Eastfrancan. And be suðan him syndon Swæfas, on
oþre healfe þære ea Donua. And be suðan him and be eastan
syndon Bægðware, se dæl þe man Regnesburh hæt. And
rihte be eastan him syndon Beme. And eastnorð sindon
Ðyringas. And be norðan him syndon Ealdseaxan. And be
norðanwestan him syndon Frysan. And be westan Eald-
seaxum is Ælfe muða þære ea and Frysland. And þanon
westnorð is þæt land þe man Angle hæt and Sillende and
sumne dæl Dena. And be norðan him is Apdrede, and east-
norð Wylte ðe man Æfeldan hæt. And be eastan him is
Wineda land þe man hæt Sysyle, and eastsuð ofer sumne
dæl, Maroaro. And hi Maroaro habbað be westan him
Ðyringas and Behemas and Bægware healfe. And be suðan
him on oðre healfe Donua þære ea is þæt land Carendre suð
oð ða beorgas þe man hæt Alpis. To þæm ilcan beorgum
licgað Bægðwara landgemære and Swæfa.

14   And þonne be eastan Carendran lande, begeondan þæm
westenne, is Pulgara land. And be eastan þæm is Creca land.
And be eastan Maroaro lande is Wisle land. And be eastan
þæm sind Datia, þa þe iu wæron Gotan. Be eastannorðan
Maroara syndan Dalamensan. And be eastan Dalamensam
sindon Horithi. And be norðan Dalamensam sindon Surpe,
and be westan him sindon Sysele. Be norðan Horiti is
Mægða lond, and be norðan Mægða lande Sermende oð ða
beorgas Riffin. And be westan Suðdenum is þæs garsecges
earm þe liþ ymbutan þæt land Brittannia, and be norðan

northward as far as the sea called Cwensea, contains many peoples but is all called Germania.

To the north of the source of the Danube and to the east 13 of the Rhine are the East Franks. To the south of them are the Swabians, on the other side of the river Danube. To the southeast of them is Bavaria, the part which is called Regensburg. Due east of that are the Bohemians. To the northeast are the Thuringians. To the north of them are the Old Saxons. To the northwest are the Frisians. To the west of the Old Saxons is the mouth of the river Elbe and Frisia. To the northwest is the region called Anglia and Silland and part of the land of the Danes. To the north of them are the Abodriti, and to the northeast the Wilti who are called Havolans. To the east is the territory of the Wends who are called the Siusli. To the southeast, some distance away, is Moravia. The Moravians have to their west the Thuringians and Bohemians and part of Bavaria. To their south, on the other side of the river Danube, is Carinthia, stretching south as far as the Alps. The Bavarians and Swabians also border on those mountains.

To the east of Carinthia, on the other side of the unculti- 14 vated land, are the Bulgarians. East of them are the Greeks. To the east of Moravia are the people of the Vistula. To the east of them is Dacia, formerly inhabited by the Goths. To the northeast of Moravia are the Daleminci. To the east of the Daleminci are the Croats. To the north of the Daleminci are the Sorbs. To the west of them are the Siusli. To the north of the Croats are the Magyars. To the north of the Magyars are the Sarmatians as far as the Riphaean Mountains. To the west of the South Danes is the branch of the ocean that surrounds Britain. To their north is a branch of

him is þæs sæs earm þe man hæt Ostsæ. And be eastan him
and be norðan him syndon Norðdene, ægþer ge on þæm ma-
ran landum ge on þæm iglandum. And be eastan him syndon
Afdrede. And be suðan him is Ælfe muða þære ea and Eald-
seaxna sumdæl.

15   Norðdene habbað him be norðan þone ilcan sæs earm þe
man Ostsæ hæt, and be eastan him sindon Osti ða leode,
and Afdræde be suðan. Osti habbað be norðan him þone
ilcan sæs earm and Winedas and Burgendas, and be suðan
him sindon Hæfeldan. Burgendan habbað þone ylcan sæs
earm be westan him and Sweon be norðan, and be eastan
him sint Sermende, and be suðan him Surfe. Sweon habbað
be suðan him ðone sæs earm Osti and be eastan him Ser-
mende. And be norðan ofer ða westennu is Cwenland. And
be westannorðan him sindon Scridefinnas and be westan
Norðmenn.

16   Ohthere sæde his hlaforde, Ælfrede kynincge, þæt he
ealra Norðmanna norðmest bude. He cwæð þæt he bude on
þæm lande norðeweardum wið ða Westsæ. He sæde ðeah
þæt þæt land sy swyðe lang norð þanon, ac hit is eall weste,
buton on feawum stowum sticcemælum wiciað Finnas, on
huntaðe on wintra and on sumera on fiscoðe be ðære sæ. He
sæde þæt he æt sumum cyrre wolde fandian hu lange þæt
land norðrihte læge, oððe hwæþer ænig man be norðan þæm
westene bude. Þa for he norðrihte be þæm lande; let him
ealne weg þæt weste land on þæt steorbord and þa widsæ on
bæcbord þry dagas. Þa wæs he swa feor norð swa þa hwæl-
huntan fyrrest farað. Þa for he þa gyt norðryhte swa feor swa
he mihte on þæm oþrum þrim dagum geseglian.

the sea called Ost Sea. To their northeast are the North Danes, both on the mainland and on the islands. To their east are the Abodriti. To their south is the mouth of the river Elbe and part of the land of the Old Saxons.

The North Danes have to their north the same branch of 15 the sea that is called Ost Sea. To their east are the Osti, and the Abodriti to their south. The Osti have to their north the same branch of the sea, and the Wends and the people of Bornholm. To their south are the Havolans. The people of Bornholm have the same branch of the sea to their west, and the Swedes to their north. To their east are the Sarmatians, and to their south the Sorbs. The Swedes have to their south the branch of the sea called the Ost Sea. To their east are the Sarmatians. To their north, beyond the uncultivated lands, is the land of the Cwenas. To their northwest are the Sami and to their west the Northmen.

Ohthere told his lord King Alfred that he lived furthest 16 north of all Northmen. He said that he lived in the northern part of that country beside the western sea. He said, however, that that country stretches a long way north from there, but it is all uninhabited, except that here and there in a few places the Sami stay for the hunting in winter and the fishing in summer along the sea. He said that on one occasion he decided to find out how far the country extended northward, or whether anyone lived to the north of that uninhabited region. So he traveled northward along the coast, keeping the uninhabited region on the right and the open sea on his left all the time for three days. At that point he was as far north as the whale hunters ever go. Then he carried on northward as far as he could sail over the next three days.

17   Ða beah þæt land þær eastryhte, oððe sio sæ in on þæt
land, he nyste hwæþer; buton he wiste þæt he þær bad
westanwindes oððe hwon norðan and seglede þanon east be
lande swa swa he mihte on feower dagum geseglian. Þa
sceolde he bidan ryhte norðan windes, forðan þæt land þær
beah suðrihte, oððe seo sæ in on þæt land, he nyste hwæþer.
Ða seglede he þanon suðrihte be lande swa swa he mihte on
fif dagum geseglian. Þa læg þær an mycel ea up in þæt land.
Þa cyrdon hy up in on ða ea, forþæm hy ne dorston forð be
þære ea seglian for unfriðe, forðæm þæt land wæs eall gebun
on oðre healfe þære ea. Ne mette he ær nan gebun land
syððan he fram his agnum ham for. Ac him wæs ealne weg
weste land on þæt steorbord, butan fisceran and fugeleran
and huntan (and þæt wæran eall Finnas) and him wæs a
widsæ on þæt bæcbord.

18   Ða Beormas hæfdon swiðe well gebun hyra land, ac hi ne
dorston þæron cuman, ac ðara Terfinna land wæs eall weste,
butan þær huntan gewicodon, oððe fisceras, oððe fugeleras.
Fela spella him sædon ða Beormas ægþer ge of hyra agenum
lande ge of þæm lande þe ymb hy utan wæran, ac he nyste
hwæt þæs soðes wæs forðæm he hit sylf ne geseah. Þa Fin-
nas, him þuhte, and þa Beormas spræcon neah an geðeode.
Swiðost he for ðyder, toeacan þæs landes sceawunge, for
ðæm horshwælum, forðæm hi habbað swyðe æþele ban on
hyra toþum (þa teð hy brohton sume þæm cyuincge), and
hyra hyd bið swiðe god to sciprapum. Se hwæl bið micle
læssa þonne oðre hwalas: ne bið he lengra ðonne syfan elna
lang. Ac on his agnum lande is se betsta hwælhuntað: þa
beoð eahta and feowertiges elna lange, and þa mæstan
fiftiges elna lange. Þara he sæde þæt he syxa sum ofsloge
syxtig on twam dagum.

At that point the land turned eastward, or the sea bent in toward the land, he didn't know which; but he knew that he waited there for a wind from the west or slightly northwest and then sailed eastward along the coast as far as he could go in four days. Then he had to wait for a wind from due north, because the land turned south at that point, or the sea turned in toward the land, he didn't know which. Next he sailed southward from there, as far as he could go in five days. There was a big river coming in at that point, and they turned up the river, because they didn't dare go beyond it in case of trouble, because the land beyond the river was all occupied. He hadn't found any inhabited land before after leaving his own home, but it was always unoccupied territory on his right, apart from fishers, fowlers and hunters (and they were all Sami), and open sea on his left.

The territory of the Biarmians was extensively settled, though Ohthere and his companions didn't dare to enter it, but the land of the Terfinnas was all uninhabited, except where hunters, fishers or fowlers camped. The Biarmians told him lots of stories about their own country and about the territory around them, but he didn't know what the truth was since he hadn't seen it himself. He thought that the Sami and the Biarmians spoke almost the same language. Apart from wishing to explore the region, he went there mainly for the walruses, because they have very fine bone in their tusks (they brought some of them to the king), and their hide is good for ship's ropes. That whale is much smaller than other whales, being no more than seven ells in length. But the best whale hunting is in his own territory: the whales there are forty-eight ells long, and the biggest are fifty ells. He reported that he and five others had killed sixty of them in two days.

19   He wæs swyðe spedig man on þæm æhtum þe heora
speda on beoð, þæt is on wildrum. He hæfde þagyt, ða he
þone cyningc sohte, tamra deora unbebohtra syx hund. Þa
deor hi hata ð "hranas," þara wæron syx stælhranas, ða beoð
swyðe dyre mid Finnum, forðæm hy foð þa wildan hranas
mid. He wæs mid þæm fyrstum mannum on þæm lande;
næfde he þeah ma ðonne twentig hryðera and twentig
sceapa and twentig swyna, and þæt lytle þæt he erede he
erede mid horsan. Ac hyra ar is mæst on þæm gafole þe ða
Finnas him gyldað. Þæt gafol bið on deora fellum and on
fugela feðerum and hwales bane and on þæm sciprapum þe
beoð of hwæles hyde geworht and of seoles. Æghwilc gylt be
hys gebyrdum. Se byrdesta sceall gyldan fiftyne mearðes fell
and fif hranes and an beran fel and tyn ambra feðra and
berenne kyrtel oððe yterenne and twegen sciprapas, ægþer
sy syxtig elna lang, oþer sy of hwæles hyde geworht, oþer of
sioles.

20   He sæde ðæt Norðmanna land wære swyþe lang and
swyðe smæl. Eal þæt his man aþer oððe ettan oððe erian
mæg þæt lið wið ða sæ, and þæt is þeah on sumum stowum
swyðe cludig. And licgað wilde moras wið eastan and wið up-
pon, emnlange þæm bynum lande, on þæm morum eardiað
Finnas. And þæt byne land is easteweard bradost and symle
swa norðor swa smælre. Eastewerd hit mæg bion syxtig mila
brad oþþe hwene brædre; and middeweard þritig oððe
bradre. And norðeweard, he cwæð, þær hit smalost wære,
þæt hit mihte beon þreora mila brad to þæm more, and se
mor syðþan, on sumum stowum swa brad swa man mæg on
twam wucum oferferan, and on sumum stowum swa brad
swa man mæg on syx dagum oferferan. Ðonne is toemnes

He was a very wealthy man in terms of the things that 19 constitute their wealth, that is in wild animals. At the time when he visited the king he still had six hundred tamed animals that he hadn't sold. They call those animals "reindeer." Six of them were decoy reindeer, which are very highly valued by the Sami, because they catch wild reindeer with them. He was one of the leading men in that country, but he had no more than twenty cows, twenty sheep and twenty pigs, and he used horses to plow what little land that he plowed. Their wealth is mainly in the tax that the Sami pay them. The tax takes the form of animal skins, bird feathers, whalebone, and the ships' ropes which are made from the skin of the whale and the seal. Everyone pays according to his rank. The highest born has to give the skins of fifteen martens, five reindeer and one bear, ten measures of feathers, a coat made of bearskin or otterskin, and two ships' ropes, both of sixty ells in length, one of whaleskin and the other of sealskin.

He said that the country of the Northmen was very long 20 and very narrow. All the land that can be grazed or plowed lies close to the sea, and even that is in some places very rocky. To the east and on higher ground, running parallel with the cultivated land, there is uncultivated moorland, where the Sami live. The cultivated land is broadest toward the east, and the farther north you go, the narrower it gets. Toward the east it can get to sixty miles wide or a little wider. In the middle it can be thirty miles or more. Toward the north, he said, where it was narrowest, it could be just three miles wide as far as the moorland, and after that the moor is in some places as wide as one could cross in two weeks and in other places as wide as one could cross in six days.

þæm lande suðeweardum, on oðre healfe þæs mores, Sweo-
land, oþ þæt land norðeweard; and toemnes þæm lande
norðeweardum Cwena land. Þa Cwenas hergiað hwilum on
ða Norðmen ofer ðone mor, hwilum þa Norðmen on hy. And
þær sint swiðe micle meras fersce geond þa moras, and be-
rað þa Cwenas hyra scypu ofer land on ða meras and þanon
hergiað on ða Norðmen. Hy habbað swyðe lytle scypa and
swyðe leohte.

21   Ohthere sæde þæt sio scir hatte Halgoland þe he on
bude. He cwæð þæt nan man ne bude be norðan him. Þonne
is an port on suðeweardum þæm lande, þone man hæt
Sciringesheal. Þyder he cwæð þæt man mihte geseglian on
anum monðe, gyf man on niht wicode, and ælce dæge hæfde
ambyrne wind. And ealle ða hwile he sceal seglian be lande,
and on þæt steorbord him bið ærest Iraland, and þonne ða
igland þe synd betux Iralande and þissum lande. Þonne is þis
land oð he cymð to Scirincgesheale; and ealne weg on þæt
bæcbord Norðweg. Wið suðan þone Sciringesheal fylð
swyðe mycel sæ up in on ðæt land, seo is bradre þonne ænig
man ofer seon mæge, and is Gotland on oðre healfe ongean
and siððan Sillende. Seo sæ lið mænig hund mila up in on
þæt land. And of Sciringesheale he cwæð þæt he seglode on
fif dagan to þæm porte þe mon hæt æt Hæþum; se stent
betuh Winedum and Seaxum and Angle, and hyrð in on
Dene.

22   Ða he þiderweard seglode fram Sciringesheale, þa wæs
him on þæt bæcbord Denamearc, and on þæt steorbord
widsæ þry dagas; and þa, twegen dagas ær he to Hæþum
come, him wæs on þæt steorbord Gotland, and Sillende, and
iglanda fela. On þæm landum eardodon Engle, ær hi hider

Alongside the land of the Northmen in the south, on the other side of the moors, is Sweden, as far as the northern part, and alongside their land in the north is the country of the Cwenas. The Cwenas sometimes raid the Northmen across the moors, and sometimes the Northmen raid them. There are some very big freshwater lakes on the moors, and the Cwenas carry their boats over the land to the lakes and from there mount raids against the Northmen. They have boats that are very small and light.

Ohthere said that the region that he lived in was called [21] Halgoland, and that no one lived north of him. There is a port in the southern part called Sciringesheal. He said that you could sail there in a month if you camped at night and had a favorable wind all the time. You had to sail along the coast all the way, and would have Ireland to the starboard at first, and then the islands that lie between Ireland and England, and then England, until you come to Sciringesheal; and you would have Norway on the port side all the way. To the south of Sciringesheal there is a very large area of sea which juts into the land, wider than one could see across. Jutland is on the other side, and afterward Silland. That area of sea penetrates many hundreds of miles into the land area. He said that he sailed in five days from Sciringesheal to the port called Hedeby. It is situated between the Wends and the Saxons and the Angles, and belongs to the Danes.

When he sailed there from Sciringesheal, he had Den- [22] mark on the port side and open sea on the starboard for the first three days; and then for the two days before he reached Hedeby he had Jutland, Silland, and numerous islands on the starboard side. The English lived in that region before

43

on land coman. And hym wæs ða twegen dagas on ðæt bæcbord þa igland þe in Denemearce hyrað.

23   Wulfstan sæde þæt he gefore of Hæðum, þæt he wære on Truso on syfan dagum and nihtum, þæt þæt scip wæs ealne weg yrnende under segle. Weonoðland him wæs on steorbord, and on bæcbord him wæs Langaland and Læland and Falster and Sconeg, and þas land eall hyrað to Denemearcan. And þonne Burgenda land wæs us on bæcbord, and þa habbað him sylf cyning. Þonne æfter Burgenda lande wæron us þas land, þa synd hatene ærest Blecingaeg and Meore and Eowland and Gotland on bæcbord, and þas land hyrað to Sweon, and Weonodland wæs us ealne weg on steorbord oð Wisle muðan. Seo Wisle is swyðe mycel ea, and hio tolið Witland and Weonodland; and þæt Witland belimpeð to Estum. And seo Wisle lið ut of Weonodlande, and lið in Estmere, and se Estmere is huru fiftene mila brad.

24   Þonne cymeð Ilfing eastan in Estmere of ðæm mere ðe Truso standeð in staðe, and cumað ut samod in Estmere, Ilfing eastan of Estlande, and Wisle suðan of Winodlande, and þonne benimð Wisle Ilfing hire naman, and ligeð of þæm mere west and norð on sæ; forðy hit man hæt Wisle muða. Þæt Estland is swyðe mycel, and þær bið swyðe manig burh, and on ælcere byrig bið cyningc, and þær bið swyðe mycel hunig and fiscað. And se cyning and þa ricostan men drincað myran meolc, and þa unspedigan and þa þeowan drincað medo. Þær bið swyðe mycel gewinn betweonan him. And ne bið ðær nænig ealo gebrowen mid Estum, ac þær bið medo genoh.

25   And þær is mid Estum ðeaw, þonne þær bið man dead, þæt he lið inne unforbærned mid his magum and freondum monað, ge hwilum twegen; and þa kyningas and þa oðre

they came to this country. On the port side he had for two
days the islands that belong to Denmark.

Wulfstan reported that he traveled from Hedeby and 23
reached Truso in seven days and nights with the ship run-
ning under sail all the way. The territory of the Wends was
on his starboard, and on the port side were Langeland, Laa-
land, Falster and Skåne, which all belong to Denmark. After
that we had Bornholm on our port side, and they have their
own king. After Bornholm we had Blekinge, Möre, Öland
and Gotland on the port side, all belonging to the Swedes,
and the lands of the Wends on our starboard, all the way to
the mouth of the Vistula. The Vistula is a very big river, di-
viding Witland from the land of the Wends. Witland be-
longs to the Ests. The Vistula flows from the land of the
Wends and into Estmere, which is about fifteen miles wide.

The Elbing flows into Estmere from the east, from the 24
lake on which Truso stands, and they emerge into Estmere
together, the Elbing from Estland in the east and the Vistula
from the land of the Wends in the south, and then the El-
bing takes the Vistula's name, and flows from the lake north-
west to the sea. That's why it is called the Vistula estuary.
Estland is very large with a great many towns, and there is a
king in every town. There is plenty of honey and fishing.
The king and the most important people drink mare's milk,
and the less well-off and the slaves drink mead. There is a lot
of fighting among them. Ale is not brewed among the Ests
but there is plenty of mead.

There is a custom among the Ests that when anyone dies, 25
the body lies in his house uncremated, with his family and
friends, for a month or two. The kings and the other leading

heahðungene men, swa micle lencg swa hi maran speda hab-
bað, hwilum healf gear þæt hi beoð unforbærned, and licgað
bufan eorðan on hyra husum. And ealle þa hwile þe þæt lic
bið inne, þær sceal beon gedrync and plega, oð ðone dæg þe
hi hine forbærnað. Þonne þy ylcan dæg þe hi hine to þæm
ade beran wyllað, þonne todælað hi his feoh, þæt þær to lafe
bið æfter þæm gedrynce and þæm plegan, on fif oððe syx,
hwylum on ma swa swa þæs feos andefn bið. Alecgað hit
ðonne forhwæga on anre mile þone mæstan dæl fram þæm
tune, þonne oðerne, ðonne þæne þriddan, oþ þe hyt eall aled
bið on þære anre mile; and sceall beon se læsta dæl nyhst
þæm tune ðe se deada man on lið.

26   Ðonne sceolon beon gesamnode ealle ða menn ðe
swyftoste hors habbað on þæm lande, forhwæga on fif mi-
lum oððe on syx milum fram þæm feo. Þonne ærnað hy ealle
toweard þæm feo; ðonne cymeð se man se þæt swiftoste
hors hafað to þæm ærestan dæle and to þæm mæstan, and
swa ælc æfter oðrum, oþ hit bið eall genumen, and se nimð
þone læstan dæl se nyhst þæm tune þæt feoh geærneð. And
þonne rideð ælc hys weges mid ðan feo, and hyt motan hab-
ban eall; and forðy þær beoð þa swiftan hors ungefoge dyre.
And þonne hys gestreon beoð þus eall aspended, þonne byrð
man hine ut and forbærneð mid his wæpnum and hrægle.
And swiðost ealle hys speda hy forspendað mid þan langan
legere þæs deadan mannes inne, and þæs þe hy be þæm
wegum alecgað, þe ða fremdan to ærnað and nimað.

27   And þæt is mid Estum þeaw þæt þær sceal ælces geðeodes
man beon forbærned; and gyf þar man an ban findeð unfor-
bærned, hi hit sceolan miclum gebetan. And þær is mid
Estum an mægð þæt hi magon cyle gewyrcan; and þy þær
licgað þa deadan men swa lange and ne fuliað, þæt hy wyrcað

people sometimes lie uncremated for half a year and remain above ground in their houses, the more wealth they have the longer they lie there. All the time that the body is in the house, there has to be drink and sport, until the body is burned. On the day that they plan to carry the body to the pyre they divide his property, whatever is left after the drinking and games, into five or six portions, sometimes more depending on the extent of property. Then they place the largest portion somewhere a mile from the estate, then the second portion, then the third, until it is all laid out in the space of that one mile, with the smallest part nearest to the estate where the dead person lies.

Then all the men who have the fastest horses in that 26 country are gathered together, somewhere five or six miles from the property. Then they all gallop toward the property; the one with the fastest horse gets to the first and biggest portion, and so on after that, until it is all taken, and the one who gets to the smallest portion nearest the estate takes that. Each rider then goes his way with the property, and they are allowed to keep it all. So fast horses are very valuable there. When the dead man's property is all disposed of in this way, they carry him out and cremate him with his weapons and clothes. They dispose of almost all his property through the long lying-in at the dead person's house and by what they lay out along the road, which strangers ride to and take.

It is the practice among the Ests that everyone, whatever 27 their country, must be cremated. If a single bone is found unburned, a heavy penalty is exacted. Among the Ests there is a community that can make things cold. The dead bodies lie uncremated for so long without rotting because these

þone cyle hine on. And þeah man asette twegen fætels full
ealað oððe wæteres, hy gedoð þæt oþer bið oferfroren, sam
hit sy sumor sam winter.

28   Nu wille we secgan ymbe Creca land, þe liþ be suðan
Donua þære ea. Wyð eastan Constantinopolim Creca byrig
is se sæ Proponditis. And be norðan Constantinopolim
Creca byrig scyt se sæ-earm up of þæm sæ westrihte þe man
hæt Euxinus. And be westannorðan þære byrig Donua muða
þære ea scyt suðeast ut on ðone sæ Euxinus. And on suð-
healfe and on westhealfe þæs muðan sindon Mæsi, Creca
leode. And be westan þære byrig sindon Traci; and be eastan
þære byrig Macedonie. And be suþan þære byrig, on suð-
healfe þæs sæs earmes þe man hæt Egeum, sindon Athena
and Corintus þa land. And be westansuðan Corinton is
Achie þæt land, æt þæm Wendelsæ. Þas land syndon Creca
leode.

29   And be westan Achie, andlang þæs Wendelsæs, is Dal-
matia þæt land, on norðhealfe þæs sæs. And be norðan Dal-
matia sindon Pulgare and Istria. And be suðan Istria is se
Wendelsæ þe man hæt Atriaticum; and be westan, þa beor-
gas þe man hæt Alpis; and be norðan þæt westen þæt is
betux Carendan and Pulgarum. Þonne is Italia land west-
norðlang and eastsuðlang, and hit belið Wendelsæ ymb eall
utan, buton westannorðan. Æt þæm ende hit belicgað ða
beorgas þe man hæt Alpis, þa onginnað westane fram þæm
Wendelsæ in Narbonense þære ðeode, and endiað eft east in
Dalmatia þæm lande æt þæm sæ.

30   Þa land þe man hæt Gallia Bellica, be eastan þæm is sio ea
þe man hæt Rin, and be suðan þa beorgas þe man hæt Alpis,
and be westansuðan se garsecg þe man hæt Brittanisca, and
be norðan on oðre healfe þæs garsegges earme is Brittannia

people create a chill in them. If you put out two vessels full of ale or water, they make one of them freeze solid, whether it is summer or winter.

Now I will turn to Greece, which lies to the south of the 28 river Danube. To the east of the Greek city Constantinople is the Propontic Sea. To the north of Constantinople an arm of the sea extends westward from the Euxine Sea. To the northwest of the city the mouth of the river Danube flows southeast into the Euxine Sea. On the southern and western sides of the mouth of the Danube are the Moesi, a Greek people. To the west of the city are the Thracians. To the east of the city are the Macedonians. To the south of the city, on the southern side of an arm of the Aegean Sea, are the lands of Athens and Corinth. To the southwest of Corinth is Achaia, on the Mediterranean. These lands form Greece.

To the west of Achaia, along the Mediterranean, is Dal- 29 matia, on the northern side of the sea. To the north of Dalmatia are the Bulgarians and Istria. To the south of Istria is the part of the Mediterranean called the Adriatic. To the west are the Alps, and to the north lies the uninhabited land that comes between Carinthia and the Bulgarians. Italy runs from the northwest to the southeast, and is entirely surrounded by the Mediterranean except in the northwest. At that point it is enclosed by the Alps, which begin in the west at the Mediterranean in the country of the Narbonenses, and end again at the sea in Dalmatia in the east.

Gallia Belgica has to the east the river Rhine, and to the 30 south the Alps, and to the southwest the British Ocean, and to the north Britain on the other side of an arm of that þæt land. Be westan Ligore is Aequitania land, and be suþan Aequitania is þæs landes sumdæl Narbonense, and be westansuðan Ispania land, and be westan garsegc. Be suðan Narbonense is se Wendelsæ, þær þær Rodan seo ea utscyt; and be eastan him Profentsæ; and be westan him ofer ða westenu seo us nearre Ispania; and be westan him and norðan Equitania; and Wascan be norðan. Profentse hæfð be norðan hyre þa beorgas þe man Alpis hæt, and be suðan hyre is Wendelsæ; and be norðan hyre and eastan synd Burgende, and Wascan be westan.

31   Ispania land is þryscyte, and eall mid fleote utan ymbhæfd, ge eac binnan ymbhæfd ofer ða land, ægþer ge of þæm garsecge ge of ðam Wendelsæ. An ðæra garena lið suðwest ongean þæt igland þe Gades hatte. And oþer east ongean þæt land Narbonense. And se ðridda norðwest ongean Brigantia Gallia burh, and ongean Scotland ofer ðone sæs earm, on geryhte ongean þæne muðan þe mon hæt Scene. Seo us fyrre Ispania, hyre is be westan garsecg and be norðan, Wendelsæ be suðan, and be eastan seo us nearre Ispania. Be norðan þære synt Equitania, and be norðaneastan is se weald Pireni, and be eastan Narbonense, and be suðan Wendelsæ.

32   Brittannia þæt igland hit is norðeastlang, and hit is eahta hund mila lang and twa hund mila brad. Þonne is be suðan him on oðre healfe þæs sæs earmes Gallia Bellica. And on westhealfe on oþre healfe þæs sæs earmes is Ibernia þæt igland, and on norðhealfe Orcadus þæt igland. Igbernia, þæt we "Scotland" hatað, hit is on ælce healfe ymbfangen mid garsecge. And forðon þe sio sunne þær gæð near on setl þonne on oðrum lande, þær syndon lyðran wedera þonne on

ocean. To the west of the river Loire is Aquitania, and to the south of Aquitania is part of the land of the Narbonenses, and to the southwest is Spain, and to the west is the ocean. To the south of the Narbonenses is the Mediterranean, at the point where the river Rhine flows out, and to the east is Provence, and to the west, beyond the uncultivated areas, is the nearer part of Spain, and to the northwest is Aquitania, and to the north are the Basques. Provence has the Alps to the north and the Mediterranean to the south; to the northeast are the Burgundians and to the west the Basques.

Spain is shaped like a triangle and entirely enclosed by 31 water, on the outside by the ocean, and on the inside, across the land, by the Mediterranean. One of the corners lies to the southwest opposite the island of Cadiz. The second lies to the east opposite the Narbonenses. The third lies to the northwest opposite Brigantia, a city of the Gauls, and the land of the Irish across an arm of the sea, right opposite the mouth of the Shannon River. The part of Spain farther away from us has the ocean to the west and the north, the Mediterranean to the south, and the nearer part of Spain to the east. To the north of that is Aquitania, and to the northeast are the Pyrenees, and to the east the Narbonenses, and to the south is the Mediterranean.

The island of Britain extends northeastward. It is eight 32 hundred miles long and two hundred miles wide. To its south, across an arm of the sea, is Gallia Belgica. On its western side, across an arm of the sea, is the island of Hibernia, and on its northern side is the island of Orkney. Hibernia, which we call "Scotland," is surrounded on all sides by the ocean. Because the sun comes nearer to it when it sets than to any other country, the weather there is milder than

Brettannia. Þonne be westannorðan Ibernia is þæt ytemeste land þæt man hæt Thila, and hit is feawum mannum cuð for ðære oferfyrre.

33   Nu hæbbe we gesæd ymbe ealle Europe landgemæro hu hi tolicgað, nu wille we ymbe Affrica secgan, hu ða landgemæro tolicgað. Ure yldran cwædon þæt hio wære se ðridda dæl þyses middangeardes: næs na forðam þe þæs landes swa fela wære, ac forðam þe se Wendelsæ hit hæfð swa todæled. Forðan þe he brycð swiðor on ðone suðdæl þonne he do on þone norðdæl, and sio hæte hæfð genumen þæs suðdæles mare þonne se cyle þæs norðdæles hæbbe, forðon þe ælc wiht mæg bet wyð cyle þonne wið hæte, for ðam þingon is Affrica ægþer ge on landum ge on mannum læsse ðonne Europe.

34   Affrica onginð, swa we ær cwædon, eastan westwerd fram Egyptum æt þære ee þe man Nilus hæt. Þonne is sio eastemeste þeod haten Libia Cirimacia. Hire is be eastan sio us nearre Aegyptus, and be norðan Wendelsæ, and be suðan seo þeod þe man hæt Libia Æthiopicum, and be westan Syrtes Maiores. Be eastan Libia Æthiopicum is sio us fyrre Ægyptus, and be suðan se garsecg þe man hæt Æthiopicus, and be westan Rogathitus. Tribulitania sio þiod, þe man oðre naman hæt Arzuges, hio hæfð be eastan hyre þone Sirtes Maiores and Rogathite þa land, and be norðan þone Wendelsæ, þe man hæt Adriaticum, and þa þeode þe man hæt Sirtes Minores, and be westan Bizantium oþ þone sealtan mere, and be suðan hyre Natabres and Geothulas and Garamantes, oð ðone garsegc.

35   Bizantium sio þeod þær seo burh is Adrumetis, and Seuges sio þiod þær sio mycle burh is Cartaina, and Numedia sio þeod, hi habbað be eastan him þæt land Syrtes

in Britain. To the northwest of Hibernia is the most distant territory, Thule. It is little known because of the distance.

Now that I have recorded all the boundaries of Europe, I will deal with Africa and the boundaries there. Our ancestors said that Africa was the third part of this world. That was not because the land area was as extensive but because the Mediterranean has separated it from the other parts in that way. Because the Mediterranean encroaches more on the south side than on the north side, and the heat has consumed more of the southern region than the cold has of the northern region, since all living things can cope better with cold than with heat, Africa has consequently less land and fewer people than Europe. 33

As I said before, Africa extends westward from Egypt in the east, at the river Nile. The next easternmost country is Libya Cyrenaica. To the east it has Nearer Egypt, and to the north the Mediterranean, and to the south the land called Ethiopian Libya and to the west the Gulf of Sidra. To the east of Ethiopian Libya is Further Egypt, and to the south is the Ethiopian Ocean, and to the west are the Troglodytes. Tripolitana, which is also called Arzuges, has to the east the Gulf of Sidra and the Troglodyte country, and to the north the Mediterranean, here called the Adriatic, and the Gulf of Gabes, and to the west Byzacium as far as the salt lake, and to the south the Nathabres and Gaetuli and Garamantes, as far as the ocean. 34

Byzacium, containing the city of Hadrumetum, and Zeugis, containing the great city of Carthage, and Numidia have to their east the Gulf of Gabes and the salt lake, and to their 35

Minores and þone sealtan mere, and be norðan him is Wen-
delsæ, and be westan him Mauritania, and be suðan him
Uzera þa beorgas. And be suðan þam beorgum þa simbel-
farendan Æthiopes oð ðone garsecg. Mauritania, hyre is be
eastan Numedia and be norðan Wendelsæ and be westan
Malua sio ea and be suðan Astrixim ða beorgas, þa todælað
þæt wæsmbære land and þæt deadwylle sand, þe syþþan lið
suð on þone garsecg. Mauritania, þe man oþre naman hæt
Tingetana, be eastan hyre is Malua sio ea, and be norðan Ab-
benas þa beorgas, and Calpis, oþer beorh. Þær scyt se ende
up of þam garsecge betuh þan twam beorgum eastweard,
þær Ercoles syla standað. And be westan him is se beorh
Athlans, oð ðone garsecg, and suþan ða beorgas þe man hæt
Æsperos. And be suðan him Aulolum sio þiod, oð ðone
garsecg.

36   Nu hæbbe we ymb Affrica landgemæro gesæd, nu wille
we secgan ymb þa ygland þe on þam Wendelsæ sindon.
Cipros þæt igland hit lið ongean Cilicia and Issaurio on þam
sæs earme þe man hæt Mesicos, and hit is an hund mila lang
and fif and hundsyfantig and an hund mila brad and twa and
twentig. Creto þæt igland, him is be eastan se sæ þe man Ar-
fatium hæt, and westan and be norðan Creticum se sæ, and
be westan Sicilium, þe man oðre naman hæt Addriaticum.
Hit is an hund mila long, and hundsyfantig and fiftig mila
brad. Ðara iglanda þe man hæt Ciclades þara sindon þreo
and fiftig, and be eastan him is se Icarisca sæ, and be suðan
se Cretisca, and be norðan se Egisca, and be westan Addri-
aticum.

37   Sicilia þæt igland is ðryscyte. On ælces sceatan ende sin-
don beorgas. Þone norðsceatan man hæt Polores; þær is seo
burh neah Mesana. And se suðsceata hatte Bachinum; þær

north the Mediterranean, and to their west Mauritania, and to their south the Aures Mountains. To the south of those mountains are the nomadic Ethiopians as far as the ocean. Mauritania has Numidia to the east and the Mediterranean to the north and the river Mouloya to the west and to the south the Astrixis Mountains, which divide the productive land from the barren sands, which then stretch southward as far as the ocean. Mauritania, which is also called Tingitana, has the Mouloya River to the east and the Habenna Mountains and Mount Calpe to the north. At that point the end of the ocean thrusts between the two mountains eastward, where the pillars of Hercules stand. To its west is Mount Atlas, as far as the ocean, and to the south the Hesperus Mountains. South of those are the Autololes people, as far as the ocean.

Now that I have discussed the boundaries of Africa, I will 36 deal with the islands in the Mediterranean. Cyprus lies opposite Cilicia and Isauria on the arm of the sea called the Issican Gulf. It is one hundred and seventy-five miles long and one hundred and twenty-two miles wide. Crete has the Carpathian Sea to the east, the Cretan Sea to the northwest, and the Sicilian Sea, also called the Adriatic, to the west. It is one hundred and seventy miles long and fifty miles wide. The Cyclades consist of fifty-three islands. To their east is the Icarian Sea, to their south the Cretan Sea, to their north the Aegean Sea, and to their west the Adriatic.

Sicily is triangular in shape. There are mountains at each 37 corner. The northern corner is called Pelorus and the city of Messana is near by. The southern corner is called Pachynum

neah is sio burh Siracussana. And þone westsceatan man hæt Libeum; þær is seo burh neah þe man hæt Libeum. And hit is an hund and syfan and fiftig mila lang, suð and norð, and se þridda sceata is an hund and syfan and hundsyfantig westlang. And be eastan þæm lande is se Wendelsæ, þe man hæt Adriaticum, and be suþan þe man hæt Affricum, and be westan þe man hæt Tirenum, and be norðan is se sæ þe ægþer is ge nearo ge hreoh wið Italia þam lande.

38   Sardina and Corsica þa igland todæleð an lytel sæs earm, se is twa and twentig mila brad. Sardina is þreo and þritti mila lang, and twa and twentig mila brad. Him is be eastan se Wendelsæ þe man hæt Tirrenum, þe Tiber sio ea ut scyt on. And be suðan se sæ þe lið ongean Numedia lande, and be westan þa twa igland þe man hæt Balearis, and be norðan Corsica þæt igland. Corsica him is Romeburh be eastan, and Sardine be suðan, and be westan þa igland Balearis, and be norðan Tuscania þæt land. Hit is syxtene mila lang, and nygan mila brad. Balearis þa tu igland him is be suðan Affrica and Gades be westan and Ispania be norðan. Scortlice hæbbe we nu gesæd be þæm gesetenum iglandum þe on ðæm Wendelsæ sindon.

Chapter 2

ÆR ðæm ðe Romeburh getimbred wære þrim hund wintra and þusend wintra, Ninus Asyria kyning ongan manna ærest ricsian on ðysum middangearde. And mid ungemætlicre gewilnunge anwaldes he wæs heriende and feohtende and the city of Syracuse is near there. The western corner is called Lilybaeum and the city of Lilybaeum is near there. The island is one hundred and fifty-seven miles long from south to north, and the third corner is one hundred and seventy-seven miles to the west from Pachynum. To the east of the island is the Mediterranean, called the Adriatic here, and to the south is the African Sea, and to the west the Tyrrhenian Sea, and to the north is the very narrow and rough sea bordering Italy.

Sardinia and Corsica are divided by a narrow strait, which 38 is twenty-two miles wide. Sardinia is thirty-three miles long, and twenty-two miles wide. To its east is the Mediterranean, here called the Tyrrhenian Sea, where the river Tiber enters the sea. To its south is the sea that faces Numidia. To its west are the two Balearic Islands. To its north is Corsica. Corsica has the city of Rome to its east, and Sardinia to the south, and the Balearic Islands to the west, and Tuscany to the north. It is sixteen miles long and nine miles wide. The two Balearic Islands have Africa to the south and Cadiz to the west and Spain to the north. I have now briefly described the inhabited islands in the Mediterranean.

Chapter 2

One thousand three hundred years before Rome was built, Ninus the king of Assyria became the first man to reign as king in this world. With an insatiable desire for power he ravaged and fought for fifty years, until he had

fiftig wintra, oð he hæfde ealle Asiam on his geweald genyd
suð fram þæm Readan Sæ and swa norð oþ þone sæ þe man
hæt Euxinus; butan þæm þe he eac oftrædlice for mid mic-
lum gefeohtum on Sciððie þa norðland, þa ðe gecwedene
syndon ða heardestan men, þeah hy syn on þyson worold-
gesælþon þa unspedgestan. And hy ða under ðæm þe he him
onwinnende wæs wurdon gerade wigcræfta, þeah hi ær hyra
lif bylwetlice alyfden; and hy him æfter þæm grimme for-
guldon þone wigcræft þe hy æt him geleornodon. And him
ða wearð emleof on hyra mode þæt hi gesawon mannes blod
agoten swa him wæs þara nytena meolc þe hy mæst bi lib-
bað. And he Ninus Soroastrem Bactriana cyning, se cuðe
manna ærest drycræftas, he hine oferwann and ofsloh. And
þa æt nyhstan he wæs feohtende wið Sciððie on ane burh,
and þær wearð ofscoten mid anre flane.

2   And æfter his deaðe Sameramis his cwen fengc ægþer ge
to þæm gewinne ge to þæm rice. And hio þæt ylce gewin þe
hio hine on bespon mid manigfealdon firenlustum twa and
feowertig wintra wæs dreogende. And hyre þagyt to lytel
þuhte þæs anwaldes ðe se cyningc ær gewunnen hæfde, ac
hio mid wiflice niðe wæs feohtende on þæt underiende folc
Æthiopiam, and eac on Indeas, þa nan man ne ær ne syððan
mid gefeohte ne gefor buton Alexander. Hio wæs wilniende
mid gewinnum þæt hio hy oferswiðde, ða hio hit ðurhteon
ne mihte. Sio gitsung þa and þa gewin wæron grimlicran
þonne hy nu syn, forðon hy hyre nane bysene ær ne cuðan
swa men nu witon, ac on bilwitnesse hyra lif alyfdon.

3   Seo ylce cwen Sameramis, syððan þæt rice wæs on hyre
gewealde, nales þæt an þæt hio ðyrstende wæs on symbel
mannes blodes, ac eac swelce mid ungemetlicre wrænnesse
manigfeald geligre fremmende wæs, swa þæt ælcne þara þe

subdued the whole of Asia from the Red Sea in the south to the Euxine Sea in the north, as well as making frequent forays with much fighting into Scythia in the north, where the people are considered to be the toughest, although they are the poorest in worldly wealth. Under his onslaughts the Scythians became skilled in war, though they had previously led innocent lives, and they fiercely turned against him the war-making skills that they had learned from him. They became as keen on seeing human blood pouring out as they had been on seeing the milk of domestic animals, which they mostly live on. Ninus defeated and killed Zoroaster the king of the Bactrians, who discovered the art of sorcery. In the end he was killed with an arrow while attacking a city during a war against the Scythians.

After his death his queen Semiramis succeeded to both the war-making and the kingdom. For forty-two years she went on with the fighting that she had previously seduced him into by various wicked pleasures. The empire that the king had conquered previously still seemed too small to her, and with womanly malice she made war against the harmless Ethiopians, and also the Indians, whom no one except Alexander invaded before or since. She longed to overcome them in war, but could not achieve it. This greed and war-making were more terrifying then than they are now, for people had no previous experience of them at the time, as they do now, but people lived their lives in peace and innocence.

Once the empire was under her control this same queen Semiramis was not only thirsting for human blood all the time but was a woman of insatiable lust and went in for all sorts of sexual relations, so that she seduced everyone she

hio geacsian myhte þæt kynekynnes wæs, hio to hyre gespon
for hyre geligernesse, and syððan hio hy ealle mid facne
beswac to deaðe. And þa æt nehstan hyre agene sunu hio
genam hyre to geligere, and forðon þe hio hyre firenluste
fulgan ne moste butan manna bysmrunge, hio gesette ofer
eall hyre rice þæt nan forbyrd nære æt geligere betwuh
nanre sibbe.

Chapter 3

Ær ðam ðe Romeburh getimbred wære þusend wintra
and an hund and syxtig, þæt wæstmbære land on þæm
Sodome and Gomorre ða byrig on wæron hit wearð fram
heofonlicum fyre forbærned. Þæt wæs betuh Arabia and
Palestina. Ða manigfealdan wæstmas wæron forþam swiþost
ðe Iordanis seo ea ælce geare þæt land middeweard ofer-
fleow mid fotes þicce flode, and hit þonne mid ðam ge-
dynged wearð. Þa wæs þæt folc þæs micclan welan unge-
metlice brucende, oð ðæt him on se miccla firenlust oninnan
aweox, and him com of þæm firenluste Godes wraco, þæt he
eal þæt land mid sweflenum fyre forbærnde. And seððan
ðær wæs standende wæter ofer þam lande, swa hit þære ea
flod ær gefleow. And þæs dæles se dæl se þæt flod ne grette
ys gyt todæg wæstmberende on ælces cynnes blædum, and
ða syndon swyþe fægere and lustsumlice on to seonne, ac
þonne hig man on hand nymð þonne weorðað hig to acxan.

could find who was of royal blood for her sexual pleasures, and afterward betrayed them all to death. In the end, she had sex with her own son, and because she couldn't otherwise satisfy her lust without ill repute, she decreed throughout her kingdom that there should be no abstaining from sex between kindred.

Chapter 3

One thousand one hundred and sixty years before Rome was built, the fertile land containing the cities of Sodom and Gomorrah was destroyed by fire from heaven. It lay between Arabia and Palestine. The plentiful crops were mainly due to the river Jordan, which flooded the central part of that land every year to a foot's depth, and the ground was fertilized by that process. The people exploited that abundance without restraint, until a great delight in vice developed among them, and because of that vice God's vengeance struck them, so that he destroyed the whole land with sulfurous fire. Afterward the land was covered permanently with water where the river's flood had previously flowed over it. The part of the land which the water didn't touch is still fruitful nowadays with crops of all kinds, and they are very attractive and desirable to look at, but if you take them in your hands they turn to ashes.

Chapter 4

Ær ðæm ðe Romeburh getimbred wære þusend wintra and hundsyfantig, Thelescises and Ciarsathi þa leode betuh him gewin up hofon, and þæt drugon oþ hi mid ealle ofslegene wæron butan swiðe feawum. And swa þeah þæt þær to lafe wearð þara Thelescisa hi hiora lond ofgeafan and geforan Roðum þæt igland, wilniende þæt hi ælcum gewinne oðflogen hæfdon, ac hi Creacas þær onfundon and hi mid ealle fordydon.

Chapter 5

Ær ðam ðe Romeburh getimbred wære eahta and þusend wintra, mid Egyptum wearð syfan gear se ungemetlica eorðwela, and hi æfter ðæm wæron on þan mæstan hungre oðre syfan gear. And him ða Ioseph, rihtwis man, mid godcunde fultume gehealp. From ðæm Iosepe Pompeius se hæþena scop and his cniht Iustinus wæran ðus singende. Ioseph, se þe gingst wæs hys gebroðra and eac gleawra ofer hi ealle, þæt, him ða ondrædendum þæm gebroðrum, hy genamon Ioseph, and hine gesealdan cipemonnum, and hi hine gesealdon in Egypta land. Þa sæde he Pompeius þæt he þær drycræftas geleornode, and of þæm drycræftum þæt he gewunode monige wundor to wyrcenne, and þæt he mihte swa wel swefn reccan, and eac þæt he of ðæm cræfte Pharaone þæm cyninge swa leof wurde.

Chapter 4

One thousand and seventy years before Rome was built, the Thelcises and Carsatii made war on each other and kept it going until all but a few were killed. The remnants of the Thelcises abandoned their country and went to the island of Rhodes, hoping to have escaped all warfare, but the Greeks found them there and destroyed them all.

Chapter 5

One thousand and eight years before Rome was built, the Egyptians had an extraordinary abundance of crops for seven years, and after that experienced severe famine for another seven years. The just man Joseph helped them through divine assistance. The heathen poet Pompeius and his pupil Justinus sang about this Joseph as follows. Joseph was the youngest of his brothers and wiser than them all, so that they were frightened of him and took him and sold him to merchants, who sold him in Egypt. Pompeius said that Joseph learned sorcery there, and used to perform various marvels through his skill in sorcery, and could interpret dreams very successfully, and through that skill became a favorite of the king Pharaoh.

2   And he sæde þæt he of þæm drycræfte geleornode godcundne wisdom, þæt he þæs landes wæstmbærnesse þara syfan geara ær beforan sæde, and þara oþera syfan geara wædle þe þæræfter com, and hu he gegaderode on þan ærran syfan gearan mid hys wisdome, þæt he þa æfteran syfan gear eall þæt folc gescylde wið þone miclan hungor. And sæde þæt Moyses wære þæs Iosepes sunu, þæt him wæran fram hym drycræftas gecynde, forðon þe he monige wundor worhte in Egyptum. And for þæm wole þe on þæt land becom, se scop wæs secgende þæt Egypti adrifen Moyses ut mid hys leodum.

3   Forðon sæde Pompeius and þa Egyptiscan bisceopas þæt þa Godes wundor þe on hiora landum geworden wæron, to þon gedon wæron þæt hi hiora agnum godum getealde wæron, þæt sint diofolgild, nales þam soþan Gode, forðon þe hiora godu syndon drycræfta lareowas. And þæt folc nugyt þæt tacn Iosepes gesetnesse æfterfylgeað: þæt is, þæt hi geara gehwilce þone fiftan dæl ealra hiora eorðwæstma þæm cyninge to gafole gesyllað. Wæs se hunger on þæs cyninges dagum on Egyptum þe mon hæt Amoses, þeah ðe hiora þeaw wære þæt hi ealle hiora cyningas hetan Pharaon.

4   On ðære ylcan tide ricsade Baleus se cyning in Assirin, þær ær wæs Ninus. On þæm leodum þe mon Argi hæt ricsade Apis se cyningc. On þære tide næs na ma cyninga anwalda butan þysan þrim ricum, ac syþþan wæs sio bysen of him ofer ealle world. Ac þæt is to wundrianne þæt þa Egipti swa lytle þoncunge wiston Iosepe þæs þe he hi æt hungre ahredde, þæt hi hys cyn swa raðe geunaredon, and hy ealle to nydlingum him gedydon. Swa eac is gyt on ealre þysse worulde: þeah God langre tide wille hwam hys willan to forlætan, and he þonne þæs eft lytelre tide þolige, þæt he sona

He said that Joseph acquired divine knowledge through 2 his sorcery, so that he prophesied the seven years of plenty and the seven years of famine that followed, and through his wisdom collected food during the first seven years so that he was able to shield the people from famine during the subsequent seven years. He said that Moses was Joseph's son and inherited his skill in sorcery, because he performed many miracles in Egypt. The poet reported that the Egyptians expelled Moses and his people because of the plague that hit the country.

Pompeius and the Egyptian priests claimed that the miracles, which were in fact performed by God in their land, were to be ascribed to their own gods, that is, to the pagan idols, not to the true God, because their gods are the ones who teach sorcery. The people still observe traces of the practice established by Joseph, so that every year they give a fifth of their produce to the king as a tax. The famine in Egypt happened in the time of the king called Amosis, though it was their custom to call all their kings Pharaoh.

At the same time King Baleus ruled in Assyria, where 4 Ninus was king before, and King Apis ruled over the people called Argives. At that period there were no other kingdoms apart from these three, but afterward the example was followed all over the world. It is much to be wondered at that the Egyptians showed so little gratitude to Joseph for saving them from famine that they soon stopped respecting his descendants and reduced them all to slavery. It is the same all over the world. If God allows someone to have what he wants for a long time, and after that he has to do without it for a little while, he immediately forgets all the benefits that

forgyt þæt god þæt he ær hæfde and geðencð þæt yfel þæt
he þonne hæfð.

Chapter 6

Ær ðæm ðe Romeburh getimbred wære eahta hund
wintra and tyn gearan, ricsode Ambictio se cyning in Athena,
Creca byrig. He wæs se þridda cyning þe æfter Cicrope þæm
cyninge ricsade, þe ærest wæs þære burge cyning. On þæs
Ambictiones tide wurdon swa mycele wæterflod geond ealle
world, and þeah mæst in Thasalia Creca byrig ymb þa
beorgas þe man hæt Parnasus, þær se cyning Theuhaleon
ricsode, þæt forneah eall þæt folc forwearð. And se cyningc
Theuhaleon ealle þa þe to him mid scypum oðflugon to
þæm beorgum he hi þær onfengc, and hi þær afedde. Be
þæm Theuhaleon wæs gecweden, swilce mon bispel sæde,
þæt he wære moncynnes tydriend, swa swa Noe wæs. On
þæm dagum wæs se mæsta mancwealm in Æthiopian, Af-
frica leode, swa þæt heora feawa to lafe wurdon. Eac on
þæm dagum wæs þæt Liber Pater oferwan þa underigendan
Indea ðeode, and hi forneah mid ealle fordyde, ægþer ge mid
druncennysse ge mid firenlustum ge mid manslyhtum; þeah
hi hine eft æfter hys dæge heom for god hæfdon, and hy
sædon þæt he wære ealles gewinnes waldend.

he had before and thinks only of the hardship that he has then.

Chapter 6

Eight hundred and ten years before Rome was built, King Amphictyon ruled in the Greek city of Athens. He was the third king after Cecrops, who was the first king of that city. In the time of Amphictyon there were great floods all over the world, especially in the Greek city of Thessaly by the mountains of Parnassus, where King Deucalion ruled, so that nearly all the people perished. King Deucalion gave refuge to everyone who escaped to those mountains by ship and fed them there. It was said of Deucalion, in a kind of fable, that he was the origin of mankind, as Noah was. In those days there was a great plague among the Ethiopians, in Africa, so that very few of them survived. It was also at that time that Liber Pater conquered the harmless people of India, and destroyed nearly all of them, with drunkenness and vices and murder; yet after his time they held him to be a god and said that he was the patron of warfare.

Chapter 7

Ær ðam ðe Romeburh getimbred wære eahta hund wintra and fif wintrum, gewearð þæt Moyses lædde Israhela folc of Egyptum æfter þæm manegum wundrum þe he þær gedon hæfde. Þæt wæs þæt forme þæt hyra wæter wurdon to blode. Þa wæs þæt æfterre þæt froxas comon geond eall Egypta land, swa fela þæt man ne mihte nan weorc wyrcan, ne nanne mete gegyrwan, þæt þara wyrma nære emfela þæm mete, ær he gegearwod wære. Þridde yfel wæs æfter þam þæt gnættas comon ofer eall þæt land, ge inne ge ute, mid fyrsmeortendum bitum, and ægþær ge þa men ge ða nytenu unablinnendlice piniende wæron. Þa wæs þæt feorðe, þæt ealra scamlicost wæs, þæt hundes fleogan comon geond eall þæt mancyn, and hy crupon þæm mannum betuh þa þeoh ge geond eall þa limu; swa hyt eac well gedafenode þæt God ða mæstan ofermetto geniðrode mid þære bismerlicestan wrace and þære unweorðlicostan.

2   Þæt fifte wæs hyra nytena cwealm. Þæt syxte wæs þæt eall folc wæs on blædran, and þa wæron swiðe hreowlice berstende, and þa worms utsionde. Þæt syfeðe wæs þæt þær com hagol se wæs wið fyre gemenged, þæt he ægþer sloh ge ða menn ge ða nytenu, ge eall þæt on þæm lande wæs weaxendes and growendes. Þæt eahtoðe wæs þæt gærstapan comon, and fræton ealle þa gærsciðas þe bufan þære eorðan wæron, ge furðon þa gærsciðas and þa wyrttruman sceorfende wæron. Þæt nygoðe wæs þæt þær com hagol, and swa mycel þysþernes, ge dæges ge nihtes, and swa gedrefedlic, þæt hit man gefelan mihte. Þæt teoðe wæs þæt ealle ða cnihtas and ealle ða mædena þe on þæm lande wæron wurdon on anre niht acwealde.

Chapter 7

Eight hundred and five years before Rome was built, Moses led the people of Israel out of Egypt after the many miracles that he had performed there. The first was that their water sources turned to blood. The second was that frogs swarmed over the whole of Egypt, in such numbers that no one could do their work, or prepare food without the dish becoming as full of frogs as of food before it was ready. The third plague was that gnats spread over the whole country, both indoors and out, with burning bites, and both people and animals were unceasingly tormented. The fourth plague was the most shaming of them all, that dog fleas infested the whole population, and crept between the thighs and all over the limbs, so that God appropriately humbled the greatest arrogance with the most shameful and dishonorable punishment.

The fifth plague was the death of their livestock. The 2 sixth was that everyone came out in boils, which burst very painfully and the pus oozed out. The seventh was that hailstones came mixed with fire and killed both people and livestock and everything that was growing in that country. The eighth was that locusts came and ate all the grass shoots that were above ground, and even bit off the grass shoots and roots. The ninth was that there came hail, and darkness by day and night, so thick and oppressive that they could touch it. The tenth was that all the boys and girls in that country were killed in a single night.

3   And þeah þæt folc nolde ær Gode abugan, hy hwæðre þa
hyra unðances him gehyrsume wæron. Swa swyðe swa hi ær
Moyse and hys folce þæs utfæreldes wyrndon, swa micle hy
wæron geornran þæt hi him fram fulgen. Ac seo hreowsung
þe him þa gewearð swyðe raðe on wyrsan geþanc wearð
gehwyrfed. Hrædlice se cyningc þa mid his folce him wæs
æfterfylgende, and hy gecyrran wolde eft to Egyptum. Se
kyningc Pharon hæfde syx hund wigwægna, and swa fela
þæs oðres heres wæs þæt man mæg þanon oncnawan, þa
him swa fela manna ondredon swa mid Moyse wæron: þæt
wæs syx hund þusenda manna. Hwæðre God þa miclan
Pharones menge gelytlode, and hyra ofermætan ofermetto
genyðerode; and beforan Moyse and hys folce he ðone
Readan Sæ on twelf wegas adrigde, þæt hi drigan fotan þæne
sæ oferferdon.

4   Þa þæt gesawon þa Egypte, hy ða getrymedon hyra dryas
Geames and Mambres, and getruwedon mid hyra drycræf-
tum þæt hi on ðone ilcan weg feran meahtan. Ða hi ða onin-
nan þæm sæfærelde wæron, þa gedurfon hi ealle and adrun-
con. Þæt tacn nugyt is orgyte on þæs sæs staðe, hwær þara
wigwægna hweol on gongende wæron. Þæt deð God to
tacne eallum monkynne þæt þeah hit wind oððe sæs flod
mid sonde oferdrifen, þæt hit ðeah bið eft swa gesyne swa
hit ær wæs. On þære tide wæs sio ofermycelo hæto on ealre
worulde: nales þæt an þæt men wæron miclum geswencte,
ac eac ealle nytenu swyðe neah forwurdon. And ða suð-
mestan Æthiopian hæfdon bryne for ðære hæte, and Sciþþie
þa norðmestan hæfdon ungewunelice hæton. Þa hæfdon
monige unwise menn him to worde and to leasungspelle þæt
sio hæte nære for hiora synnum, ac sædon þæt hio wære for
Fetontis forscapunge anes mannes.

Although the Egyptians would not submit to God before, 3
now they obeyed him unwillingly. However much they had
refused to let Moses and his people leave before, now they
were as keen for them to depart. But the change of heart
that then came upon them very quickly turned into a deci-
sion for the worse. The king with his army hurriedly pursued
them, intending to force them back to Egypt. King Pharaoh
had six hundred chariots and the size of his army you can tell
from the fact that the six hundred thousand people who
were with Moses were terrified of it. But God brought down
the great multitude of Pharaoh and humbled their over-
weening arrogance. He dried up the Red Sea into twelve
roads in front of Moses and his people, so that they could
pass over the sea with dry feet.

When the Egyptians saw that, they summoned their wiz- 4
ards, Jamnes and Mambres, and believed that with the help
of their wizardry they could pass over the same route. When
they had passed into that sea road, they all perished and
were drowned. The marks where the wheels of the chariots
went are still visible on the seashore. God preserves them as
a sign to all mankind, so that even though the wind or the
sea's flow covers them with sand, they become as visible
again as they were before. At that time there was such in-
tense heat throughout the world that not only were people
oppressed, but very nearly all the livestock perished. The
Ethiopians in the far south were burned by the heat, and the
Scythians in the far north had heat that they weren't used to.
Many fools claimed in their lying stories that the heat was
not because of their vices but because of an accident that
happened to a man called Phaeton.

Chapter 8

Ær ðæm ðe Romeburh getimbred wære syx hund wintran and fif, in Egyptum wearð on anre niht fiftig manna ofslegen, ealle fram hiora agnum sunum, and ealle ða men comon fram twam gebroðran. Þa þis gedon wæs, þa gyt lyfedan ða gebroðra. Se yldra wæs haten Danaus, þe þæs yfeles ordfruma wæs. Se wearð of his rice adræfed and on Arge þæt land he fleonde becom, and his se cyning þær Tenelaus mildelice onfeng. Þeah he hit him eft mid yfele forgulde, þa he hine of his rice adræfde. On þæm dagum on Egyptan wæs þæs kyninges þeaw Bosiriðis þæt ealle þa cuman þe hine gesohton he to blote gedyde and hys godum bebead. Ic wolde nu, cwæð Orosius, þæt me ða geandwyrdan þa þe secgað þæt þeos world sy nu wyrse on ðysan cristendome þonne hio ær on þæm hæþenscype wære, þonne hi swylc geblot and swylc morð donde wæron swylc ic her ær beforan sæde. Hwær is nu on ænigan cristendome betuh him sylfum þæt mon him þurfe swilc ondrædan þæt hine mon ænigum godum blote? Oððe hwær syndon ure godas þe swylcra mana gyrnen swilce hiora wæron?

2   On þæm dagum Perseus se cyningc of Creca lande in Asiam mid fyrde for, and on ða ðeode winnende wæs oþ hi him gehyrsume wæron, and þære þeode oþerne naman ascop be him syluum, swa hi mon syððan het Persi. Ic wat geare, cwæð Orosius, þæt ic his sceal her fela oferhebban, and þa spell þe ic secge ic hi sceal gescyrtan. Forðon þe Asyrie hæfdon LX wintra and an hund and an þusend under fiftigan cyninga rice, þæt hit na buton gewinne næs, oþ þæt Sarðanopolim ofslegen wearð, and se anwald siððan on

Chapter 8

Six hundred and five years before Rome was built, fifty men were killed in a single night in Egypt, all by their own sons, and all fifty were descended from two brothers. The two brothers were still alive after this happened. The older one, who was the source of the mischief, was called Danaus. He was expelled from his kingdom and fled to the land of Argos, where the king Sthenelaus received him with kindness. But Danaus repaid him with evil, when he drove him from his kingdom. At that time in Egypt it was the custom of the king Busiris to sacrifice all the visitors who came to him and offer them up to his gods. Now, said Orosius, I would like an answer from those who claim that the world is worse now under Christianity than it was before in its heathen state, when they engaged in such sacrifices and murders as I have just described. Where now among Christians do people need to be frightened of being sacrificed to any gods? Or where are our gods who want such crimes as their gods did?

At that time King Perseus went with an army from Greece to Asia, and waged war on those people until they submitted to him, and he introduced a new name for those people based on his own, so they were afterward called Persians. I am well aware, said Orosius, that I must pass over many events from this time and shorten the stories that I do give. Assyria lasted one thousand one hundred and sixty years under the rule of fifty kings without ever being free from war, until Sardanapulus was killed, and the power then

Mæðe gehwearf. Hwa is þæt þe eall ða yfel þe hi donde wæron asecgean mæge oððe areccean?

3   Eac ic wille geswigian Tontolis and Philopes þara scondlicestena spella; hu manega bismerlica gewin Tontolus gefremede syððan he cyningc wæs; ymb þone cniht þe he neadinga genam Ganemeþis; and hu he his agenne sunu his godum to blote acwealde and hine him sylf siððan to mete gegyrede. Eac me sceal aðreotan ymbe Philopes and ymbe Tardanus and ymb ealra þara Troiana gewin to asecgenne, forðon on spellum and on leoðum hiora gewin cuðe sindon. Ic sceall eac ealle forlætan þa þe of Perseo and of Cathma gesæde syndon, and eac þa ðe of Thebani and of Spartani gesæde syndon. Eac ic wille geswigian þara mandæda þara Lemniaðum and Ponthionis þæs cyninges, hu hreowlice he wearð adræfed of Othinentium his agenre þeode; and Atregsas and Thigesþres hu hi heora fæderas ofslogan, and ymb hiora hetelican forlignessa, ic hit eall forlæte. Eac ic hit forlæte Adipsus hu he ægþer ofsloh ge his agenne fæder ge his steopfæder ge his steopsunu. On þæm dagum wæron swa ungemetlica yfel þæt þa men sylf sædon þæt hefones tungul hiora yfel flugon.

Chapter 9

Ær ðam ðe Romeburh getimbred wære syx hund wintrum and syxtygum, wearð þæt ungemetlice mycle gefeoht betweoh Cretense and Atheniense þæm folcum. And þa Cretense hæfdon ðone grimlican sige, and ealle þa æþelestan bearn þara Atheniensa hy genamon, and sealdon þæm passed to the Medes. Who could report all the evils that they committed?

I will also say nothing of the scandalous stories about Tantalus and Pelops, how many shameful wars Tantalus waged after he became king, or about the boy Ganymede whom he took by force, or how he sacrificed his own son to his gods and then served him up as food. It would also be tedious to talk about Pelops and Dardanus and about the whole Trojan War, since their wars are familiar in histories and poems. I need to leave out too everything that has been told of Perseus and Cadmus, and of the Thebans and Spartans. I will also say nothing of the vile activities of the Lemnians or of King Pandion, how pitifully he was driven out by his own people, the Athenians; and I will leave out everything about Atreus and Thyestes, how they killed their own fathers, and about their horrible sexual acts. I will also leave out the story of how Oedipus killed his own father and his stepfather and his stepson. In those times there were such unspeakable crimes that people themselves said that the stars in the sky took flight from their vice.

Chapter 9

Six hundred and sixty years before Rome was built, there was a huge conflict between the Cretans and the Athenians. The Cretans won a bloody victory and took all the highest-born children of the Athenians, and gave them to be

Minotauro to etanne, þæt wæs healf mann, healf leo. On
þæm dagum wæs þæt Laphite and Thesali wæron winnende
him betweonan. Þonne þa Laphite gesawon Thesali þæt folc
of hiora horsan beon feohtende wið hy, þonne hetan hi hi
Centauri, þæt syndon healf hors, healf men, forðon þe hi on
horse feohtan ne gesawan ær ða.

Chapter 10

Ær ðæm ðe Romeburh getimbred wære feower hund
wintran and hundeahtatigum, Uesoges Egypta cyning, wæs
winnende of suððæle Asiam, oððe him se mæsta dæl wearð
underðeoded, and he, Uesoges Egypta cyning, wæs syððan
mid fyrde farende on Sciððie on ða norðdælas, and his
ærendracan beforan asende to þære þeode, and him untweo-
gendlice secgan het þæt hi oðer scoldon, oððe þæt land æt
him alysan, oððe he hi wolde mid gefeohte fordon and
forhergian. Hy him þa gescadwislice andwyrdan and cwæ-
don þæt hit gemahlic wære and unrihtlic þæt swa ofer-
wlenced cyning sceolde winnan on swa earm folc swa hi
wæron. Hetan him ðeah þæt andwyrde secgan þæt him leo-
fre wære wið hine to feohtanne þonne gafol to gyldenne.

2   Hi þæt gelæstan swa, and sona ðone cyningc geflymdon
mid his folce, and him æfterfolgiende wæran, and ealle
Egypte awestan butan þæm fenlandan anan. And þa hi ham-
weard wendon be westan þære ea Eufrate, ealle Asiam hy
genyddon þæt hi him gafol guldon and þær wæron fiftyne
gear þæt land hergiende and westende, oð hiora wif him

devoured by the Minotaur, who was half-human and half-lion. At that time the Lapiths and the Thessalonians were fighting against each other, and when the Lapiths saw the Thessalonians fighting against them on horseback they called them centaurs, that is, half-horse and half-human, because they hadn't seen people fighting on horseback before.

Chapter 10

Four hundred and eighty years before Rome was built, Vesozes the king of Egypt waged war against Asia in the south, until the major part of it had submitted to him, and then he advanced against the Scythians in the north with an army. He sent his envoys ahead of him to those people and ordered them to be told, unambiguously, that they would either have to give up that land to him or he would destroy them with warfare and plunder them. They answered the envoys reasonably and said that it was shameful and unjust that so wealthy a king should make war on so poor a nation as they were, but they ordered the envoys to say that they would rather fight against Vesozes than pay tribute.

They did as they promised and straightaway defeated the king with his army, and pursued them and ravaged all of Egypt apart from the marshlands. When they turned back toward home, traveling on the west side of the Euphrates, they forced all of Asia to pay tribute to them and spent fifteen years ravaging and devastating that region, until their

2

sendon ærendracan æfter, and him sædon þæt hi oðer dy-
dan, oððe ham come oððe hi him woldan oðerra wera ceo-
san. Hi ða þæt land forleton and him hamweard ferdon. On
þære ylcan tide wurdon twegen æþelingas aflymde of
Scyððian, Plenius and Scolopetius wæran hatene, and gefo-
ran þæt land, and gebudon betweoh Capadotiam and Pon-
tum neah ðære læssan Asiam, and þær winnende wæron,
oþþe hi him þær eard genamon. And hi þær æfter hrædlice
tide fram þæm landleodum þurh seara ofslegene wurdon.

3   Þa wurdon hiora wif swa sarige on hiora mode and swa
swiðlice gedrefed—ægþer ge þara æþelinga wif ge þara
oþerra manna þe mid him ofslegene wæran—þæt hi wæpna
naman to þon þæt hi heora weras wrecan ðohtan. And hi ða
hrædlice æfter þæm ofslogan ealle ða wæpnedmenn þe him
on neaweste wæron. Forðon hy dydon swa þe hi woldon þæt
þa oðre wif wæran emsarige heom, þæt hi syþþan on him
fultum hæfdon, þæt hi ma meahton hyra weras wrecan. Hi
ða þa wif ealle togædere gecyrdon and on þæt folc winnende
wæron and þa wæpnedmen sleande, oþ hi þæs landes hæf-
don mycel on hiora anwealde. Þa under ðæm gewinne hy ge-
naman frið wið ða wæpnedmen. Syððan wæs hiora ðeaw þæt
hi ælce geare ymbe twelf monað tosomne ferdon and þær
ðonne bearna astryndon. Eft þonne þa wif heora bearn ken-
don, þonne feddon hy þa mædencild and slogon þa hysecild,
and þæm mædencildan hi fortendon þæt swyþre breost fo-
ran þæt hit weaxan ne sceolde, þæt hi hæfdan þy strengran
scyte. Forðon hi mon het on Creacisc Amazanas, þæt is on
Englisc "fortende."

4   Hiora twa wæran heora cwena, Marsepia and Lampida
wæran hatene. Hy hyra here on twa todældon, oþer æt ham
beon hiora land to healdenne, oþer ut faran to winnanne. Hy

wives sent messengers after them, saying that they must re-
turn home or else the wives would choose new husbands.
Then they left that land and went home. At the same period
two princes called Plynos and Scolopetius were expelled
from Scythia, and went to that land, and settled between
Cappadocia and Pontus near Asia Minor, and waged war
there until they had taken territory for themselves there.
But after a short time they were treacherously killed by the
inhabitants.

Then their wives were so upset and distressed—both the 3
wives of the princes and the wives of the other men who
were killed with them—that they took up weapons to
avenge their husbands. Shortly after that they killed all the
males in the vicinity, with the intention that the other
women would be grieved like them, and afterward they
would have their help in avenging their husbands further.
Then the women all got together and fought against the in-
habitants and killed the males, until they got much of that
land under their control. Then following that warfare they
made peace with the males. Afterward their custom was to
gather together at the end of every year and conceive chil-
dren. When the women gave birth to the children, they fed
the girls and killed the boys, and they burned off the right
breast from the girls to stop it growing, so that they would
have a stronger shot. For that reason they were called in
Greek Amazons, that is "burning" in English.

Two of them were their queens, called Marpesia and Lam- 4
peto. They divided their army into two, one half to be at
home guarding their land and the other to go out to war.

syððan geeodon Europam and Asiam þone mæstan dæl, and getimbredon Effesum þa burh, and monige oðre on þære læssan Asiam. And siþþan hiora heres ðone mæstan dæl ham sendon mid hiora herehyðe, and þone oþerne dæl þær leton þæt land to healdenne. Þær wearð Marsepia sio cwen ofslagen and mycel þæs heres þe mid hyre bæftan wæs. Þær wearð hyre dohtor cwen Sinope. Sio ylce cwen Sinope toeacan hyre hwætscype and hire monifealdum duguðum hyre lif geendode on mægðhade.

5   On þæm dagum wæs swa mycel ege from þæm wifmannan, þæt Europe ne Asia ne ealle þa neahþeoda ne mihtan aþencan ne acræftan hu hi him wiðstandan mihtan, ær ðon hi gecuron Ercol þone ent þæt he hi sceolde mid eallan Creaca cræftum beswican. And þeah ne dorste he geneðan þæt he hi mid fyrde gefore, ær he ongan mid Creaca scypum þe mon "dulmunus" hæt, þe man segð þæt on an scip mæge an þusend manna; and þa nihtes on ungearwe hi on bestæl, and hi swiðe forsloh and fordyde; and hwæþere ne meahte hi þæs landes benæman. On þæm dagum þær wæran twa cwena, þa wæran gesweostra, Anthiopa and Orithia, and þær wearð Orithia gefangen. Æfter hyre fengc to þæm rice Pentesilia, sio on þæm Troianiscan gefeohte swiðe mære gewearð.

6   Hit is scondlic, cwæð Orosius, ymb swylc to sprecanne hwylc hit þa wæs, þa swa earme wif and swa elðeodge hæfdon gegan þone cræftgestan dæl and þa hwatestan men ealles þises middangeardes—þæt wæs Asiam and Europe— þa hie forneah mid ealle aweston, and ealda ceastra and ealde byrig towurpon, and æfter ðæm hie dydon ægþer ge cyninga ricu settan ge niwu ceastra timbredon, and ealle þa worold on hiora agen gewill onwendende wæron folneah C

They subsequently overran most of Europe and Asia, and built the city of Ephesus and many others in Asia Minor. Then they sent the major part of their army back home with the booty, leaving the remainder to guard that land. Queen Marpesia was killed there along with much of the army that had been left behind with her. Her daughter Sinope then became queen. In addition to her courage and her many virtues, Sinope ended her life as a virgin.

In those days people were so frightened of these women 5 that neither Europe nor Asia nor any of the neighboring nations could work out how to defend themselves against them, until they picked the giant Hercules to defeat the Amazons using all the forces of the Greeks. Even then he didn't dare to approach them with an army until he got the Greek ships that are called "dulmuns," which are said to take a thousand men each, and approached them stealthily at night and struck them fiercely and crushed them, and still he wasn't able to take their country from them. In those days there were two queens called Antiope and Orithyia, who were sisters, and Orithyia was captured there. She was succeeded as queen by Penthesilea, who became famous in the Trojan War.

It is embarrassing to record, said Orosius, how it was 6 then, when those grieving women, exiled from their home country, had overcome the strongest part and the bravest men of the whole world—that is, Asia and Europe—when they devastated almost all of it and overthrew old cities and towns and set up kingdoms and built new cities, and bent the whole world to their desires for very nearly a century,

wintra, and swa gemune men wæron ælces broces þætte hie hit folneah to nanum facne ne to nanum laðe næfdon þætte þa earman wifmen hy swa tintregedon.

7   And nu, ða þa Gotan coman of ðam hwatestan mannan Germania, þe ægþer ge Pirrus se reða Creaca cyningc ge Alexander ge Iulius se cræftiga casere, hi ealle fram him ondredon þæt hi hi mid gefeohte sohte, hu ungemetlice ge Romware bemurcniað and bespreca ð þæt eow nu wyrs sie on þysan cristendome þonne þæm þeodum þa wære, forðon ða Gotan eow hwon oferhergodan and eowre burh abræcon and eower feawe ofslogan. And for hiora cræftum and for hiora hwætscype eowra selfra anwaldes eowres unðances habban mihtan, þe nu lustlice sibsumes friðes and sumne dæl landes æt eow biddende syndon, to þon þæt hi eow on fultume beon moton, and hit ær ðysan genoh æmetig læg and genoh weste, and ge hys nane note næfdon.

8   Hu blindlice monige þeoda sprecað ymb þone cristendom, þæt hit nu wyrse sy þonne hit ær wære, þæt hi nellað geþencan oððe ne cunnan, hwær hit gewurde ær ðæm cristendome, þæt ænig þeod oðre hyre willum friðes bæde, buton hyre þearf wære, oððe hwær ænig ðeod æt oðre myhte frið begitan, oþþe mid golde oððe mid seolfre oþþe mid ænigan feo, butan he him underðeoded wære. Ac syððan Crist geboren wæs, þe ealles middangeardes is sibb and frið, nales þæt an þæt men hi mihtan alysan mid feo of ðeowdome ac eac ðeoda him betweonan butan ðeowdome gesibsume wæran. Hu wene ge hwylce sibbe þa weras hæfdon ær ðæm cristendome, þonne hiora wif swa monigfeald yfel donde wæron on ðysan middangearde?

and yet people were so used to every kind of disaster that they virtually thought it no offense or harm that those poor women so tormented them.

And now, when the Goths have come, from the strongest 7 people in Germania, a people whom Pyrrhus the fierce king of the Greeks and Alexander and Julius the mighty emperor were afraid to meet in battle, how endlessly you Romans moan and complain that things are now worse for you under Christianity than they were for those peoples, because the Goths made a brief attack and captured your city and killed a few of you. Given their strength and courage they could have taken total control of you against your will, but instead they are gladly seeking a tranquil peace from you and a bit of land, so that they can be of assistance to you, and the land hitherto has lain empty enough and uncultivated, and you had no use for it.

How ignorantly many countries talk about Christianity, 8 saying that it is worse now than it was before, and they won't ask themselves, or don't know, where it ever happened before Christianity that any nation willingly asked another for peace, unless they had to, or where any nation could obtain peace terms from another, either with gold or with silver or with any riches, without being subjected to the other. But after the birth of Christ, who is peace and tranquility for all the world, not only have people been able to release themselves from servitude with money but also nations have been at peace with each other without being subject to them. What sort of peace do you think *men* had before Christianity, when their women were doing such terrible things in this world?

Chapter II

Æ̷r ðæm ðe Romeburh getimbred wære feower hund wintran and þritig wintra, gewearð þæt Alexander, Priamises sunu þæs cyninges of Troiana þære byrig, genam þæs cyninges wif Monelaus of Læcedemonia, Creaca byrig, Elena. Ymb hi wearð þæt mære gewin and þa miclan gefeoht Creaca and Troiana, swa þæt Creacas hæfdon м scipa þara miclena dulmuna, and him betweonum gesworan þæt hi næfre noldan on cyððe cuman ær hi heora teonan gewræcon. And hi ða tyn gear ymbe ða burh sittende wæron and feohtende.

2   Hwa is þæt ariman mæge hwæt þær moncynnes forwearð on ægþre hand, þæt Omerus se scop sweotelicost sæde. Forðon nis me þæs þearf, cwæð Orosius, to secgenne, forðon hit langsum is and eac monegum cuð. Þeah swa hwilcne mon swa lyste þæt witan, ræde on his bocum hwilc ungetima and hwilce tibernessa, ægþer ge on monslyhtan ge on hungre ge on scipgebroce ge on mislicre forsceapunge, swa mon on spellum segð, þa folc him betweonum fulle tyn winter wrecende wæron. Geðence þonne þara tida and nu þyssa, hwæþer him bet lycian. Ða sona of ðam gefeohte wæs oþer æfterfylgende. Eneas mid hys fyrde for of þæm Troianiscan gefeohte in Italiam. Þæt mæg man eac on bocum sceawian, hu manega gewinn and hu manega gefeoht he þær dreogende wæs.

Chapter II

Four hundred and thirty years before Rome was built Alexander, the son of Priam, who was the king of the city of Troy, abducted Helen, the wife of Menelaus, who was the king of the Greek city of Sparta. Around her arose the famous war and great conflict between the Greeks and the Trojans, in which the Greeks had a thousand ships of the great dulmun type, and took a general oath that they would never return to their homeland until they had avenged the offense. For ten years they besieged the city and waged war.

Who can count the men who died on both sides, as the poet Homer so clearly recounted? There is no need for me to tell it, said Orosius, for it is a very long story and in any case known to lots of people. If anyone wants to know, he can read in his books what disasters and destruction those two nations went on creating for a good ten years, what with slaughter and famine and shipwrecks and various disasters, as is told in stories. Let him consider those times in the past and these times now and see which suits him better. And immediately after that war another one came along. Aeneas with his army went from the Trojan War to Italy, and you can also see in books how many conflicts and wars he had there.

2

Chapter 12

Ær ðæm ðe Romeburh getimbred wære feower and syxtig wintra, ricsade Sarþanapolus se cyning in Asiria, þær Ninus se cyningc ærest ricsade, and Sarðanapolus wæs se siðmesta cyningc þe on þæm lande ricsode. He wæs swiðe furðumlic man, and hnesclic and swyðe wræne, swa þæt he swiðor lufade wifa gebæra þonne wæpnedmanna. Þæt þa onfunde Arbatus his ealdorman, þe he geset hæfde ofer Meðas þæt land. He ongan sirwan mid þam folce þe he ofer wæs hu he hine beswican mihte and aspeon him fram ealle þa þe he ondred þæt him on fylste beon woldon. Þa se cyning þæt onfunde, þæt him man geswicen hæfde, he ða hine sylfne forbærnde, and syððan hæfdon Mæðe onwald ofer Asirie. Hit is unyðe to secgenne hu manega gewin syððan wæran betuh Mæðum and Caldeum and Sciððian, ac þæt mon mæg witan, þonne swa ofermætlicu ricu onstyrede wæron, hu manige missenlice moncwealmas on þam gewinne gewurdon.

2 Æfter ðæm ricsade Fraortes se cyningc in Meðen. Æfter ðem Fraorte ricsode Diocles, se Mæþa rice swiðe gemiclade. Æfter ðam Diocle feng Astiai to rice, se næfde nænne sunu, ac he nam his nefan him to suna of Persan þære ðeode, Cirus wæs haten. Se þa, mid þon þe he geweox, him þa ofðincendum and þam Perseum þæt hi on his eames anwalde wæron and on ðara Meða, ac hi gewin up hofon. He ða Astiai se cyngc beðohte swiðost to Arpelles his ealdermen þæt he mid hys cræfte his nefan mid gefeohte wiðstode, forðon þe se cyngc ne gemunde þara manegra teonena þe hiora ægþer oþrum on ærdagum gedyde, and hu se cyningc het hys sunu

Chapter 12

Sixty-four years before Rome was built, King Sardanapulus reigned in Assyria, where King Ninus had been the first to reign, and Sardanapulus was the last king to rule in that country. He was extremely licentious and effeminate and very lecherous, loving to behave like a woman rather than a man. His prefect Arbatus, whom he had appointed to govern the land of the Medes, found out about this and began to plot with the people that he governed to get rid of the king and lure away from him all those that he feared might be on the king's side. When the king realized that he had been supplanted, he burned himself to death, and afterward the Medes took control of Assyria. I can't begin to record how many wars there were subsequently between the Medes and the Chaldeans and the Scythians, but if you consider what great kingdoms were disrupted, you can tell how many were killed in that conflict.

After that King Phraortes ruled in Media. After Phraortes 2
Diocles was king, and he greatly expanded the kingdom of the Medes. After Diocles Astyages succeeded to the throne. He had no son but adopted as his son his maternal grandson Cyrus, from the Persians. When Cyrus grew up he and the Persians resented being under the control of his grandfather and of the Medes, and started a rebellion. King Astyages relied heavily on his prefect Harpalus to oppose his grandson in battle with his power, because the king had forgotten the many offenses each had committed against the other in the past, and how he had ordered the prefect's son to be killed

ofslean, and hyne syððan þæm fæder to mete gegyrwan, þeah hiora gewinn þa gesemed wære. He ða se ealderman mid fyrde for ongean þæm Perseum, and sona þæs folces þone mæstan dæl fleonde mid ealle forlædde, and mid searwe þæm Perseo cyninge on onwald gedyde. And on þam gefeohte Mæþa cræft and hiora duguð gefeol.

3 Þa se cyning þæt facn onfunde þe se ealderman wið hine gedon hæfde, he ðeah gegaderode þone fultum þe he þa mihte, and wið þam nefan fyrd gelædde. And he Cirus Persa cyningc hæfde þriddan dæl hys fyrde bæftan him, on þæt gerad, gif ænig wære þe fyr fluge þe on þæm gefeohte wæs þonne to þæm folce þe þær bæftan wæs, þæt hine mon sloge swa raðe swa mon hiora fynd wolde. Þa þeahhwæþere gebyrede him þæt hi hwæthwara gebugan to fleonne. Hi ða hiora wif him ongean yrnende hy swyðe tornwyrdon, and ahsedon, gif hi feohtan ne dorstan, hwider hi fleon woldon; þæt hi oðer gener næfdon, buton hi on hyra wifa hrif gewiten. Hi ða hrædlice, æfter þæm þe þa wif hi swa scandlice geræht hæfdon, gewendon eft ongean þone cyning, and ealne hys here geflymdon, and hine sylfne gefengon. He ða Cirus ageaf þæm cyninge hys eame ealle þa are þe he ær hæfde, butan þæt he cyngc nære. And he þæt wæs eall forsacende forðon þe him Arpellas se ealdorman ær to biswice wearð mid hys agenre þeode. Ac him Cirus his nefa gesealde Ircaniam ða þeode on anwald to habbenne. Þær wearð Mæþe onwald geendod, ac Cirus mid Perseum to þæm anwalde feng. Ac ða byrig þe on monegum þeodum Mæðum ær gafol guldon wurdon Ciruse to monegum gefeohtum.

4 On þæm dagum wilnade sum æþelingc to ricsianne in Argentine þære þeode, Falores wæs haten. He wæs of Sicilia

and served up as food for the father, though their conflict was settled at the time. The prefect then advanced to meet the Persians with his army, but immediately took flight, utterly betraying the greatest part of his army and treacherously handing them over to the control of the Persian king. In that battle the strength and power of the Medes collapsed.

When the king discovered that the prefect had betrayed 3 him, he gathered what support he could draw on and led an army against his grandson. Cyrus, the king of the Persians, placed a third of his army in the rear, so that if in the course of the fighting anyone retreated any farther than that rearguard, they would be attacked as if they were enemies. Even so it happened that they began somewhat to give way. Then their wives ran to meet them in a rage and asking where they were planning to run to, if they didn't dare fight, since they had nowhere else to hide but their wives' wombs. So immediately they turned back against King Astyages, after the women had so shamefully reproached them, and routed all his army, and captured the king himself. Cyrus returned to his grandfather the king everything that he had possessed before apart from the kingship itself. Astyages renounced that completely, because the prefect Harpalus had conspired against him with his own people. But his grandson Cyrus gave him the Hyrcanians to rule over. There the power of the Medes came to an end and Cyrus with the Persians came to power. But the cities in many countries which had previously given tribute to the Medes caused many wars for Cyrus.

In those times a certain prince called Phalaris wanted to 4 rule over Agrigentum. He was a Sicilian and oppressed the

89

þæm lande, and mid ungemetlicre pinunge he wæs þæt folc cwilmende, to ðon þæt hi him anbugon. Þa wæs þær sum argeotere, se mihte don missenlica anlicnessa. He ða se geotere gebead þæm æþelinge, forðon þe he him cweman þohte, þæt he him æt þære pinunge fylstan wolde þe he þæm folce donde wæs. He þa swa dyde, and geworhte anes fearres anlicnesse of are, to ðon, þonne hit hat wære, and mon ða earman men oninnan don wolde, hu se hlyn mæst wære, þonne hi þæt susl þæron þrowiende wæron; and eac þæt se æþelingc ægþer hæfde ge his plegan ge his gewill þonne he ðara manna tintrego oferhyrde. Þa þæt þa onhæt wæs and eall gedon swa se geotere þæm æþelinge ær behet, se æþelingc þæt þa sceawode and cwæð þæt þæm weorce nanum men ær ne gerise bet to fandienne þonne þam wyrhtan þe hit worhte. Het hine þa niman and þæron bescu-fan.

5   Forhwi besprecað nu men þas cristenan tida, and secgað þæt nu wyrsan tida syn þonne þa wæran, þa þeah hwa wære mid þam cyningum on hiora gewill yfel donde þæt hi swa ðeah æt him ne meahton mid þy nane are findan? And nu cyningas and caseras, þeah hwa wið hiora willan gegylte, hi þeah for Godes lufan, be þæs gyltes mæðe, forgifnesse doð.

Chapter 13

Æ̵r ðam ðe Romeburh getimbred wære þritig wintra, wæs þæt Pelopensium and Athenientium, Creaca þeoda, mid eallum hiora cræftum him betweonum winnende people with severe torments to make them submit to him. There was a certain bronze-smith who could make all sorts of images. In order to please the prince he offered to help him with the torments that he was inflicting on people. He then put this into effect, making a figure of a bull from bronze, so that when it was hot and some poor wretches were put inside it, the noise would be loudest when the men were being tormented, and so the prince would have both his sport and his pleasure when he heard the torment of the people inside. So when it was heated up and everything done as the smith had promised the prince, the prince looked at it and said that no one was better suited to try it out than the smith who had made it. So he gave orders to take the smith and shove him into it.

Why do people now complain of Christian times, and say 5 that times are worse now than those were, when even someone who was doing evil at the wish of the kings could not get any protection from them? In our time kings and emperors forgive anyone who offends against their wishes, for the love of God, in proportion to the seriousness of the offense.

Chapter 13

Thirty years before Rome was built, two Greek nations, the Peloponnesians and the Athenians, fought against each other with all their power, and so many were killed on both wæron, and hi to ðon swiðe forslegene wurdon on ægðre hand, þæt heora feawe to lafe wurdon. On þære ylcan tide wæran eft oþre siðe þa wifmen winnende on Asiam, þe ær on Sciððian wæran, and hi swyðe awestan and forhergodan.

Chapter 14

ÆÆr ðæm ðe Romeburh getimbred wære twentigum wintrum, Læcedemonie and Mesiane, Creaca leode, him betweonum winnende wæran twenti wintra, forðon Mesiane noldon þæt Læcedemonia mægdenmen mid hiora ofreden and hiora godum onsægden. Ða æt nyhstan hi hæfdon getogen eall Creaca folc to þæm gewinnum, þa Læcedemonian besæton þa burh Mæse tyn winter and aðas gesworan þæt hi næfre noldon æt ham cuman ær hi þæt gewrecen hæfdon. Þa ræddan hi him betweonum, and cwædon þæt hi to raðe woldon fultumlease beon æt hiora bearnteamum, þa hi þær swa lange þohton to beonne, and þæt mid hira weddum gefæstnod hæfdon, and þæt hi hiora feondum bet dyde þonne wyrs mid þam. Gecwædan þa þæt þa þe ær æt þæm aðum nære, þæt þa ham gelendan, and be eallan hyra wifum bearn astrynde.

2 And ða oþre sittende wæran ymb ða burh, oððe hi hy gewunnene hæfdon, þeah hi him lytle hwile gehyrsume wæron. Ac gecuran him ænne scop to cyninge of Atheniensem, and eft mid fyrde foran wið þa Messene. Þa hi him nealæhton, þa getweonode hi hwæþer hi wið him mihte. Se

sides that very few survived. In the same period the women who had previously been fighting in Scythia again made war in Asia, ravaging and laying waste.

Chapter 14

Twenty years before Rome was built, two Greek nations, the Spartans and Messenians, fought against each other for twenty years, because the Messenians would not let the young women of Sparta make offerings and sacrifices to their gods along with their own young women. When at last they had drawn the whole of Greece into their war, the Spartans besieged the city of Messena for ten years and swore oaths that they would never return home until they had avenged the insult. Then they had a discussion among themselves and said that they would very soon be helpless at begetting children since they expected to remain at the siege for so long and had given their pledges to do so, and that they were actually doing their enemies more good than harm in this way. So they agreed that those who had not been at the oath-swearing should return home, and produce children by the wives of all of them.

The remainder went on besieging the city until they had 2 captured it, but the Messenians only submitted to them for a short time. The Spartans then chose a poet from Athens as their king and again advanced against the Messenians with an army. When they approached them they were in doubt as

hiora cyning ongan ða singan and giddian, and mid þæm
scopleoðe hiora mod swiðe getrymede, to ðon þæt hi cwæ-
don þæt hi Mesiana folce wiðstandan mihte. Heora ðeah
wurdon feawe to lafe on aðre hand. And þæt Creaca folc fela
geara him betweonan dreogende wæron, ægþer ge of Læ-
cedemonia ge of Mesiane ge of Boetium ge of Athenien-
tium, and monige oðra ðioda to þam ilcan gewinne getugon.

3   Nu is hit scortlic ymb þæt gesæd þæt ær gewearð ær
Romeburh getimbred wære, þæt wæs fram frymðe middan-
geardes feower ðusend wintra and feower hund and twa and
hundeahtatig. And æfter ðæm þe hio getimbred wæs, wæs
ures Drihtenes akennes ymb syfan hund wintra and fiftyne.

HER ENDAÐ SIO FORME BOC
AND ONGINÐ SIO ÆFTERE

to whether they could prevail against the Messenians, but their king began to sing and declaim and strengthened their hearts with the poetry, so that they reckoned that they could resist the Messenian army. Very few survived on either side, however. The Greek peoples from Sparta, Messena, Boetium and Athens continued to engage in warfare among themselves for many years and drew many other peoples into that conflict.

I have now briefly narrated what happened before Rome 3 was built, which was four thousand four hundred and eighty-two years from the beginning of the world. From the time it was built to the birth of our Lord was seven hundred and fifteen years.

HERE ENDS THE FIRST BOOK
AND THE SECOND BEGINS

BOOK TWO

Chapter 1

Ic wene, cwæð Orosius, ðæt nan wis man ne sy, butan he
genoh geare wite ðæt God þone ærestan man rihtne and
godne gesceop, and eall mancynn mid him. And forðon þe
he þæt god forlet þe him geseald wæs and wyrse geceas,
hit God syþþan langsumlice wrecende wæs, ærest on him
syluum, and syðþan on his bearnan geond ealne ðysne mid-
dangeard mid monigfealdum brocum and gewinnum, ge eac
þas eorðan, þe ealle cwice wihta bi libbað, ealle hire wæstm-
bæro gelytlade. Nu we witan þæt ure Drihten us gescop, we
witan eac þæt he ure reccend is, and us mid rihtlicran þingan
lufað þonne ænig mon. Nu we witan þæt ealle anwaldas
from him syndan, we witan eac þæt ealle ricu syndan fram
him, forðon ealle anwaldas of rice syndon. Nu he ðara læs-
sena rica reccend is, hu micle swiðor wene we þæt he ofer þa
maran sy, þe on swa ungemetlicum anwealdum ricsedan.

2   An wæs Babylonicum, þær Ninus ricsade. Þæt oþer wæs
Creaca, þær Alexander ricsade. Ðridda wæs Affricanum,
þær Phtolome ricsedon. Se feorða is Romane, þa gyt ricsi-
ende sindon. Þas feower heafodlicu ricu sindon feower
endas þyses middangeardes, mid unasecgendlicre Godes
tacnunge. Þæt Babylonicum wæs þæt forme, and on easte-
werdum. Þæt æftere wæs þæt Crecisce, and on norðewer-
dum. Þæt þridde wæs þæt Affricanum, and on suðewear-
dum. Þæt feorðe is Romane, and on westeweardum.

Chapter 1

Every wise person knows well enough, said Orosius, that God made the first human being just and virtuous, and all mankind through him. Because that man abandoned the virtue that had been given to him and chose a worse course, God punished the offense over a long period, first against the man himself and afterward against his descendants over the whole world, with all kinds of diseases and conflicts, and he also reduced the fertility of the earth, which all living creatures depend on. Now that we know that our Lord created us we also know that he is our ruler, and loves us more truly than any human being does. Now that we know all powers are from him we also know that all dominions are from him, since all powers proceed from dominion. Now since he is the ruler of the lesser dominions, how much more should we believe that he is in charge of the greater ones, which ruled with such immense power.

One was the Babylonian Empire, where Ninus reigned. 2 The second was the Greek Empire, where Alexander reigned. The third was the African Empire, where the Ptolemies reigned. The fourth is the empire of the Romans, who still rule. These four major empires are the four corners of the world, with a divine significance that cannot be expressed. The Babylonian Empire was the first, in the east. The second was the Greek one, in the north. The third was the African Empire, in the south. The fourth is the Roman Empire,

Babylonisce þæt æreste and Romane þæt siðmeste hi wæran swa fæder and suna, þonne hi hiora willan motan well wealdan. Þæt Crecisce and þæt Affricanisce wæran swa swa hi him hyrsumedon, and him underðeoded wære.

3   Þæt ic wille eac gescadwislicor gesecgan, þæt hit man geornor agytan mæge. Se æresta cyning wæs Ninus haten, swa we ær beforan sædan. Þa hine mon sloh, þa feng Sameramis his cwen to þæm rice, and getimbrede þa burh Babylonie, to þon þæt hio wære heafod eallra Asiria. And hit fela wintra siððan on þæm stod, oð þæt Arbatus, Meða ealdorman, Sarðanapolum Babylonia cyningc ofsloh. Þa wearð Babylonia and Asiria anwald geendod, and gehwearf on Meðas. On þæm ylcan geare þe þis wæs, Procos, Numetores fæder, ongan ricsian in Italia þæm lande, þær eft Romeburh getimbred wearð. Se Procos wæs Numetores fæder and Mulieses, and wæs Siluian eam. Sio Siluie wæs Remuses modor and Romules, þe Romeburh getimbredon.

4   Þæt wille ic gecyðan þæt þa ricu of nanes mannes mihtum swa gecræftgade ne wurdon ne for nanre wyrde, butan fram Godes gestihtunge. Ealle stærwriteras secgeað þæt Asiria rice æt Ninuse begunne, and Romana rice æt Procose begunne. Fram þæm ærestan geare Ninuses rices oþþæt Babylonia burh getimbred wæs, wæron feower and syxtig wintra. Eac of þæm ylcan geare þe Procos ricsode in Italia wæran eac swylce feower and syxtig wintra, ær mon Romeburh getimbrede. Þy ylcan geare þe Romana rice weaxan ongan and myclian, on Procos dæge þæs cyninges, ðy ylcan geare gefeol Babylonia and eall Asiria rice and hiora anwald, æfter ðæm þe mon hiora cyningc ofsloh Sarðanopolum.

5   Siððan hæfdon Caldei þa lond gebun on freodome þe

in the west. The first, that of Babylon, and the last, that of Rome, were as it were father and son during the time that they could exercise their power fully. The Greek and African empires were as it were in obedience to them and subject to them.

I will explain this more fully, so that you can better un- 3 derstand. The first king was called Ninus, as I said before. When he was killed, Semiramis his queen succeeded to the throne, and built the city of Babylon to be the capital of all Assyria. It remained in this position for many years afterward until Arbatus, the prefect of the Medes, killed the Babylonian king Sardanapulus. Then the power of Babylon and Assyria was ended, and moved to the Medes. In the same year as this, Procas, the father of Numitor, began to reign in Italy, where the city of Rome was later built. This Procas was the father of Numitor and Amulius and the grandfather of Silvia. Silvia was the mother of Remus and Romulus, who built Rome.

I want to emphasize that empires were not created 4 through the strength of any individual or by fate, but through God's direction. All historians say that the Assyrian Empire began with Ninus, and the Roman Empire began with Procas. From the first year of Ninus's reign until the city of Babylon was built there were sixty-four years. Similarly, from the year that Procas began to reign in Italy to the building of Rome there were also sixty-four years. In the same year that the Roman Empire began to grow and become great, in the time of King Procas, Babylon and the whole Assyrian Empire and its power fell, after their King Sardanapulus was killed.

Afterward the Chaldeans freely occupied the lands which 5

nyhst þære byrig wæron, þeah Mæðe hæfde þone anwald
ofer hi, oððæt Cirus Persa cyning ricsian ongan, and ealle
Babylonia aweste and ealle Asirie, and ealle Mæðe on Persa
anwald gedyde. Þæt þa swa gelamp, þæt on þære ylcan tide
þe Babylonia þeowdome onfeng fram Ciruse þæm cyninge,
þæt Roma alysed wearð of ðeowdome þara unrihtwisestena
cyninga and ðara ofermodgestena, þe mon het Tarcuinie,
and þa þæt eastrice in Asiria gefeoll, þa eac þæt westrice in
Roma aras.

6   Gyt sceall ic, cwæð Orosius, manigfealdlicor sprecan wið
ða þe secgað þæt þa anwaldas syn of wyrda mægenum ge-
wordene, nales of Godes gestihtunge, hu emlice hit gelamp
ymb ðas twa heofodricu, Asiria and Romana. Swa swa we ær
sædon, þæt Ninus ricsade on ðone eastrice twa and fiftig
wintra, and æfter him his cwen Sameramis twa and feower-
tig wintra, and on middeweardum hyre rice hio getimbrede
Babylonia þa burh. Fram þæm geare þe heo getimbred
wearð, wæs hyre anwald þusend wintra and an hund and
syxtig and fulneah feower, ær hio hyre anwaldes benumen
wurde and beswicen fram Arbate hyra agenum ealdormen
and Meða kyninge, þeah syððan ymb þa burh lytle hwile
freodom wære butan anwalde, swa we ær sædon, from Cal-
dei þam leodum.

7   And swa eac swylce wearð Romeburh ymb M wintra and
an hund and syxtig and fulneah feower, þæt Eallrica hire
ealldorman and Gotona cyning hyre anwaldes hi beniman
woldan, and hio hwæþere onwealh on hire onwalde æfter
ðæm þurhwunade. Ðeah ægþer ðyssa burga þurh Godes
digelnessa þus getacnad wurde, ærest Babylonia þurh hyre
agenne ealdorman, þa he hyre cynincg beswac, swa eac
Roma, þa hi hire agen ealdorman and Gotona cyning hyre

were nearest to the city, although the Medes had dominion over them, until the Persian king Cyrus began to reign, and he destroyed the whole of Babylon and placed all of Assyria and all of Media under Persian rule. So it happened that at the very time when Babylon became subject to King Cyrus, Rome was released from the domination of the most unjust and arrogant kings called the Tarquins, and when the eastern empire fell in Assyria, the western empire rose in Rome.

I need to speak more fully, said Orosius, in opposition to 6 those who claim that empires are created through the actions of fate rather than the direction of God, and show how neatly it fell out with these two empires, the Assyrian and the Roman. As I said before, Ninus reigned in the eastern empire for fifty-two years and after him his queen Semiramis reigned for forty-two years, and she built the city of Babylon in the middle of her reign. From the year when it was built its empire lasted almost one thousand one hundred and sixty-four years, before it lost its power and was betrayed by Arbatus, its own prefect and the king of the Medes, though afterward there was for a short time some freedom for the city but without power, under the Chaldeans, as I said before.

So also the city of Rome lasted almost one thousand one 7 hundred and sixty-four years until Alaric, its count and the king of the Goths, tried to take its power away, but it remained undiminished in power after that. Although each of these two cities was marked out through God's secret ordinance in this way, first Babylon by means of its own governor, when he betrayed its king, so too Rome, when both its own governor and the king of the Goths wanted to take its

anwaldes beniman woldon, hit þeah God for hiora cristen-
dome ne geðafode—naðer ne for hiora caseras ne for hyra
sylfra—ac hi nugyt synd ricsiende ægþer ge mid hiora cris-
tendome ge mid hiora anwalde ge mid hiora caseran.

8   Þis ic sprece nu forðæm þe ic wolde þæt þa ongeaton, þa
ðe þa tida ures cristendomes leahtriað, hwilc miltsung
siððan wæs, syðþan se cristendom wæs, and hu manigfeald
wolbærnes þære worlde ær þæm wæs; and eac þæt hi on-
cnawen hu gelimplice ure God on þæm ærran tidum þa an-
waldas and ða ricu sette, se ylca se ðe gyt settende is and
wendende ælce anwaldas and ælc rice to his willan. Hu gelic
angin þa twa byrig hæfdon, and hu gelice hiora dagas wæran,
ægþer ge on ðæm gode ge on þæm yfele. Ac hiora anwalda
endas wæran swiðe ungelice, forðon þe Babylonie mid mo-
nigfealdum unrihtum and firenlustum mid hiora cyninge bu-
ton ælcre hreowe libbende wæron, þæt hi hit na gebetan
noldan, ær ðon hi God mid þæm mæstan bismere geeað-
medde, þa he hi ægþres benam ge hiora cyninges ge heora
anwealdes; ac Romane mid hiora cristnan cyninge Gode
ðeowiende wæran, þætte he him forðæm ægðres geuðe, ge
hiora kyninges ge heora anwaldes.

9   Forðæm magan hiora spræce gemetgian þa þe þæs cris-
tendomes wiðerflitan sind, gyf hy gemunan willað hiora
yldrena unclænnessa, and hiora wolgewinnan, and hiora mo-
nigfealdan unsibbe, and hiora unmiltsunge þe hi to Gode
hæfdon ge eac him selfum betweonum, þæt hi nane mild-
heortnesse þurhteon ne mihtan, ær ðon him sio bot of þæm
cristendome com, þe hi nu swiðost tælað.

power away, God would not allow this because of their Christian faith—both that of their emperors and the Romans' own—and the Romans are still ruling with their Christian faith and their empire and their emperors.

I say this now because I want those who disparage Christian times to recognize what mercy there was after Christianity was established, and how many calamities there were in the world before that; and also to acknowledge how fittingly our God established the empires and kingdoms in the earlier times, the same God who still establishes and changes all empires and all kingdoms according to his will. What similar beginnings the two cities had, and how similar their times were, both the good and the bad. But the ways that their power came to an end were very unlike, since the Babylonians along with their king were perpetrating all kinds of injustices and vices without repentance, and were unwilling to make amends, until God humbled the city with the utmost disgrace, depriving it of its king and its empire; but the Romans were serving God along with their Christian king, so that he granted them both their king and their empire. 8

So those who oppose Christianity can hold their tongue, if they will recall the lechery of their ancestors and their terrible wars and their endless dissension and their hostility to God and to each other, so that they could win no mercy until the remedy came from Christianity, which they now criticize so much. 9

Chapter 2

Ymb feower hund wintra and ymb feowertig þæs þe Troia Creaca burh awested wæs, wearð Romeburh getimbred fram twam gebroðran, Remus and Romulus, and raðe æfter ðan Romulus hiora angin geunclænsode mid his broðor slege, and eac syþþan mid his hiwunge and his geferena. Hwylce bysena he þær stellende wæs, mid þæm þe hi bædan Sabine þa burhware þæt hi him geuðan heora dohtra him to wifum to hæbbenne, and hi heom þæra bena forwyrndon. Hi swaðeah hiora unðances mid swicdome hi begeaton, mid þæm þe hi bædan þæt hi him fylstan mostan þæt hi hiora godum þe yð blotan meahton. Þa hi him þæs getiðodan, þa hæfdan hi him to wifum and hiora fæderum eft agyfan noldan.

2   Ymb þæt wearð þæt mæste gewin monig gear, oþþe hi forneah mid ealle forslegene and forwordene wæran on ægþere healfe, þæt hi mid nanum þinge ne mihtan gesemede wyrðan, ær þara Romana wif mid hiora cildum yrnende wæran gemang þan gefeohte, and hyra fæderum wæron to fotum feallende, and biddende þæt hi for ðara cilda lufan þæs gewinnes sumne ende gedyde. Swa weorðlice and swa mildelice wæs Romeburh on fruman gehalgod, mid broðor blode, and mid sweora, and mid Romuluses eames Nume-tores, þone he eac ofsloh þa he cyningc wæs, and hym sylf syððan to þæm rice fengc. Ðus gebletsode Romulus Romana rice on fruman: mid his broðor blode þone weall, and mid ðara sweora blode þa cyrican, and mid his eames blode þæt rice. And siððan his agenne sweor to deaðe beswac, þa he

Chapter 2

Four hundred and forty years after Troy, a city of the Greeks, was destroyed, the city of Rome was built by the two brothers Remus and Romulus, and soon after that Romulus defiled its inception by killing his brother, and also by the marriages of himself and his companions. What an example he was setting when he asked the Sabines to give them their daughters in marriage and they refused. The Romans got them anyway by trickery, despite the opposition of the fathers, when they asked the Sabines to help them sacrifice to their gods. When the Sabines agreed to this, the Romans seized the daughters as their wives and would not return them to their fathers.

There was a great war over that lasting many years, until 2 they were nearly all killed and destroyed on both sides, and they could not be reconciled in any way, until the wives of the Romans with their children ran in to the midst of the fight, and fell at the feet of their fathers, and begged them for the children's sake to put an end to the fighting. So honorably and gently was the city of Rome consecrated at the outset, with the blood of the brother and of the fathers-in-law and of Romulus's grandfather Numitor, whom he also killed when he was king, and he then succeeded to the kingdom. In this way Romulus consecrated the rule of the Romans at the outset: the wall with his brother's blood, the temples with the blood of the fathers-in-law, and the kingdom with the blood of his grandfather. Later he treacherously killed his own father-in-law when he beguiled him into

hine to him aspeon, and him gehet þæt he his rice wið hine
dælan wolde, and hine under þæm ofsloh.

3   He ða Romulus æfter ðysan underfeng Cirinensa gewinn
þara burhwarana, forðon þe he ðagyt lytel landrice hæfde
butan þære byrig anre, forðon þe Romulus and ealle Rom-
ware oðrum folcum unweorðe wæron, forðon þe hi on
cnihthade wæran oðra manna nydlingas. Ða hi ða hæfdon
Cirinensa þa burh ymbseten and þær mycelne hunger þoli-
ende wæran, þa gecwædan hy þæt him leofre wære þæt hi
on ðæm yrmðum hiora lif geendade þonne hi þæt gewinn
forletan oððe frið genaman. Hi þær ða winnende wæran oð
hi ða burh abræcon, and æfter þæm wið ða landleode on
ælce healfe unablinnendlice winnende wæran, oþ hi þærymb-
utan hæfdon monega byrig begitene.

4   Ac þa cyningas ðe æfter Romuluse ricsedan wæran for-
cuðran and eargran þonne he wære and þæm folcum laðran
and ungetæsran, oþ þæt Tarcuinius, þe we ær ymb sædon, þe
hiora eallra fracoðost wæs—ægðer ge eargost ge wrænost ge
ofermodgast. Ealla þara Romana wif þa þe he mihte he to
geligre genydde, and his suna geþafode þæt he læg mid Lati-
nus wife, Lucretie hatte, Brutuses sweostor, þa hi on fyrde
wæron, þeah hi Romana brymuste wæron to þæm cyninge.
Hio þa Lucretie hy sylfe forðæm acwealde. Þa þæt Latinus
hyre werr geahsode and Brutus hyre broðor, þa forleton hi
ða fyrde þe hi bewitan sceoldan, and þa hi ham coman, þa
adræfdon hy ægðer ge ðone cyning ge his sunu ge ealle þa þe
þær cynecynnes wæran of ðy rice mid ealle. Him ða Romane
æfter ðæm underlatteowas gesettan, þe hi consulas heton,
þæt hiora rice heolde an gear an man.

an alliance and promised to share the kingdom with him and under cover of that agreement killed him.

After this Romulus made war against the people of Canusium, because he still had little territory apart from the city itself. Romulus and all the inhabitants of Rome were of little repute among other peoples, because they had been the slaves of others in their youth. When they had besieged the city of Canusium and were suffering much from hunger, they declared that they would rather die in such misery than give up the war or agree to peace. So they went on fighting until they had captured the city, and then made war without remission against the peoples on all sides, until they had taken numerous cities in the surrounding region. 3

The kings who ruled after Romulus were more wicked and depraved than him and more hostile and troublesome to the people, until Tarquin, whom I mentioned before, who was the nastiest of them all—the vilest, most lecherous, most arrogant. He forced all the wives of the Romans that he could to have sex with him, and allowed his son to have sex with Lucretia, the wife of Latinus and sister of Brutus, when they were away with the army, even though they were the most distinguished of the Romans next to the king himself. Lucretia killed herself as a result. When Latinus her husband and Brutus her brother heard of this, they abandoned the army that they were supposed to be in charge of, and when they got back home they expelled from the kingdom both the king and his son, and everyone who was of the royal blood. After that the Romans appointed subleaders, whom they called consuls, so that one man held power over them for one year only. 4

Chapter 3

Æfter ðæm ðe Romeburh getimbred wæs twa hund wintra and feower, þæt Brutus wæs forma consul. Romulus hiora forma cyning and Brutus heora forma consul wurdon emnreðe. Romulus sloh his broðor and his eam and his sweor. Brutus sloh his fif suna and his wifes twegen broðra forðan þe hy spræcon þæt hit betere wære þæt Romane eft heora cynecynne onfengon, swa hy ær hæfdon. Forþam he hy het gebindan and beforan eallum þam folce mid besman swingan and syððan mid æxum hyra heafod of aceorfan. Tarcuinus þa, þe ær Romana cyning wæs, aspeon Tuscea cyning him on fultum, Porsenna wæs haten, þæt he þe eað mihte winnan wið Brutuse and wið eallum Romanum.

2 He þa Brutus gecwæð annwig wið þæne cyning embe heora feondscipe. Ac him Tarcuinus oðerne þegn ongean sende, Arrunses sunu þæs ofermodigan, and heora þær ægðer oðerne ofsloh. Æfter þam Porsenna and Tarcuinus þa cyningas embsætan Romeburh, and hy eac begeaton, þær Mutius nære, an mann of þære byrig; he hy mid his wordum geegsode. Þa hy hine gefengon, þa pinedan hy hine mid þam þæt hy his hand bærndon, anne finger and anne, and hine secgan heton hu fela þara manna wære þe wið þam cyninge Tarcuine swiðost wiðsacen hæfde. Þa he þæt secgan nolde, þa ahsodon hi hine hu fela þær swylcera manna wære swylce he wæs. Þa sæde he heom þæt þær fela þara manna wære, and eac gesworen hæfdon þæt hy oðer forleosan woldan, oððe heora agen lif oððe Porsennes þæs cyninges. Þa þæt þa Porsenna gehyrde, he þæt setl and þæt gewinn mid ealle forlet þe he ær þreo winter dreogende wæs.

Chapter 3

Two hundred and four years after Rome was built, this Brutus became their first consul. Romulus their first king and Brutus their first consul were equally violent. Romulus killed his brother and his grandfather and his father-in-law. Brutus killed his five sons and his wife's two brothers because they had said that it would be better if the Romans took back their royal line as they had had it before. For that reason he ordered them to be tied up and whipped with birch rods in front of the whole population and then beheaded with axes. Then Tarquin, who had been king of the Romans before, induced Porsenna, king of the Etruscans, to aid him in making war on Brutus and all the Romans.

Brutus then agreed on a single combat against the king to settle their enmity. But Tarquin sent another warrior, the son of the arrogant Arruns, and each killed the other. After that the kings Porsenna and Tarquin besieged Rome, and they would have taken it had it not been for one of the citizens, Mutius, who frightened them off with his words. When they had captured him, they tormented him by burning his hand, one finger at a time, and demanded that he tell them how many there were in Rome who had totally repudiated King Tarquin. When he wouldn't tell them, they asked him how many there were like himself. He replied that there were a great many, and that they had sworn that either they would lose their lives or King Porsenna would lose his. When Porsenna heard that he abandoned the siege and the war which he had sustained for three years.

Chapter 4

Æfter ðæm wæs þæt Sabinisce gewinn. And him Romana þæt swyðe ondrædende wæron and him gesetton þæt hyran latteow wære þonne hyra consul, þæne þe hy tictatores heton, and hi mid þam tictatore mycelne sige hæfdon. Æfter þam Romane betwux him sylfum, þa rican menn and þa earmran, mycel gewinn up ahofan, and him þæt to langsumre wrace come þær hi þe hraðor gesemed ne wurdon. On þam dagum wæron þa mæstan ungetima on Romanum, ægðer ge on hungre ge on mancwealme, under þam twæm consulum Tita and Publia hatton. And hy heora gefeohta þa hwile hy gereston, þeah hy þæs hungres and þæs manncwealmes ne mihtan, ac þa menigfealdan yrmða þa werigan burh swyðe brocigende wæron ær þam þe seo wol geendod wære.

2   Ueigentes and Etrusci þa leoda wið Romanum gewinn up ahofon, and wið þam twam consulum, Marcuse and Gnease. And þa Romane him ongean foran, and heom betweonum aðas gesworon þæt heora nan nolde eft eard gesecan butan hi sige hæfdon. Þær wæron Romane swa swyðe forslagene, þeah hy sige hæfdon, þæt hyra an consul þe heom to lafe wearð forsoc þæne triumphan þe him man ongean brohte þa he hamweard wæs, and sæde þæt hy hæfdon bet gewyrhte þæt him man mid heofe ongean come þonne mid triumphan.

3   Þæt hy triumphan heton, þæt wæs þonne hy hwylc folc mid gefeohte ofercumen hæfdon, þonne wæs heora þeaw þæt sceoldon ealle hyra senatas cuman ongean hyra consulas æfter þam gefeohte, syx mila fram þære byrig, mid crætwæne mid golde and mid gimstanum gefrætwedum, and hi

Chapter 4

Next came the war with the Sabines. The Romans were very anxious about it and agreed that they should have a leader who would be senior to their consul, what they called a dictator, and under that dictator they won a great victory. After that the Romans fought among themselves, the nobles against the lower classes, and it would have developed into a long-lasting disaster if they had not quickly been reconciled. In those days the two biggest calamities fell upon the Romans, famine and plague, under the two consuls Titus and Publius. They stopped their fighting for a while, but they couldn't stop the famine and the plague, and those countless miseries went on afflicting the weary city until the plague came to an end.

The people of Veii and the Etruscans made war on the ₂ Romans and their two consuls, Marcus and Gnaeus. The Romans marched out to meet them, swearing oaths to each other that none of them would return home again unless they were victorious. The Romans won but so many of them were killed that the solitary consul who survived refused the triumph that was brought to meet him on his way home, and said that they deserved to be greeted with lamentation rather than a triumph.

What they called a triumph was as follows. When they ₃ had defeated some nation in battle, it was their custom that all the senators came out to meet their consuls after the battle, six miles from the city, with a chariot decorated with gold and jewels, and they would bring two white four-footed

sceoldon bringan feowerfetes twa hwite. Þonne hi hamweard foron, þonne sceoldon hyra senatas ridan on crætwænum wiðæftan þam consulum, and þa menn beforan him dryfan gebundene þe þær gefangene wæron, þæt heora mærða sceoldon þe þrymlicran beon. Ac þonne hy hwylc folc butan gefeohte on hyra geweald genyddon, þonne hy hamweard wæron, þonne sceolde him man bringan ongean of þære byrig crætwæn, se wæs mid seolfre gegyred, and ælces cynnes feowerfetes feos an, heora consulum to mærðe. Þæt wæs þonne triumpheum.

4   Romulus gesette ærest manna senatum: þæt wæs, an hund manna, þeah heora æfter fyrste wære þreo hund. Þa wæron symble binnan Romebyrg wunigende, to þan þæt hy heora rædþeahteras wæron and consulas setton, and þæt ealle Romane him hyrsumedon, and þæt hi bewiston eall þæt licgende feoh under anum hrofe þæt hi begeaton oððe on gafole oððe on hergunge, þæt hy hit syððan mihton him eallum gemænelice to nytte gedon þam þe þær buton þeowdome wæron.

5   Þa consulas þe on þam dagum þæt Sabinisce gewinn underfengon, þe man het eall hyra cynn Fabiane, forþan hit ealra Romana ænlicost wæs and cræftegost. Nu gyt todæge hit is on leoðum sungen hwylcne demm hi Romanum gefeollan. Eac þam manega ea syndon be naman nemnede for þam gefeohte, and eac þa geata þe hi ut of Romebyrig to þam gefeohte ferdon him man a gescop þa naman þe hy gyt habbað. Æfter þam Romane curan þreo hund cempena and syx cempan, þæt sceoldon to anwige gangan wið swa fela Sabina, and getruwedon þæt hy mid heora cræftum sceoldon sige gefeohtan, ac Sabini mid heora searwum hi ealle þær ofslogon butan anum, se þæt laðspell æt ham gebodode.

animals. When they set out for home, the senators would ride in chariots behind the consuls, and the captives would be driven bound in front of them, to enhance their glory. But if they had gained power over some nation without a battle, when they were on the way home people came out from the city to meet them with a chariot decorated with silver, and one of every kind of four-footed animal, to glorify their consuls. That, then, was a triumph.

Romulus first established the senate: it was composed of a hundred people, though after a while it was three hundred. They were always in residence in Rome, and their role was to act as counselors and appoint consuls, and all the Romans had to obey them, and they looked after all the treasure that they got in tribute or in raids under one roof, so that it could be used for the common good of all who were not slaves. 4

The consuls who undertook the war against the Sabines at that time were from the family called the Fabians, because they were the best and strongest of all the Romans. Still today poems are sung about the damage that they brought upon the Romans by their fall. Many rivers, moreover, are named after them because of the battle, and also the gates by which they left Rome for the battle still carry the name which was bestowed on them then in perpetuity. After that the Romans chose three hundred and six soldiers to fight against as many Sabines in single combat, and were confident that they would win because of their strength, but the Sabines by their guile killed all of them except one, who brought the bad news home. 5

6   Næs na on Romane anum, ac swa hit on sceopleoðum sungen is þæt geond eallne middangeard wære caru and gewinn and ege. Cirus, Persa cyning, þe we ær beforan sædon, þa hwile þe Sabini and Romane wunnon on þam westdæle, þa hwile wann he ægðer ge on Sciððige ge on Indie, oð he hæfde mæst eallne þæne eastdæl awest, and æfter þam fyrde gelædde to Babilonia, þe þa welegre wæs þonne ænig oðer burh. Ac hine Gandes seo ea lange gelette þæs oferfæreldes, forþam þe þær scipa næron; þæt is eallra ferscra wætera mæst butan Eufrate. Þa gebeotode an his þegena þæt he mid sunde þa ea oferfaran wolde, mid twam tyncenum, ac hine se stream fordraf. Þa gebeotode Cirus þæt he his þegen on hyre swa gewrecan wolde, þa he swa gram wearð on his mode and wið þa ea gebolgen, þæt hi mihton wifmenn be heora cneowe oferwadan, þær heo ær wæs nygan mila brad þonne heo flede wæs. He þæt mid dædum gelæste, and hi up forlet on feower hund ea and on syxtig ea, and syððan mid his fyrde þær oferfor.

7   And æfter þam Eufrate þa ea, seo is mæst eallra ferscra wætera and is yrnende þurh middewearde Babilonian burh, he hy eac mid gedelfe on menige ea upp forlet, and syððan mid eallum his folce on þære ea gang on þa burh farende wæs, and hi geræhte. Swa ungelyfedlic is ænigum menn þæt to secgenne, hu ænig man mihte swylce burh gewyrcan swylce seo wæs, oððe eft abrecan. Membrað se ent ongan ærest timbrian Babilonia, and Ninus se cyning æfter him, and Sameramis his cwen hi geendade æfter him on middewerdum hyre rice. Seo burh wæs getimbrad on fildum lande and on swiðe emnum, and heo wæs swiðe fæger on to locianne. And heo is swiðe rihte feowerscyte. And þæs wealles mycelnyss and fæstnyss is ungelyfedlic to secgenne: þæt is,

Not only among the Romans but throughout the world 6
there was grief, war and terror, as is recorded in poetry.
While the Sabines and Romans were fighting in the west,
Cyrus, king of Persia, whom I mentioned before, was fight-
ing against the Scythians and the Indians, until he had laid
waste almost all of the eastern world, and after that he led
his army to Babylon, which was richer than any other city.
But the river Gyndes hindered his passage for a long time,
because there were no ships there; it is the biggest of all
rivers apart from the Euphrates. Then one of his officers
boasted that he would swim across it, using two barrels, but
the current swept him away. Cyrus was so enraged and furi-
ous with the river that he swore that he would take revenge
on it for his officer, so that women could walk across it with-
out the water passing the knee, where it previously was nine
miles wide when in flood. He did as he threatened, splitting
it into four hundred and sixty channels, and then crossed
with his army.

After that, he similarly divided the river Euphrates, which 7
is the largest body of freshwater and runs through the mid-
dle of Babylon, into many channels by digging them out, and
then advanced on the city with his whole army along the
course of the river, and captured it. It is impossible for any-
one to say how such a city could have been built, or how it
could have been captured. The giant Nimrod first started
building Babylon, and King Ninus continued it, and his
queen Semiramis completed it in the middle of her reign.
The city was built on very flat level land and was a beautiful
sight. It is an exact square. The thickness and strength of

þæt he is ʟ elna brad and ɪɪ hund elna heah, and his ymbgang
is hundseofantig mila and seofeðan dæl anre mile. And he is
geworht of tigelan and of eorðtyrewan, and ymbutan þone
weall is seo mæsta dic, on þam is yrnende se ungefoglicosta
stream. And wiþutan þam dice is geworht twegra elna heah
weall, and bufan þam maran wealle ofer eallne þone ymb-
gong he is mid stænenum wighusum beworht.

8   Seo ylce burh Babilonia, seo þe mæst wæs and ærest ealra
burga, seo is nu læst and westast. Nu seo burh swylc is, þe ær
wæs eallra weorca fæstast and wundorlicost and mærast, ge-
lice and heo wære to bysne asteald eallum middanearde, and
eac swylce heo sylf sprecende sy to eallum mancynne, and
cweðe: "Nu ic þuss gehroren eom and aweg gewiten, hwæt,
ge magon on me ongitan and oncnawan þæt ge nanuht mid
eow nabbað fæstes ne stranges þætte þurhwunian mæge."
On þam dagum þe Cirus Persa cyng Babylonia abræc, þa
wæs Croesus se Liþa cynig mid fyrde gefaren Babilonium to
fultume, ac þa he wiste þæt hy him on nanum fultume beon
ne mihte, and þæt seo burh abrocen wæs, he him hamweard
ferde to his agenum rice. And him Cirus wæs æfterfyligende,
oð he hine gefeng and ofsloh. Ond nu ure Cristene Roma
besprycð þæt hyre wealles for ealdunge brosnian, nalæs na
forþam þe hio mid forhergunge swa gebysmerad wære swa
Babylonia wæs. Ac heo for hyre cristendome nugyt is
gescyld, þæt ægþer ge heo sylf ge hyre anweald is ma hreo-
sende for ealddome þonne of æniges cyninges niede.

9   Æfter þam Cirus gelædde fyrde on Sciððie and him þær
an giong cyning mid fyrde ongean for, and his modor mid
him Damaris. Þa Cirus for ofer þæt landgemære, ofer þa ea
þe hatte Araxis, him þær se geonga cyning þæs oferfæreldes
forwyrnan myhte, ac he forþam nolde þi he mid his folce

the wall is incredible: it is fifty ells thick and two hundred ells high, and the circumference is seventy miles and one seventh. It is made of bricks and bitumen, and outside the wall there is an enormous ditch, in which a vast river runs. Outside the ditch there is a wall two ells high, and on top of the large wall throughout the circuit it is furnished with turrets of stone.

That same city of Babylon, which was the first and great- 8 est of cities, is now the smallest and most desolate. That city, which was once the strongest and most marvelous and most famous of all buildings, is now as it were set down as an example to the whole world, as if it was itself addressing all mankind with these words: "Now that I have fallen in ruins like this and passed away, behold, you can learn from me that you have nothing lasting or strong that can survive." At the time when Cyrus king of Persia captured Babylon, Croesus the king of Lydia had marched to the city with an army to aid it, but when he realized that he could be of no use to them and that the city was taken, he turned homeward to his own kingdom. Cyrus followed him until he caught him and killed him. And now our Christian city of Rome complains that its walls are decaying from age, not because it has been humbled by assault as Babylon was. It is still protected by its Christian faith so that both the city itself and its power are decaying more from age than from the attack of any king.

After that Cyrus led an army to Scythia and a young king 9 advanced to meet him with an army there, and his mother Thamyris with him. When Cyrus crossed the border, over the river Araxes, the young king could have stopped him crossing, but he chose not to because he was confident that

getruwade þæt he hine beswican mihte, syððan he binnan
þam gemære wære and wicstowa name. Ac þa Cirus geax-
sode þæt hine se geonga cyning þær secan wolde, and eac
þæt þam folce seldsyne and uncuþe wæron wines drencas,
he forþam of þære wicstowe afor on ane digle stowe, and
ðær beæftan forlet eall þæt þær liðes wæs and swetes, þæt þa
se gionga cyning swiðor myccle wenende wæs þæt hy þanon
fleonde wæron þonne hy ænigne swicdom cyþan dorstan. Þa
hy hit þær swa æmenne gemetton, hi þær þa mid mycelre
bliðnesse buton gemetgunge þæt win drincende wæron, oð
hi heora sylfra lytel geweald hæfdon.

10   He þa Cirus hy þær besyrode and mid ealle ofsloh, and
syððan wæs farende þær þæs cyninges modor mid þam
twam dælum þæs folces wunigende wæs, þa he þone þriddan
dæl mid þam cyninge beswicen hæfde. Heo ða seo cwen
Dameris mid mycelre gnornunge ymb þæs cyninges slege
hyre suna þencende wæs, hu heo hit gewrecan myhte. and
þæt eac mid dædum gelæste. And hyre folc on twa todælde,
ægðer ge wifmen ge wæpnedmen, forðan þe þær wifmen
feohtað swa same swa wæpnedmen. Hio mid þam healfan
dæle beforan þam cyninge farende wæs, swylce heo fleonde
wære, oð hio hine gelædde on an mycel slæd, and se healfa
dæl wæs Ciruse æfterfyligende. Þær wearð Cirus ofslegen,
and twa þusend manna mid him. Seo cwen het þa þam cyn-
inge þæt heafod of aceorfan, and bewyrpan on anne cylle, se
wæs afylled mannes blodes, and þus cwæð: "Þu þe þyrstende
wære mannes blodes xxx wintra, drinc nu þine fylle."

he could trap Cyrus with his army, once he was within the border and made camp. When Cyrus learned that the young king was intending to attack him there, and also that wine was rare and unknown to those people, he moved away from the camp into a hiding place, and left behind all the drink that was sweet and pleasant, so that the young king thought that they had taken flight rather than intending any trick. When they found the camp empty, they started drinking the wine with much pleasure and without stopping, until they lost all control of themselves.

Then Cyrus trapped them and killed them all, and ad- 10
vanced to where the king's mother was waiting with the re-
maining two parts of the army, having outwitted the third part with the king. The queen Thamyris, grieving heavily over the death of her son the king, considered how she could avenge him, and managed to carry it out. She divided her army into two, both the men and the women, since in that country the women fight just like the men. She then re-treated from the king with one half, as if she was running away, until she had led him into a great valley, and the other half followed Cyrus. There Cyrus was killed, and two thou-sand men with him. The queen ordered the king's head to be cut off and thrown into a bag which was full of human blood, and she said: "You have been thirsting after men's blood for thirty years: drink your fill now."

Chapter 5

ÆFfter ðam ðe Romeburh getimbrad wæs twa hund wintra and IIIIX, þætte Cambis feng to Persa rice, Ciruses sunu, se, mid þan þe he Egypte oferwon, gedyde þæt nan hæþen cyng ær gedon ne dorste, þæt wæs þæt he heora godgyldum eallum wiþsoc and hy æfter þam mid ealle towearp. Æfter him rixade Darius, se awende ealle Asirige and Caldei eft to Perseum, þe ær fram him gebogene wæron. Æfter þam he wann on Sciððie, ægþer ge for Ciruses slege þæs cyninges, his mæges, ge eac forþam þe him man þær wifes forwyrnde. His heres wæs seofon hund þusenda þa he on Sciððie for. Hwæþere þa Sciððie noldon hine gesecan to folcgefeohte, ac þonne hy geond þæt land tofarene wæron, hi þonne hy flocmælum slogon. Þa wæron þa Perse mid þam swyþe geegsode, and eac ondredon þæt man ða brycge forwyrcean wolde þe æt þam gemære wæs þæt hy syððan nystan hu hy þanon comon.

2   He ða se cyng, æfter þam ðe his folc swiðe forslegen wæs, þær forlet hundeahtatig þusenda beæftan him, þæt hy þær þagyt leng winnan sceoldan, and he sylf þanon gewat on ða læssan Asiam and hi forhergode. And syððan on Mæcedoniam and on Ionas Creca leode, þa hi butu oferhergode; and for syððan fyrr on Crecas and gewin up ahof wið Athenienses, forþam hie Mæcedoniam on fultume wæron. Sona swa Atheniense wiston þæt Darius hy mid gefeohte secan wolde, hi acuron endleofan þusend manna and him ongean foran, and þone cyning æt þære dune metton þe mon hæt Morotthome. Heora latteow wæs haten Htesseus, se wæs mid his dædum snelra þonne he mægenes hæfde; se

Chapter 5

Two hundred and fourteen years after Rome was built, Cambyses, the son of Cyrus, succeeded him as king of Persia. When he had conquered Egypt he did what no heathen king had dared to do before, he rejected all their idolatries and destroyed them completely. He was succeeded by Darius, who restored to Persian control all of Assyria and Chaldea, which had rebelled earlier. Then he made war on Scythia, both because of the killing of his kinsman King Cyrus and because he had been refused a marriage alliance. When he marched on Scythia his army numbered seven hundred thousand. But the Scythians wouldn't meet him in battle, and when the Persians had spread themselves around the country they killed them in small groups. The Persians were very frightened at this and feared that the bridge at the border would be destroyed so that they wouldn't know how to get away afterward.

So the king, having lost many of his men killed, left eighty thousand behind him to continue the campaign, and he himself left for Asia Minor and plundered that region. After he ravaged Macedonia and Ionia in Greece, he advanced farther into Greece and made war on the Athenians because they had helped Macedonia. As soon as the Athenians learned that Darius intended to make war on them, they chose eleven thousand men and advanced to meet him, and encountered the king at the hill called Marathon. Their leader was Theseus, who was superior in the speed of his actions rather than the strength of his army. He won great

2

geworhte mycelne dom on þam gefeohte. Þa wearþ tu hund
þusenda Persea ofslegen and ða oðre geflymed. Þa he eft
hæfde fyrde gegaderod on Perseum, and þæt wrecan þohte,
þa gefor he.

3 Æfter him feng his sunu to Persea rice Xersis. Þæt gewin
þæt his fæder astealde he digellice for þam v gear scipa
worhte and fultum gegaderode. Þa wæs mid him an wræccea
of Læcedamonia, Creca burh, se wæs haten Damerað, se þæt
facn to his cyððe gebodade, and hit on anum brede awrat
and syððan mid weaxe beworhte. Xersis, þa he an Crecas
for, hæfde his agenes folces VIII C þusenda, and he hæfde of
oðrum þeodum abeden IIII C M. And he hæfde scipa, þæra
mycclena dulmuna, an M and II hund, and þæra scipa wæron
III M þe heora mete bæron. And ealles his heres wæs swylc
ungemet þæt mon eaðe cweðan mihte þæt hit wundor wære
hwar hy landes hæfdon þæt hy mihton on gewician oððe
wæteres þæt hy mihton him þurst of adrincan. Swa þeah seo
ungemætlice menigeo þæs folces wæs þa yþre to oferwin-
nenne þonne heo us sy nu to gerimenne oððe to gelyfanne.

4 Leoniþa, Læcedemonia cyning, Creca burh, hæfde IIII
þusend manna, þa he ongean Xersis for on anum nearwan
landfæstene, and him þær mid gefeohte wiðstod. Xersis þæt
oþer folc swa swiðe forseah, þæt he axode hwæt sceolde æt
swa lytlum werode mara fultum butan þa ane þe him þær ær
abolgen wæs on þam ærran gefeohte, þætte wæs on Mero-
thonia þære dune. Ac gesette þa men on ænne truman þe
mon heora magas ær on þam lande sloh, and wiste þæt hy
woldon geornfulran beon þære wrace þonne oðre men, and
hy swa wæron oð hi ealle mæst þær ofslegene wurdon. Xer-
sis, swiþe him ða ofþincendum þæt his folc swa forslegen
wæs, he sylf þa þærto for mid eallum þam mægene þe he

glory in that battle. Two hundred thousand Persians were killed and the rest put to flight. When Darius had gathered an army again in Persia, intending to avenge his defeat, he died.

His son Xerxes succeeded him as king of Persia. In pursuit of the war which his father had begun, he secretly built ships for five years and gathered support. There was with him an exile from the Greek city of Sparta, called Demeratus, who reported that threat to his own people: he wrote it on a tablet and then covered it with wax. When Xerxes set out against the Greeks, he had eight hundred thousand of his own people, and had summoned four hundred thousand from other nations. As for ships, he had twelve hundred of the big dulmuns and three thousand of the ships that carried their provisions. His whole army was so enormous that it could well be said that it was a miracle for them to find land on which to camp or water to quench their thirst. But that immense army was easier to overcome than for us now to count or imagine. 3

Leonidas, the king of the Greek city of Sparta, had four thousand men when he advanced against Xerxes to a narrow pass which formed a strong position, and faced him there in battle. Xerxes was contemptuous of the opposing army, asking what need there was of more support against so small a force than those who had been made angry as a result of the earlier battle, on the hill of Marathon. So he assembled a force containing those men whose kin had been killed in that country previously, knowing that they would be all the keener on revenge than others, and so they were until nearly all of them were killed. Then Xerxes, who was very angry that his men had been killed, advanced himself to that point 4

þærto gelædan myhte, and þær feohtende wæron III dagas, oþ þæra Persea wæs ungemetlic wæl geslegen.

5 He het þa þæt fæste land utan ymbfaran þæt him man sceolde on ma healfa onfeohtan þonne on ane. Leoniða þæt þa geaxsode þæt hine mon swa beþrydian wolde, he þanon afor and his fyrde gelædde on an oþer fæstre land, and þær gewunode oð niht, and him fram afaran het ealle þa burhware þe he of oðrum lande him to fultume abeden hæfde, þæt hi heom gesunde burgan forþam he ne uþe þæt ænig ma folca for his þingum forwurde þonne he sylf mid his agenre þeode. Ac he þus wæs sprecende and geomriende: "Nu we untweogendlice witan þæt we ure agen lif forlætan scolan for þam ungemetlican feondscipe þe ure ehtende on syndon; uton þeahhwæðere acræftan hu we heora an þyssa nihta magan mæst beswican, and us sylfum betst word and langsumast æt urum ende gewyrcan." Hu mycel þæt is to secgenne þætte Leoniða mid VI C manna VI C M swa gebysmrade, sume ofsloh, sume geflymde.

6 Xersis wæs þa æt twam cyrrum on þam lande swa gescynd mid his ormætum menigeo. He ðagyt þriddan siþe wæs wilniende mid scipfyrde þæt he þæs gewinnes myhte mare gefremman, and him Ionas, Creca leode, on fultum gespeon, þeah hi ær ofer heora willan him to gecyrdon. And hi him geheton þæt hi þæt gefeoht ærest mid him sylfum þurhteon woldon, þeah hi him eft facen gelæstan þa hy on þam sæ feohtende wæron. Themestocles hatte Atheniensa ladteow. Hy wæron cumen Leoniðan to fultume þeah hy æt þam ærran gefeohte him ne myhton to cuman. Se Themestocles gemyngade Ionas þære ealdan fæhðe þe Xersis him to geworht hæfde, hu he hy mid forhergunge and mid heora maga

with all the force that he could bring, and fought there for three days, until a vast number of the Persians had been slaughtered.

He then ordered the strong position to be encircled so 5 that they could attack on several sides at once. When Leonidas realized that they were aiming to crush him by this ploy, he moved from there and led his army to another more secure position, and remained there until night and ordered all the men that he had summoned to his aid from other cities to depart for their own safety, since he would not allow any more people to die for his cause than himself and his own people. Grieving, he made this speech: "Now we know that we must inevitably lose our lives, given the insatiable hatred that our persecutors have for us; let us even so find a way to destroy as many as we can on this night, and to achieve for ourselves the best and most lasting fame at our end." It is a great thing to record, that Leonidas with six hundred men thus humbled six hundred thousand, killing some and chasing others away.

Xerxes had then been twice shamed in that country with 6 his enormous host. Still for a third time he hoped to achieve more in that war using a fleet, and persuaded the Ionians, a Greek people, to help him, though they had joined him previously against their will. They promised him at the outset that they would prosecute that war themselves, but afterward they betrayed him when they were fighting at sea. The leader of the Athenians was Themistocles. They had come to help Leonidas but hadn't been able to reach him at the earlier battle. Themistocles reminded the Ionians of the old enmity that Xerxes had shown toward them, and how he had forced them to accept his rule by ravaging their country

slihtum on his geweald genydde. He bæd hi eac þæt hy
gemundon þæra ealdena treowa and þæs unarimedlican
freondscipes þe hi ægðer hæfdon ge to Atheniensum ge to
Læcedemoniam ær on ealddagum, and hy biddende wæs
þæt hy mid sume searawrence from Xerse þam cyninge
sume hwile awende, þæt hy and Læcedemonie mostan wiþ
Persum þæs gewinnes sumne ende gewyrcan. And hi him
þære bene getigþedon.

7   Þa þa Perse þæt gesawon þæt him ða fram bugan þe hi
betst getreowdon þæt him sceolde sige gefeohtan, hi sylfe
eac fleonde wæron, and heora þær wearþ fela ofslegen and
adruncan and gefangen. Xersis þegn wæs haten Marþonius.
Se hine wæs georne lærende þæt he ma hamweard fore
þonne he þær leng bide, þylæs ænegu ungeþwærness on his
agenum rice ahafen wurde. And cwæð þæt hit gerisenlicre
wære þæt he þæt gewinn him betæhte mid þam fultume þe
þær to lafe þagyt wæs leng to winnenne, and sæde þæt hit
þam cynge læsse edwit wære gif þam folce buton him þagyt
misspeowe, swa him ær dyde. Se cyning þa Xersis swiþe gely-
fedlice his þegene gehyrde and mid sumum dæle his fultume
þanon afor.

8   Þa he þa hamweard to þære ie com þe he ær westweard
het þa ofermetan bricge mid stane ofer gewyrcan, his sige to
tacne þe he on þam siþe þurhteon þohte, þa wæs seo ea to
ðan flede þæt he ne mihte to þære brycge cuman. Þa wæs
þæm cynge swiþe ange on his mode þæt naðær ne he mid his
fultume næs, ne þæt he ofer þa ea cuman ne mihte. Toeacan
þam he him wæs swiþe ondrædende þæt him his fynd wæron
æfterfyligende. Him þa to com an fiscere and uneaðe hine
ænne ofer brohte. Hu God þa mæstan ofermetto and þæt
mæste anginn on swa heanlice ofermetto genyþerade, þæt

and killing their kinsmen. He urged them also to remember the old loyalties and the countless friendships that they had had with the Athenians and the Spartans in days gone by, and asked them to use some ploy to abandon Xerxes at some point, so that they and the Spartans could put an end to the war with the Persians. They agreed to that request.

When the Persians saw the Ionians abandoning them, 7 having relied on them most to bring them victory, they themselves took flight, and many of them were killed or drowned or captured. Xerxes's officer was called Mardonius. He advised the king that it was better to return home than to remain there any longer, in case any disturbance arose in his own kingdom. Mardonius said that it would be more appropriate to entrust him to continue the fighting with the support that remained there, and that there would be less criticism of the king if things went badly for the army without him, as they did before. King Xerxes very willingly accepted his officer's advice and departed from there with some of his army.

When, on his way home, he came to the river that he 8 had ordered to be spanned with a mighty bridge of stone on his westward journey, as a symbol of the victory that he expected to achieve on that expedition, the river was so swollen that he could not get to the bridge. Then the king was very worried because he wasn't with his army, and he could not get over the river. Besides that, he was terrified that his enemies were following him. Then a fisherman came to him and with difficulty ferried the king alone over the river. See how God humbled the greatest arrogance, and the biggest enterprise undertaken by such shameful arrogance, so that se, þe him ær geþuhte þæt him nan sæ wiþhabban ne mihte þæt he hine mid scipum and mid his fultume afyllan ne mihte, þæt he eft wæs biddende anes lytles troges æt anum earman men, þæt he mihte his feorh generian.

9   Morðonius, Xersis þegn, forlet þa scipa þe hy on færende wæron and for to anre byrig on Boetium, Creca londe, and hi abræc. Him mon þæt æfter þam hrædlice forgeald, þa hi mon geflymde and swiþe forsloh, þeah ðe Atheniensum se sige and seo reafung þæs Persiscan feos to maran sconde wurde, forðon syððan hi welegran wæron hi eac bleaðran gewurdon. Æfter þam Xersis wearð his agenre þeode swiþe unwyrð, and hine his agen ealdorman Artabatus besyrode and ofsloh.

10   Eala, cwæð Orosius, hu lustbærlice tida on þam dagum wæron, swa swa þa secgað þe þæs cristendomes wiþerflitan synd, þæt us nu æfter swylcum langian mæge swylce þa wæron, þa swa mycel folc on swa lytlum fyrste æt þrim folc-gefeohtum forwurdon, þæt wæs nigon x hund þusenda of Persa anra anwealde buton heora wiðerwinnum, ægðer ge of Sciððium ge of Crecum. Þæt tacnode Leoniþa, on his þam nextan gefeohte and Persa, hwylc mancwealm on Creca londe wæs mid monigfealdum deaðum, mid þam þe he spre-cende wæs to his geferum æt his underngereorde ær he to ðam gefeohte fore: "Uton nu brucan þysses undernmetes swa þa scolon þe heora æfengyfl on helle gefeccan sculon." Þeah he þa swa cwæde, he cwæð eft oðer word: "Þeah ic ær sæde þæt we to helle sceoldon, þeah ne geortruwige ic na Gode þæt he us ne mæge gescyldan to beteran tidon þonne we nu on synd."

11   Leoniþa sæde þæt þa tida þa yfele wæron and wilnade þæt him toweard beteran wæron, and nu sume men secgað

this king, who imagined before that no sea could prevent him overpowering it with his ships and army, was afterward begging for a little boat from a poor wretch, to save his life.

Mardonius, Xerxes's officer, abandoned the ships that they had been sailing in and marched to a city in the Greek land Boetium, and captured it. The Persians were quickly repaid for that when they were put to flight and many killed, although for the Athenians the victory and the plundering of Persian treasure became the source of greater shame, since as they became richer so they became lazier. After that Xerxes became an object of scorn to his own people, and his own prefect Artabanus plotted against him and killed him. 9

How pleasant life was in those days, said Orosius, as those who criticize Christianity say. They tell us that we could yearn for such times as those were, when so huge an army perished in such a short time in three battles, some nine million men under Persian command alone, apart from their opponents, both Scythians and Greeks. Leonidas, in his last battle with the Persians, indicated what slaughter there had been in Greece, with so many killed, when he made a speech to his companions at breakfast before they went to battle, saying: "Let us eat this breakfast as men who must get their evening meal in Hell." But though he said that, he said something else afterward: "Although I said before that we are on our way to Hell, I do not despair of God's ability to preserve us for better times than those that we are now in." 10

Leonidas said that those were bad times and wanted there to be better times in the future, and some people now 11

þæt þa beteran wæren þonne nu synd. Nu hi swa twywyrdige
syndon, þonne wæron ægþer gode—ge ða ærran, swa sume
menn nu secgað, ge eac þas æftran, swa hi ær sædon—and
næron naþære on þance, gif hi þonne soð ne sædon, þonne
næron naþor gode ne þa, ne nu. Nu we sceolon eft, cwæð
Orosius, hwyrfan near Roma þær we hit ær forlæton, forþon
ic ne mæg eal þa monigfealdan yfel endemes areccan, swa ic
eac ealles þyses middaneardes na maran dæles ne angite, bu-
ton þætte on twam anwealdum gewearþ, on þam ærestan
and on þam siþemestan: þæt synd Asirige and Romane.

Chapter 6

Æfter ðam ðe Romeburh getimbrad wæs 11 hund wintra
and hundeahtatigum, þy ylcan geare þe Sabini Romane swa
beswicon, þa heora 111 hund and syx men of ægþærre healfe
to anwige eodon, wearð mycel wundor on heofenum ge-
sewen, swylc eall se heofon byrnende wære. Þæt tacen wearð
on Romanum swiþe geswutelad mid þam mycclan wolbryne
manncwealmes þe him raðe þæs æfter com, swa þæt hy
healfe belifene wurdon, and heora twegen consulas þe hi ða
hæfdon, ge ða æt nextan þa ðe þær to lafe beon moston
wæron to ðæm meðige þæt hi ne myhton þa gefarenan to
eorðan bringan. Sona æfter þam ealle heora þeowas wiþ þa
hlafordas winnende wæron, and hi benamon heora heafod-
stedes þæt hi Capitoliam heton. And hi miccle gefeoht ymb
þæt hæfdon, oþ hi ofslogon þone ænne consul þe hi þa

claim that those times were better than the present ones. Given those conflicting positions, either both periods were good—both the earlier times, as some people now say, and these later ones, as people said before—and neither seemed so at the time, or, if they weren't speaking the truth, neither period was good, neither that one nor this. Now, said Orosius, we need to return closer to Rome at the point where we left it before, since I can't record all the countless evils in their entirety, and I don't know those that happened in the greater part of this world, just what happened in the two empires, the first and the last: that is, Assyria and Rome.

Chapter 6

Two hundred and eighty years after Rome was built, in the same year that the Sabines so out-maneuvered the Romans, when three hundred and six men of each side went out to single combat, there was a great portent in the sky, as if the whole sky was on fire. The significance was clearly revealed to the Romans with a vast epidemic of plague which followed soon after, so that half of them perished, including their two consuls who were in office then, and in the end those who survived were so weak that they couldn't carry the dead to their graves. Immediately after that all their slaves made war on their masters, and seized their chief citadel, called the Capitol. They had a huge fight around that, until they had killed the one consul that the masters had just niwan geset hæfdon, þeah ða hlafordas on þam ende hæfdon heanlicne sige.

2   And sona þæs, þy æfterran geare, Romane wunnan wiþ Fulcisci þæt folc, and þær wurdon swiþe forslegene, and se dæl þe þær to lafe wæs wearð on an fæsten bedrifen and þær wurdon mid hungre acwealde, þær heora þa ne gehulpe þa þær æt ham wæron, mid þam þe hi gegaderodan eall moncynnes þæt þær læfed wæs and genamon ænne earmne man him to consule, þær he on his æcere eode and his sulh on handa hæfde, and syððan to Fulcisci þam lande ferdon, and hi ut forleton. Æfter þam wæs an gear fullice þæt ofer eall Romana rice seo eorðe wæs cwaciende and berstende, and ælce dæg man com unarimedlice oft to senatum, and him sædon fram burgum and fram tunum on eorðan besuncan, and hi sylfe wæron ælce dæg on þære ondrædinge hwænne hi on ða eorðan besuncene wurdon.

3   Æfter þam com swa mycel hete geond Romane þæt ealle heora eorðwæstmas ge eac hi sylfe neah forwurdon. Æfter þam þær wearð se mæsta hunger. Æfter þam Romane gesettan him x consulas, þær hi ær twegen hæfdon, to þan þæt hi heora æ bewiston. Heora an wæs Claudius haten, se him wæs on teonde ealdordom ofer þa oðre, þeah hi him þæs geþafiende næron ac wið hine winnende wæron, oð ðone fyrst þe hi sume to him gecyrdon, sume noldon. Ac swa on twa todælde him betweonan wunnan þæt hi forgeaton þæra uttra gefeohta þe him onhendæ wæron, oð ealle þa consulas togædere gecyrdon and Claudium þone ænne mid saglum ofbeoton and syððan heora agen land wergende wæron.

4   Igþelice, cwæð Orosius, and sceortlice ic hæbbe nu gesæd hiora ingewinn, þeah hi him wæron forneah þa mæstan and ða pleolecestan. Þæt eac Eðna þæt sweflene fyr tacnode, þa

appointed, even though the masters in the end won an inglorious victory.

In the following year the Romans fought against the people called the Volsci and many got killed and the remnant were driven into a fortress. The Romans would have starved to death if they hadn't been saved by the people left at home, who assembled all the men that remained and took as consul a common man, where he was working in his field with his hands on the plow. They then went to the Volscian territory and rescued the Roman survivors. After that there was a whole year when all over the Roman realm the earth was shaking and bursting open, and every day countless people were coming to the senate and telling them about cities and towns that had sunk into the ground, and the senators themselves were daily dreading the moment when they would be swallowed up by the earth.

After that there was intense heat throughout the Roman lands so that all their crops nearly perished, and the people themselves. After that there was a big famine. After that the Romans appointed ten consuls, having had two before, to take care of their laws. One of them was called Claudius, who made himself master of the others, but they didn't accept this and fought against him, until in the end some turned to his side, and some refused. So divided, they fought against each other and forgot the external conflicts that were threatening them, until all the consuls got together and beat Claudius to death with rods and then turned to the defense of their own country.

I have now reported simply and briefly their internal wars, said Orosius, though they were almost the biggest and most dangerous. That was indicated by the sulfurous fire

hit upp of hellegeate asprang on Sicilia þam lande, hwylce gewinn þa wæron be þam þe nu syndon, and Sicilia fela ofsloh mid bryne and mid stence. Ac syððan hit cristen wearð þæt hellefyr wæs syððan geswiþrad, swa ealle ungetima wæron, þæt hit nu is buton swylcum tacnungum þæs yfeles þe hit ær dyde, þeah hit ælce geare sy bradre and bradre.

Chapter 7

Æfter ðam ðe Romeburh getimbrad wæs iii hund wintra and an, þætte Sicilie ungerade wæron him betweonan, and hi healfe aspeonnon Læcedemonie him on fultum, and healfe Athenienses, Creca þeoda þe ær ætgædere wiþ Perse winnende wæron. Ac syððan hi on Sicilium wunnon hi eac siððan betweonum him sylfum winnende wæron, oþ þæt Darius Persa cyning Læcedemonium on fultume wearð wiþ þam Athenienses for ðam gewinnum his yldrena. Wæs þæt mycel wundor þæt eall Persa anweald and Lecedemonia þæt hi ieð myhton Ahtene þa burh awestan þonne hi þæt folc meahton to heora willum genydon. And sona æfter þam, þy ilcan geare, Darius gefor Persa cyng. And his ii suna ymb þæt rice wunnon, Artecserses and Cirus, oð heora ægðer þæt mæste folc ongean oðerne geteah, and þa unsibbe mid gefeohtum dreogende wæron oð Cirus ofslagen wearð, se þær gingra wæs. On þam dagum wæs an burh in Affrica seo wæs neah þam sæ, oð an sæflod com and hy aweste and ða menn adrencte.

of Etna when it sprang up from the gates of Hell in Sicily, showing what wars those were in comparison with present ones, and it destroyed the people of Sicily with fire and fumes. But after Rome became Christian that fire from Hell was diminished, as were all calamities, so that it no longer shows such signs of wickedness as it did before, though each year it gets wider and wider.

Chapter 7

Three hundred and one years after Rome was built, the Sicilians were at odds with each other, and one side enticed the Spartans to help them and the other got the Athenians, both Greek peoples who were previously in alliance against the Persians. But after they fought in Sicily they also started fighting each other, until Darius king of Persia supported the Spartans against the Athenians because of the wars of his predecessors. It is quite remarkable that all the power of Persia and Sparta could more easily lay waste the city of Athens than force the people to submit to their will. Immediately after that, in the same year, Darius king of Persia died. His two sons, Artaxerxes and Cyrus, fought for the kingdom, until each of them gathered a huge force against the other, and there was disruption and warfare until Cyrus, the younger one, was killed. In that period there was a city in Africa near the sea, until the sea flooded in and destroyed it and drowned the people.

Chapter 8

Æfter ðam ðe Romeburh getimbrad wæs III hund win-
tra and LV, þætte Romane besæton Ueiorum þa burh x win-
ter. And him þæt setl swiðor derode þonne þam þe þærinne
wæron, ægþer ge on cyle ge on hungre, buton þam þe mon
oft hergode ægðer ge on hy selfe ge on heora land æt ham.
And hi þa hrædlice beforan heora feondum forweorðan
sceoldon, þær hi þa burh ne abræcon mid þam cræfte þe þa
scandlicost wæs, þeah he him eft se weorþesta wurde; þæt
wæs þæt hi fram heora wicstowum under þære eorðan dul-
fon oð hi binnan þære byrig up eodon and hi nihtes on
frumslæpe on bestælan and þa burh mid ealle awestan.
Þysne nyttan cræft, þeah he arlic nære, funde heora tictator,
Camillis hatte.

2   Sona æfter þam wearð Romana gewinn and þæra Gallia
þe wæron of Senno þære byrig. Þæt wæs ærest forþam þa
Gallia hæfdon beseten Tusci þa burh. Þa sendon Romane
ærendracan to Gallium, and hi bædon þæt hi frið wiþ hi
hæfdon. Þa on þam ylcan dæge æfter þam þe hi þiss gespre-
cen hæfdon, fuhton Gallie on þa burh, þa gesawon hi Ro-
mana ærendracan on hi feohtende mid þam burhwarum. Hi
forþam hi gebulgon and ða burh forleton and mid eallum
heora fultume Romane sohton. And him Uauius se consul
mid gefeohte ongean com and eac raðe geflymed wearþ eft
into Romebyrig, and him Gallie wæron æfterfyligende oþ hi
ealle þærbinnan wæron. Gelice and mon mæde mawe, hy
wæron þa burh hergiende and sleande buton ælcere ware.
Ðæt tacen nugyt cuð is on þære ea noman þæs consules
sleges Faviuses.

Chapter 8

Three hundred and fifty-five years after Rome was built, the Romans besieged the city of the Veii for ten years. That siege did more harm to them than to those in the city, through cold and hunger and the constant sorties against themselves and their lands at home. They would have soon perished under the gaze of their enemies, if they had not captured the city through a stratagem which at the time was the most shameful but which afterward became most honorable in their view. That is, they dug underground from their camps until they came up inside the city. Then they crept in by night while their enemies were asleep and utterly laid waste to the city. This effective though dishonorable technique was devised by their dictator Camillus.

Immediately after that there was war between the Romans and the Gauls who originated from the city of Sens. That started when the Gauls besieged the city of Tuscia. The Romans sent envoys to the Gauls to propose peace. On the very day that they had discussed this, the Gauls were attacking the city when they spotted the Roman envoys fighting against them alongside the residents. Enraged by this they abandoned the city and marched with all their forces against the Romans. Fabius the consul met them in battle and was promptly driven back into Rome, and the Gauls followed him until they all got inside. They harried and killed those in the city without resistance, as if they were mowing a meadow. The event is still marked in the name of the river, after the consul Fabius who was killed.

3   Ne wene ic, cwæð Orosius, þæt ænig man atellan mæge
ealne þone dem þe Romanum æt þam cyrre gedon wearð,
þeah hi þa burh ne forbærndon, swa hi þa gedydon. And ða
feawan þe þær to lafe wurdon gesealdon ᴍ punda goldes wiþ
heora feore, and hi þæt dydon forþam swiþost þe hi þohton
þæt hy syððan heora underþeowas wæron. And sume bin-
nan þæt fæsten oðflugon, þæt hi Capitoliam heton. Hi þa
eac besæton, oð hi sume hungre acwælon, sume on hand eo-
don, and hi syþþan oðrum folcum him wiþ feo gesealdon.

4   Hu þincð eow nu, cwæð Orosius, þe þæs cristendomes
tida leahtriað? Syþþan Gallia ut of þære byrig aforan, hu
bliðe tida Romane æfter þam hæfdon? Þa ða yrmingas þe
þær to lafe wurdon ut of þam holan crupan þe hy on lutedan,
swa bewopene swylce hi of oðerre worulde comon, þonne hi
besawon on ða besengdan burh and on þa westan, þæt him
þa wæs syndrig ege þær him ær wæs seo mæsta wynn. Eac
butan þam yfele nahton hi naþor ne þærinne mete ne þærute
freond. Þæt wæron þa tida þe Romane nu æfter sicað, and
cweþað þæt him Gotan wyrsan tida gedon habbon þonne hi
ær hæfdon. And næron on hy hergiende buton þry dagas,
and Gallie wæron ær syx monað binnan þære byrig her-
giende, and þa burh bærnende, and him þæt þagyt to lytel
yfel þuhte buton hi þæs naman bename þæt hi nan folc
næron.

5   Eft þa Gotan þær læssan hwile hergedon þæt hi for þæs
cristendomes are and þurh Godes ege þæt hi naðer ne þa
burh ne bærndon ne þæs þone willan næfdon þæt hi heora
namon hi benamon. Ne þara nanne yfelian noldan þe to þam
Godes huse oþflugon, þeah hi hæðene wæron, ac swiðor
miccle wæron wilniende þæt hi gemong him mid sibbe

I don't think anyone, said Orosius, could record all the 3
damage done to the Romans at that time, even if the Gauls
hadn't burned the city down, as they did then. The few who
survived paid a thousand pounds of gold in exchange for
their lives, and they did so mostly in the expectation that
they would become their slaves. Some fled into the strong-
hold called the Capitol. The Gauls besieged that too, until
some of the Romans perished from hunger and some were
captured and afterward sold to other peoples.

How does this appear to you who criticize Christian times, 4
said Orosius? When the Gauls left the city, how happy was
life for the Romans after that? When the wretches who had
survived crept out of the holes that they had been hiding
in, weeping as if they had come from the other world, they
gazed on that burned and devastated city and what before
had given them their greatest joy now gave them a peculiar
terror. And besides that horror, they could find neither food
within nor friends beyond. Those were the times that Ro-
mans now long for, claiming that the Goths brought them
worse times than they had had before. The Goths ravaged
the city for only three days, whereas the Gauls had spent six
months within the city, plundering it and burning it, and
even that seemed too little harm unless they also deprived
the city of its name so that they would not be a people any
longer.

Again, the Goths ravaged the city for a shorter time 5
and out of respect for Christianity and fear of God neither
burned it nor wished to deprive the Romans of their name,
nor wanted to harm anyone who fled to God's house even if
they were heathens, but much preferred to be able to sit
among them in peace. On the previous occasion hardly any-

sittan mostan. And uneaðe mihte ær ænig þam Gallium
oðhydan, and ða ða Gotan þær lytle hwile hergedon, ne
mihte mon buton feawa ofslagenra geaxian. Þær wæs gesyne
Godes yrre, þa heora ærenan beamas and heora anlicnessa,
þa hi ne mihton fram Galliscum fyre forbærnede weorðan,
ac hi hefenlic fyr æt þam ylcan cyrre forbærnde. Ne wene ic,
cwæð Orosius, nu ic lange spell hæbbe to secgenne, þæt ic hi
on þysse bec geendian mæge, ac ic oðere onginnan sceal.

one was able to hide from the Gauls, but when the Goths briefly ravaged Rome only a few deaths were reported. God's anger was visible when their bronze beams and statues, which could not be destroyed by Gaulish fire, were destroyed on the later occasion by fire from heaven. I have a long story to tell, said Orosius, and I don't think I can finish it in this book, so I will begin another one.

BOOK THREE

Chapter 1

Æfter ðam ðe Romeburh getimbrad wæs III hund win-
tra and LVII, on þam dagum þe Gallie Rome awest hæfdon,
þa gewearð seo mæste sibb and seo bysmorlecoste betwih
Læcedemonium, Creca londe, and Persum. Æfter þam ðe
Læcedemonie hæfdon Perse oft oferwunnen, þa gebudon
him Perse þæt hi hæfdon III winter sibbe wið hi se þe þæt
wolde, and se þe þæt nolde þæt hi woldon þa mid gefeohte
gesecan. Hi þa Læcedemoniae lustlice þære sibbe hyrsume-
don, for þam lytlan ege þe him mon gebead. On þan mon
mæg swutole oncnawan hu mycelne willan hi to ðam ge-
winne hæfdon, swa heora scopas on heora leoðum gyd-
diende syndon and on heora leaspellengum. Ne geþincð þe
swylc gewinn noht lustbære, cwæð Orosius, ne þa tida þon
ma, þætte him his feond mæge swa eaðe his mid wordum
gestyran?

2   Æfter þam þe Læcedemonie hæfdon oferwunnen Ahtene
þa burh, hiora agene leode, hy hy þa up ahofon and winnan
ongunnan on ælce healfe heora, ge wiþ heora agen folc ge
wiþ Perse ge wið ða læssan Asiam ge wiþ Ahtene þa burh þe
hi ær awestan, forðon þa feawan þe þær ut oðflugon hæfdon
eft þa burh gebogene, and hæfdon Thebane, Creca leode,
him on fultum asponen. Læcedemonie wæron swa up
ahafene þæt ægðer ge hy sylf wendon ge ealle þa neahþeoda
þæt hi ofer hi ealle mihton anweald habban. Ac him Ahteni-
ense mid Thebana fultume wiþstodon, and hi mid gefeohte
cnysedon.

Chapter 1

Three hundred and fifty-seven years after Rome was built, at the time when the Gauls had left Rome in ruins, the biggest and most shameful peace agreement was made between the Spartans of Greece and the Persians. After the Spartans had defeated the Persians many times, the Persians offered a three-year truce with anyone who wished to accept it, and said that they would make war on anyone who rejected the offer. The Spartans then eagerly submitted to those peace terms, because of the slight threat that was made against them. From that it is easy to see what great enthusiasm they had for warfare, as their poets proclaim in their songs and their lying stories. Do you not think such warfare was very unpleasant, said Orosius, and even more so the conditions at that time, when an enemy could so easily restrain someone with words?

After the Spartans had defeated the Athenians, who were their fellow Greeks, they became arrogant and began to wage war on every side, both against their fellow Greeks and against the Persians, and against Asia Minor and against Athens, which they had previously devastated, since the few who had escaped from that city had reoccupied it and had enlisted the Thebans, a Greek people, in their support. The Spartans were so arrogant that both they and the neighboring peoples thought that they could achieve power over everyone. But the Athenians with Theban help resisted them, and crushed them in battle.

2

3   Æfter þam Læcedemonie gecuron him to latteowe, Irc-
clidis wæs haten, and hine sendon on Perse mid fultume wiþ
hi to gefeohtenne. Him ða Perse mid heora twam ealdor-
monnum ongean comon, oðer hatte Farnabuses, oðer Dissi-
farnon. Sona swa þæra Læcedemonia ladteow wiste þæt he
wið þa twegen heras sceolde, him þa rædlecere geþuhte þæt
he wið oðerne frið gename þæt he þone oþerne þe yð ofer-
cuman mihte. And he swa gedyde, and his ærendracan to
oðrum onsende and him secgan het þæt he geornor wolde
sibbe wiþ hine þonne gewinn. He þa se ealdorman gely-
fedlice mid sibbe þæra ærenda onfeng, and Læcedemonia þa
hwile geflymdon þone oðerne ealdorman.

4   Æfter þam Persa cyning benom þone ealdorman his scire,
þe ær þam friþe onfeng æt Læcedemonium, and hi gesealde
anum wreccean of Ahtene, Creca byrig, se wæs haten
Conon, and hine sende mid sciphere of Persum to Læcede-
monium. And hi sendon to Egyptum Læcedemonie and him
fultumes bædon, and hi him gesealdon an c þæra mycclena
þriereðrenena. Læcedemonie hæfdon him to ladteowe
ænne wisne man, þeah he healt wære, se wæs haten Agese-
laus, and him to gylpworde hæfdon þæt him leofre wære
þæt hi hæfdon healtne cyning þonne healt rice. Hi syþþan
on þam sæ togædere foran, and þær swa ungemetlice gefuh-
ton þæt hi neah ealle forwurdan, þæt naþær ne mihte on
oðrum sige geræcan. Þær wearð Læcedemonia anweald and
heora dom alegen. Ne wene ic, cwæð Orosius, þæt ænig
twegen latteowas emnar gefuhton.

5   Æfter þam Conon gelædde fyrde eft on Læcedemonie,
and þæt land buton þære byrig on ælcum þingum mid ealle
aweste, þætte þa þe ær ute oþra þeoda anwalda gyrndon him
ða god þuhte þær hi mehte hy sylfe æt ham wið þeowdom

After that the Spartans chose Hircylides as their leader 3 and sent him with an army to fight the Persians. The Persians advanced toward him with their two prefects, Pharnabazus and Tissaphernes. As soon as the Spartan general realized that he had to deal with two opposing forces, it seemed to him a better idea to make a truce with one of them so that he could more easily defeat the other. That is what he did, sending his envoys to one of them and telling them to announce that he would rather have peace with him than war. The prefect eagerly accepted that message and made peace, and the Spartans meanwhile routed the other prefect.

After that the king of Persia removed that prefect from 4 office, the one who had made a truce with the Spartans, and gave the post to an exile from the Greek city of Athens called Conon, sending him with a fleet from Persia against the Spartans. The Spartans sent messages to Egypt asking for help, and the Egyptians gave them a hundred of the great triremes. The Spartans had as their leader a clever man called Agesilaus, who was lame, and they boasted that they would rather have a lame king than a lame kingdom. The two sides then joined battle at sea, and fought so fiercely that they nearly all perished, so that neither could achieve victory over the other. In that battle the Spartan dominance and glory collapsed. I don't think that any other pair of generals have been more equally matched, said Orosius.

After that Conon led his army again to Sparta and rav- 5 aged the country around the city comprehensively, so that those who previously had sought dominance over other peoples abroad now thought it a good thing if they could protect themselves from being enslaved at home. A Spartan

bewerian. Pissandor hatte sum Læcedemonia latteow, he gesohte Conon mid scipum þa he of Læcedemonium for, and þæra folca ægðer on oðrum mycel wæl geslogan. Þær wurdon Læcedemonie swa swiþe forslagen þæt hi naðor næfdon syððan ne heora namon ne heora anweald. Ac heora hryre wearð Ahtenum to arærnesse, þæt hi þone ealdan teonan gewrecan mihton þe him on ærdagum gemæne wæs. And hi and Thebane hi gegaderedon and Læcedemonie mid gefeohte sohton and hi geflymdon, and hi on heora burh bedrifon, and syððan besætan.

6   Þa burhware sendon ða æfter Iesulause, þe mid heora here wæs in Asiam, and bædon þæt he tidlice hamweard wære and heora gehulpe. And he swa gedyde, and on Ahtene ungearwe becoman and hi geflymden. Ahteniense wæron þa him swiðe ondrædende þæt Læcedemonie ofer hi rixian mihton swa hi ær dydon, for þam lytlan sige þe hi ða ofer hi hæfdon. Hi sendon ða on Perse æfter Conone and hine bædon þæt he him on fultume wære. And he heom þæs getiðade and hi mid micclum sciphere gesohte, and hi Læcedemonie mæst ealle awestan, and hi to ðan gedydon þæt hy hi sylfe leton ægðer ge for heane ge for unwræste. Æfter þam Conon gelende to Ahtene þære byrig, his ealdcyððe, and þær mid micclum gefean þara burhleoda onfangen wæs. And he þær his sylfes lange gemynegunge gedyde mid þan þe he genydde ægðer ge Perse ge Læcedemonie þæt hi gebetton þa burh þe hi ær tobræcon, and eac þæt Læcedemonie þære byrig syððan gehyrsume wæron, þeah hi ær lange heora wiðerwinnan wæron.

7   Æfter þeosan gewinne gewearð þætte Perse gebudon frið eallum Creca folce, næs na forþam þe hi him ænigra goda uþan, ac forþam þe hi wunnon on Egypti, þæt hi mostan for

general called Pisander attacked Conon with a fleet after he had left Sparta, and there was great slaughter on both sides. So many Spartans were killed that they afterward had neither reputation nor dominance. But their fall raised Athens to prominence, so that they were able to avenge the old grievance that they had against the Spartans in the past. They and the Thebans combined and attacked the Spartans and routed them, driving them into their city, and then besieged it.

The citizens then sent for Agesilaus, who was with their 6 army in Asia, and urged him to return home quickly and help them. This he did, and fell on the Athenians when they were unprepared and routed them. The Athenians were then very frightened that the Spartans might be able to rule over them as they had done before, because of the minor victory that they had achieved over them. So they sent for Conon in Persia and asked him to help them. He agreed to that and arrived with a huge fleet, and they devastated most of Sparta, to the point that the Spartans viewed themselves as abject and weak. After that Conon landed at the city of Athens, his old homeland, and was received with great joy by the citizens. There he created a lasting memorial for himself by compelling the Persians and the Spartans to repair the city that they had wrecked, and also made the Spartans subject to Athens, though they had long been their adversaries.

It was after this war that the Persians offered peace to all 7 the Greeks, not because they wanted to do them any good but because they were fighting against the Egyptians and

him þy bet þam gewinne fullgangan. Ac Læcedemonie hæf-
don þa hwile maran unstillnessa þonne hi mægenes hæfdon
and wæron swiðor winnende on Thebane þonne hi fultumes
hæfdon, and hloðum on hi staledon, oð hi abræcon Arca-
dum heora burh. Æfter þam Thebane hi mid fyrde gesohton,
and him Læcedemonie oðre ongean brohton. Þa hi lange
fuhton, þa clypade Læcedemonia ealdorman to Arcadium,
and bædon þæt hi þæs gefeohtes geswicon þæt hi moston ða
deadan bebyrian þe heora folces ofslagen wæron. Þæt is mid
Crecum þeaw þæt mid þam worde bið gecyþed hwæðer
healf hæfð þonne sige.

8   Forþan ic wolde gesecgan, cwæð Orosius, Creca gewinn,
þe of Læcedemonia þære byrig ærest onstæled wæs, and
mid spellcwydum gemearcian, ærest on Athena þa burh and
syððan on Thebane and syððan on Boeti and syððan on
Macedonie, þiss wæron ealle Creca leode, and syððan on ða
læssan Asiam and þa on þa maran and syððan on Perse and
syððan on Egypti, ic sceal eac þy lator Romana istoria
asecgan, þe ic ongunnen hæfde.

Chapter 2

Æfter ðam ðe Romeburh getimbrad wæs III hund win-
tra and LXXVI, wæs in Achie eorðbeofung, and twa byrig,
Ebora and Elice, on eorðan besuncon. Ic mæg eac on urum
agnum tidum gelic anginn þam gesecgan, þeah hit swylcne
ende næfde, þætte Constantinopolim Creca burh on
swylcere cwacunge wæs, and hyre gewitegad wæs of soðfæs-
tum mannum þæt heo sceolde on eorþan besincan, ac heo

wanted to be able to give full attention to that war. But in the meantime the Spartans were more restless than their power justified and attacked the Thebans even though they had little strength, making stealthy raids with small bands, until they captured the city of the Arcadians. After that the Thebans advanced against them with an army, and the Spartans brought another to meet them. When they had fought for a long time the Spartan general called out to the Arcadians asking that they should stop fighting so that they could bury the dead who had fallen on their side. It is a custom among the Greeks to signal by that expression which side has the victory.

I wanted, said Orosius, to record the wars of the Greeks 8 and to set them out in narrative form, showing how they began with Sparta and then extended first to Athens and later to the Thebans, Boetians and Macedonians, all of whom were Greek peoples, and then to Asia Minor, greater Asia, Persia and Egypt, and so I have had to defer the account of the history of the Romans, which I had begun.

Chapter 2

Three hundred and seventy-six years after Rome was built, there was an earthquake in Achaia, and two cities, Ebora and Helice, were swallowed up in the earth. I can mention a similar event in our times, though it had a different ending: the Greek city of Constantinople experienced a similar quake, and it was prophesied by honest men that it would sink into the ground, but it was protected by the wearð gescyld þurh þone cristenan casere Arcadiusas and þurh þæt cristene folc. On þam burgum wæs getacnode þæt Crist is eaðmodegra help and ofermodigra fyll. Mare ic þyses gemyngode þonne ic his mid ealle asæde; gif his hwa sy lustfull mare to witanne sece him þonne sylf þæt.

2   On þam dagum gewearð þætte Fulchi and Falisci, þe ær wæron LXX wintra wiþ Romane winnende, þæt hi hi þa oferwunnon and heora land oferhergodan. And raðe æfter þam Suttrian þæt folc wæron hergiende on Rome oþ þære burge geata. Hit Romane æfter ðam hrædlice mid gefeohte and mid hergunge him forguldon, and hi geflymdon.

Chapter 3

Æfter ðam ðe Romeburh getimbrad wæs III hund wintra and LXXXIII, þa ða Laucius, þe oðre naman wæs haten Genutius, and Quintus, þe oðre naman wæs haten Serfilius, þa hi wæron consulas on Rome, gewearð se miccla mancwealm on þam lande, nalæs, swa hit gewuna is, of untidlican gewyderum, þæt is, of wætum sumerum and of drigum wintrum and of reðre lenctenhætan and mid ungemetlican hærfestwætan and æfterhæðan, ac an wind com of Calabria wealde, and se wol mid þam winde. Þes mancwealm wæs on Romanum fulle II geare ofer ealle men gelice, þeah ðe sume deade wæron, sume uneaðe gedrehte aweg comon, oþ þæt heora bisceopas sædon þæt heora godas bædon þæt him man worhte anfiteatra, þæt man mihte þone hæðeniscan plegan þærinne don, and heora deofolgyld, þæt wæron openlice ealle unclænnessa.

Christian emperor Arcadius and the Christian people. In those cities it was revealed that Christ is a help for the humble and destruction for the arrogant. I recall more on this subject than I have said; if anyone is keen to know more he can find it out for himself.

In those days the Volsci and the Faliscians, who had been   2 fighting against the Romans for seventy years, defeated them and ravaged their country. Soon after that the Sutrini ravaged as far as the gates of Rome, but the Romans quickly paid them back with fighting and ravaging, and routed them.

Chapter 3

Three hundred and eighty-three years after Rome was built, when Lucius Genucius and Quintus Servilius were consuls in Rome, there was a great plague in the country, not caused, as is customary, by unseasonable weather such as wet summers or dry winters or severe heat in spring and excessive autumn rain and subsequent heat, but a wind blew from the Calabrian forest, and the plague came with the wind. This plague afflicted the Romans for a full two years and affected all alike, though some died and others survived though much afflicted, until their priests said that their gods were asking for an amphitheater to be built, so that the heathen games could be performed there, and their devil worship, involving all sorts of public desecration.

2   Her me magon nu, cwæð Orosius, þa geandwyrdan þe þæs
cristendomes wiþerflitan syndon hu heora godas þurh heora
blotunge and þurh heora deofolgyld þæs mancwealmes ge-
hulpon, buton þæt hy ne ongeaton mid hwylcum scincræfte
and mid hwylcum lotwrence hit deofla dydon, næs na se
soða God, þæt hi mid þy yfele þa menn swencton to ðon þæt
hy gelyfdon heora offrunga and heora deofolgyldum, and
þæt hi þanon moston to ðam sawlum becuman, and þæt hi
hi moston tawian mid þære mæstan bismrunge æt heora
anfiteatre. Þa wæron unarimede and me nu manigfeald to
secganne, forþon þu, fæder Agustinus, hy hæfst on þinum
bocum swetole gesæd, and ic gehwam wille þærto tæcan þe
hine his lyst ma to witanne. Æfter þyson on þam ilcan geare
tohlad seo eorðe binnan Romebyrig. Þa sædon heora bisco-
pas eft þæt heora godas bædon þæt him mon sealde anne
cucene mann, þa him þuhte þæt hy heora deadra to lyt hæf-
don. And seo eorðe swa giniende bad, oð þæt Marcus, þe
oðre namon hatte Curtius, mid horse and mid wæpnum
þæroninnan besceat, and heo siððan togædere behlad.

Chapter 4

Æfter þam þe Romeburh getimbred wæs III hund win-
tra and LXXXVIII, þæt Gallie oferhergedon Romana land oð
IIII mila to þære byrig, and þa burh mihton eaðe begitan gif
hy þær ne gewacodan, forþam Romane wæron swa forhte
and swa æmode þæt hy ne wendon þæt hy þa burh bewerian

Here those who are adversaries of Christianity can an- 2 swer me, said Orosius, and point out how their gods provided help against the plague as a result of their sacrifices and their devil worship, but they don't understand with what sorcery and deceit the devils did it, rather than the true God. They afflicted people with disease in order to get them to trust in their offerings and their devil worship, so that the devils might get at their souls, and so that the people would profane themselves with the worst defilement at their amphitheater. There were a great many of these ceremonies and too much for me now to describe, since you, Father Augustine, have described them clearly in your books, and I am happy to refer anyone who wants to know more to those. After this, in the same year, the ground within Rome split apart. Then their priests said again that their gods required that a living person should be given to them, since they thought that they didn't have enough of their dead people. The earth remained gaping wide, until Marcus Curtius leaped into it, with horse and weapons, and it then closed shut.

Chapter 4

Three hundred and eighty-eight years after Rome was built, Gauls ravaged the land of the Romans to a point four miles from the city, and could easily have taken the city if they had not slackened off there, since the Romans were so terrified and lacking in courage that they thought that mihton. Ac þæs on morgen Tidus heora ladteow, þe oðran namon wæs haten Quintius, hy mid fyrde gesohte. Ðær ge-feaht Mallius anwig, þe oðre namon wæs haten Tarcuatus, wið anne Galliscne mann and hine ofsloh, and Titus Quin-tius þa oðre sume geflymde sume ofsloh. Be þam mon mihte ongitan hwæt þær ofslagen wæs, þa heora fela þusenda ge-fangen wæs.

Chapter 5

ÆFter þam þe Romeburh getimbred wæs IIII hund win-tra and II, þæt Cartaina þære burge ærendracan comon to Rome, and him gebudon þæt hy frið him betweonum hæf-don, forþon hy on an land þa winnende wæron, þæt wæs on Benefente. Mid þam þe þa ærendracan to Rome comon, þa com eac mid him seo ofermæte heardsælnes and monegra þeoda yrmða, seo longe æfter þam weaxende wæs, swa hit hefones tungel on þam tidan cyþende wæron, þæt hit wæs niht oð midne dæg, and on sumere tide hit hagolade stanum ofer ealle Romane. On þam dagum wæs Alexander geboren on Grecum swa swa an micel yst come ofer ealne middan-eard. And Ocus, Persa cyning, þone mon oðrum namon het Artecsersis, æfter þam þe he Egyptum forhergade, he gefor siððan on Iuþana land and heora fela forhergade. Siððan on Ircaniam þam lande he heora swiðe feala gesette wið þone sæ þe mon Caspia hætt, and hy þær gesettene sint git oð þisne dæg mid bradum folcum, on þam tohopan þæt hy sume siðe God þanon ado to heora agnum lande. Siððan

they could not defend the city. But in the morning their leader Titus Quintius advanced against the Gauls with an army. Manlius Torquatus fought in single combat against a Gaul and killed him, and Titus Quintius put some of them to flight and killed the others. You can tell how many were killed there from the fact that many thousands were captured.

Chapter 5

Four hundred and two years after Rome was built, envoys from the city of Carthage came to Rome and proposed that peace should be made between them, since they were both fighting at the time against the same land, Beneventum. When the envoys arrived in Rome, there came with them huge troubles and miseries for many nations, and these continued and grew for a long time afterward, as the stars in the heavens testified at that time, so that it was night until the middle of the day, and at one point there were hailstorms all over Roman lands. That time too saw the birth in Greece of Alexander, a mighty storm that would afflict the whole world. And Ochus the king of Persia, also called Artaxerxes, after ravaging Egypt went to the country of the Jews and ravaged much of that. Afterward he settled many of them in Hyrcania by the Caspian Sea, and they are still living there now in great numbers, hoping that God might some day return them to their own land. Afterward Artaxerxes sacked

Artecsersis abræc Siþonem, Fenitia burh, seo wæs þa wele-
gast on þam dagum.

2   Æfter þam Romane angunnon þæt Somniticum gewinn
ymbe Campena land. Hy þa lange and oftrædlice ymb þæt
fuhton on hweorfendum sigum. Þa getugon Somnite him on
fultum Pirrusan Epira cyning, þone mæstan feond Roma-
num. Þæt gewinn wearð hwæþre sume hwile gestilled,
forþon Punici wið Romane winnan ongunnon. Siððan þæt
gewin ongunnen wæs, gif ænig mann sy, cwæð Orosius, þe
on gewritum findan mæge þæt Ianas duru siþþan belocen
wurde butan anum geare, and þæt wæs forþam þe Romane
ealne þone gear on manncwealme lægan, ær eft on Octavia-
nus dæge þæs caseres.

3   Þæt hus hæfdon Romane to þam anum tacne geworht,
þæt on swylce healfe swylce hy þonne winnende beon wol-
don, swa suð, swa norþ, swa est, swa west, þonne andydan hy
þa duru þe on þa healfe open wæs, þæt hy be þam wiston
hwider hy sceoldon. And mið þam þe hy þara dura hwylce
opene gesawon, þonne tugon hy heora hrægl bufan cneow
and giredon hy to wige, and be þam wistan þæt hy wið sum
folc frið ne hæfdon. And þonne hy frið hæfdon, þonne
wæron ealle þa dura betynede, and hy leton heora hrægl of-
dune to fotum. Ac þa þa Octavianus se casere to rice feng, þa
wurdon Ianas dura betynede, and wearð sibb and frið ofer
ealne middangeard.

4   Æfter þam þe Perse frið genamon wið Romanum siððan
gelicode eallum folcum þæt hy Romanum underþeoded
wære and heora æ to behealdenne, and swa swiðe þone frið
lufedon þæt him leofre wæs þæt hy Romanisce ciningas
hæfdon þonne of heora agnum cynne. On þam wæs sweo-
tole getacnad þæt nan eorðlic mann ne mihte swylce lufe

Sidon, a city of the Phoenicians, which was the wealthiest place at that time.

After that the Romans started the Samnite war over 2 Campania. They fought long and often over it with varying fortunes. Then the Samnites enlisted in their support Pyrrhus king of Epirus, the deadliest enemy of the Romans. But the war calmed down for a bit because the Carthaginians began to wage war against the Romans. I doubt if anyone can find it recorded in writing, said Orosius, that the doors of Janus were locked again once that war had begun until the time of the emperor Octavian, apart from one year and that was because the Romans were afflicted by plague all that year.

The Romans had designed that building for a particular 3 significance, so that on whatever side they were currently at war, whether south, north, east or west, they opened the door on that side, so that they would know which way to go. When they saw any of the doors open, then they rolled up their garments above the knee and prepared for war, and they knew by that sign that they were not at peace with some country. When they did have peace, then all the doors were shut and they rolled their garments down to their feet. But when the emperor Octavian came to power, the doors of Janus were shut, and there was peace and harmony over the whole world.

After the Persians made peace with the Romans all na- 4 tions preferred to be subject to the Romans, and to observe their law, and they loved that peace so much that they would rather have Romans as kings than people from their own kindred. From that it was clear that no earthly person could bring about such love and peace over the whole world as and swylce sibbe ofer ealne middangeard gedon swylce þa wæs, ac heo forþam wæs þe Crist on þam dagum geboren wæs, þe sibb is heofonware and eorðware. Þæt eac Octavianus sweotole getacnode, þa þa Romana him woldon offrian swa swa heora gewuna wæs, and sædon þæt seo sibb on his mihte wære. Ac he ægþer fleah ge þa dæd ge þa sægene, and eac sylf sæde þæt seo dæd his nære, ne eac beon ne mihte nanes eorðlices mannes, þæt ealre worolde swylce sibbe bringan mihte, þæt twa þeoda ær habban ne mihton, na þæt læsse wæs twa gemægða.

Chapter 6

Æfter þam þe Romeburh getimbred wæs iiii hund wintrum and viii, gewearð þæt Romane and Latine wunnon. On þam forman gefeohte wearð Romana consul ofslagen Mallius, þe oðrum namon wæs haten Tarcuatus, and heora oþer consul, þe mon Decius het, and oþrum namon Mure, his agenne sunu ofsloh forþon he oferbræc heora gecwidrædenne. Þæt wæs þæt hy hæfdon gecweden þæt hy ealle emlice on Latine tengdon, ac þær an ut asceat of Latina werode and anwiges bæd, and him þæs consules sunu ongean com and hine þær ofsloh. For þam gylte hine eft hett his fæder ofslean. For þam slege noldon Romane bringan þam consule þone triumphan, þe heora gewuna wæs, þeh he sige hæfde.

2   On þam æfteran geare þæs Minutia hatte an wifmann, þe on heora wisan sceolde nunne beon. Seo hæfde gehaten

there was then, but it came about because Christ was born in those times, who is the bond of peace between the inhabitants of heaven and earth. Octavian clearly testified to that, when the Romans wanted to make offerings to him as their custom was and said that the peace was due to his power. He rejected both the action and the words, and himself said that it was not his doing, and could not be due to any earthly person, to bring to the whole world such peace, which just two nations couldn't achieve before, nor even two families.

Chapter 6

Four hundred and eight years after Rome was built, the Romans and the Latini fought against each other. In the first battle the Roman consul Manlius Torquatus was killed and their other consul, Decius Mus, killed his own son for breaking their agreement. The agreement was that they would all attack the Latini together, but one man came out from the Latini army asking for a single combat, and the consul's son came out to meet him and killed him. For that offense his father ordered him to be killed. And because of that killing the Romans refused to bring the consul a triumph, as their custom was, even though he had won a victory.

In the following year there was woman called Minucia, 2 who was supposed to be a nun according to their manner.

heora gydenne Dianan þæt heo wolde hyre lif on fæmnan
hade alibban. Þa forlæg heo hy sona. Hy þa Romane for þam
gylte þe heo hyre gehat aleah, swa cuce hy on eorðan bedul-
fon, and nugyt to dæge þam gylte to tacne mon hæt þæt
land "manfeld" þær hy mon byride. Raþe æfter þam on þæra
twegra consula dæge, Claudius, þe oðrum namon hatte Mar-
cellus, and Ualerius, þe oðrum namon hatte Flaccus, ða ge-
wearð hit (þeh hit me scondlic sy, cwæð Orosius) þæt sume
Romana wif on swylcum scinlace wurdon and on swylcum
wodum dreame þæt hy woldon ælcne mann, ge wif ge
wæpned, þæra þe hy mihton, mid atre acwellan, and on mete
oððe on drince to geþicganne gesyllan. And þæt lange donde
wæron ær þæt folc wiste hwanon þæt yfel come, buton þæt
hy sædon þæt hit ufane of þære lyfte come, ær hit þurh
ænne þeowne mann geypped wearð. Þa wæron ealle þa wif
beforan Romana witan gelaðode—þara wæs III hund and
LXXX—and þær wæron genydde þæt hy þæt ilce þigedon
þæt hy ær oðrum sealdon, þæt hy þærryhte deade wæron
beforan eallum þam mannum.

Chapter 7

Æfter þam þe Romeburh getimbred wæs IIII hund win-
tra and XXII, Alexander, Epirotarum cyning, þæs maran
Alexandres eam, he mid eallum his mægene wið Romane
winnan ongan, and æt Somnite gemære and Romana gesæt,
and þa nihstan landleode on ægðre healfe him on fultum
geteah, oð Somnite him gefuhton wið and þone cyning

She had promised the goddess Diana that she would live her life as a virgin, but she was soon unchaste. For the offense of breaking her vow the Romans buried her alive in the ground, and still to this day, as a sign of that offense, the land where she was buried is called "wickedness field." Soon after that in the time of the two consuls Claudius Marcellus and Valerius Flaccus, it came about (though it shames me to say so, said Orosius) that some Roman women got so involved in sorcery and mad frenzy that they wanted to kill everyone they could, women and men, with poison, and to put it into food or drink for them to swallow. They were doing that for a long time before people realized where the trouble came from, saying that it came from the sky above, until it was revealed by a male slave. Then all those women—three hundred eighty of them—were summoned before the Roman senate and forced to drink the same poison that they gave to others, with the result that they immediately fell dead in front of everyone.

Chapter 7

Four hundred and twenty-two years after Rome was built, Alexander the king of Epirus, who was the uncle of Alexander the Great, launched a war against the Romans with all his forces. He camped on the borders of the Samnites and Romans and enlisted the neighboring peoples on each side to his support, until the Samnites fought against him and

ofslogon. Nu ic þises Alexandres her gemyndgade, cwæð
Orosius, nu ic wille eac þæs maran Alexandres gemunende
beon, þæs oþres nefan, þeh ic ymbe Romana gewinn on þam
geargerime forð ofer þæt geteled hæbbe. Ic sceal hwæþre eft
gewendan þæt ic ælcnehugu dæl gesecge Alexandres dæda,
and hu Philippus his fæder iiii hund wintrum æfter þam þe
Romeburh getimbred wæs, he feng to Mæcedonia rice on
Crecum, and þæt hæfde xxv wintra, and binnan þæm
gearum he geeode ealle þa cynericu þe on Grecum wæron.
An wæs Atheniense, oðer wæs Thebane, iii wæs Thesali,
iiii Læcedemonie, v Focenses, vi Mesii, vii Macedonie, þæt
he ærest hæfde.

2   Philippus þa he cniht wæs, he wæs Thebanum to gisle
geseald, Paminunde, þam strongan cyninge and þam gelære-
destan philosofe, fram his agnum breðer Alexandre, þe Læ-
cedemonia rice þa hæfde, and mid him gelæred wearð on
þam þrym gearum þa he þær wæs. Þa wearð Alexander ofsla-
gen his broðor from his agenre meder, þeh heo hyre oþerne
sunu eac ær ofsloge for hyre geligernesse; and heo wæs
Philippuses steopmodor. Þa feng Philipus to Mæcedonia
rice, and hit ealle hwile on miclan pleo and on miclan
earfeðan hæfde, þæt ægðer ge him mon utane of oðrum lan-
dum on wann, ge eac þæt his agen folc ymb his feorh syrede,
þæt him þa æt nihstan leofre wæs þæt he ute wunne þonne
he æt ham wære.

3   His forme gefeoht wæs wið Atheniense, and hy ofer-
wonn, and æfter þam wið Hiliricos, þe we Pulgare hatað,
and heora mænig þusend ofsloh and heora mæstan burh
geeode, Larisan, and siððan on Thesali. He þæt gewinn
swiþost dyde for þære wilnunge þe he wolde hy him on

killed the king. Now that I have mentioned this Alexander here, said Orosius, I want to deal also with Alexander the Great, the other one's nephew, though I have gone beyond that point chronologically in my account of the Roman wars. So I shall turn back a bit so as to say something about the deeds of Alexander, and how his father Philip, four hundred years after Rome was built, succeeded to the kingdom of Macedonia in Greece, and held it for twenty-five years, conquering all the kingdoms of Greece within that period. The first were the Athenians, the second the Thebans, the third the Thessalonians, the fourth the Spartans, the fifth the Phoceans, the sixth Moesia, the seventh Macedonia, which he held first.

When Philip was a boy he was given as a hostage by his 2 own brother Alexander, who held the kingdom of Sparta at that time, to Epaminondas, the powerful king of the Thebans and a most learned philosopher, and he was educated in his household during the three years that he was there. Then Alexander his brother was killed by his own mother, who had also killed her other son previously because of her adultery; she was Philip's stepmother. Then Philip succeeded to the Macedonian kingdom, and held it always with great peril and difficulty, because other countries kept attacking him and his own people plotted to kill him, so that in the end he would rather be making war abroad than be at home.

His first battle was against the Athenians, and he de- 3 feated them. After that he fought against the Illyrians, whom we call Bulgarians, killing many thousands of them and capturing their biggest city, Larissa, and then against the Thessalonians. He pursued that war mainly out of a wish fultum geteon for heora wigcræfte, forþon þe hy cuðon on horsum ealra folca feohtan betst and ærest. Hy þa ægþer ge for his ege ge for his olecunge him to gecyrdon. He þa gegaderade mid heora fultume and mid his agenum ægðer ge ridendra ge gangendra unoferwunnendlice here. Æfter þam þe Philippus hæfde Atheniense and Thesali him underþieded, he begeat Aruhes dohtor him to wife, Malosorum cyninges, Olimphiaðe heo wæs hatenu. Aruhes wende þæt he his rice gemiclian sceolde þa he his dohtor Philippuse sealde, ac he hine on ðære wenunge geband and him on genam þæt he sylf hæfde and hine siððan forsende oð he his lif forlet.

4   Æfter þam Philippus feaht on Othono þa burh, on Thebana rice, and him þær wearð þæt oðer eage mid anre flan ut ascoten. He hwæðre þa burh gewann and eall þæt manncynn acwealde þæt he þærinne mette. And æfter þam mid his searwum he geeode eall Creca folc, forþon heora gewuna wæs þæt hy woldan of ælcere byrig him sylf anwald habban and nan oþer underþyded beon ac wæron him swa betwenum winnende. Þa bædan hy Philippus æst of anre byrig, þonne of oðerre, þæt he him on fultume wære wið þa þe him on wunnon. Þonne he þa oferswiðed hæfde þe he þonne on winnende wæs mid þam folce þe hine ær fultumes bæd, þonne dyde he him ægðer to wealdan. Swa he belytegade ealle Crece on his geweald.

5   Þa Crece þæt þa undergeaton and eac him swiðe ofþincendum þæt hy an cyning swa yþelice forneah buton ælcon gewinne on his geweald beþrydian sceolde, gelice and hi him þeowiende wæron, he hy eac oðrum folcum oftrædlice on þeowot sealde, þe ær nan folc ne mihte mid gefeohte gewinnan, hy þa ealle wið hine gewinn upp ahofon. And he hine

to enlist their forces because of their skill in war, since they knew best and earliest of all peoples how to fight on horseback. They then joined him, both out of fear of him and because of his blandishments. He then assembled an unbeatable host, with their forces and his own, comprising cavalry and infantry. After Philip had subjugated the Athenians and Thessalonians, he married Olympias, the daughter of Aruba, king of Molossia. Aruba imagined that he would expand his own kingdom by giving his daughter to Philip, but Philip ensnared him with this hope, taking what Aruba himself possessed and sending him into exile until he died.

After that Philip attacked the Theban city of Methone, 4 and one of his eyes was knocked out by an arrow. Yet he captured the city and killed all the people that he found there. After that he overcame all the Greek peoples with his guile, because in each city they habitually wanted to have control themselves and not to be subject to others and were continually fighting against each other. First from one city and then from another, they asked Philip to help them against their attackers. When he had defeated the latter he then attacked the people who had asked for his help and subjugated both. In this way he tricked all of Greece into his power.

When the Greeks realized this and regretted that a single 5 king had so easily got them under his control almost without a fight, as if they were his slaves, and was also often selling them into slavery to other peoples, when previously no one had been able to overcome them in battle, they all took up arms against him. He humbled himself before the people geeaðmedde to þam folce þe he him þær heardost andred, þæt wæron Thesalii, and on hy gelec þæt hy mid him on Athene wunnon. Ða hy to þam gemære comon mid heora fyrde, þa hæfdon hy heora clusan belocene. Þa Philippus þærbinnan ne mehte þæt he his teonan gewræce, he þa wende on þa ane þe him þa getrywe wæron, and heora burh gefor and þæt folc mid ealle fordyde and heora hergas towearp, swa he ealle dyde þe he ahwer mette, ge eac his agene, oð þæt him þa bisceopas sædon þæt ealle godas him yrre wæron and wiðwinnende. And þeah hy him ealle yrre wære, on þam xxv wintrum þe he winnende wæs and feohtende he na oferwunne wearð.

6   Æfter þam he gefor on Capodotiam þæt land and þær ealle þa cyningas mid his swice ofsloh. Siððan ealle Capodotiam him gehyrsumedon. And hine siððan wende on his ðry gebroðra, and ænne ofsloh, and þa twegen oðflugon on Olinthum þa burh, seo wæs fæstast and welegast Mæcedonia rices. And him Philippus æfter for and þa burh abræc and þa broðor ofsloh and eall þæt þærinne wæs. Þa þry gebroðra næron na Philippuse gemedred, ac wæron gefædred. On þam dagum on Thracia þam lande wæron twegen cyningas ymb þæt rice winnende þa wæron gebroðra. Þa sendan hy to Philippuse and bædon þæt he hy ymbe þæt rice gesemde and on þære gewitnesse wære þæt hit emne gedæled wære. He þa Philippus to heora gemote com mid mycelre fyrde and þa cyningas begen ofsloh and ealle þa witan and feng him to þam ricum bam.

7   Æfter þam Atheniense bædon Philippus, þæt he heora ladteow wære wið Focenses þam folce, þeh hy ær heora clusa him ongean beluce, and þæt he oþer þæra dyde, oþþe hy gesemde, oþþe him gefultumade þæt hy hy oferwinnan

that he feared most, the Thessalonians, and lured them into joining him in war against the Athenians. When they came to the border with their army, they found the pass blocked against them. When Philip couldn't give vent to his anger within that country, he turned on the people who alone had been loyal to him and seized their cities and crushed the people and overthrew their temples, as he did to all that he found anywhere, including his own, until the priests said that all the gods were angry with him and opposed to him. But though they might all have been angry with him, in the twenty-five years that he was campaigning and fighting he was never defeated.

After that he went to Cappadocia and treacherously killed all the kings there, and all of Cappadocia submitted to him. Then he turned on his three brothers; he killed one and the other two fled to the city of Olynthus, which was the strongest and richest in Macedonia. Philip pursued them and captured the city, killing his brothers and everyone else in the city. The three brothers did not share a mother with Philip but did have the same father. In those times there were two kings in Thrace fighting over that kingdom who were brothers. They sent to Philip asking him to make a peaceful settlement over the kingdom and testify that it was equally divided. Philip then came to their assembly with a great army and killed both the kings and all their council and took the throne of both kingdoms.

After that the Athenians asked Philip to be their leader in their war against the Phoceans, even though they had previously blocked their passes against him, and asked that he should either reconcile the two sides or help them to defeat

6

7

mihtan. He him þa gehet þæt he him gefultuman wolde þæt
hy hy oferwunnon. Eac æt þam ilcan cirre bædan Focense
his fultumes wið Athene. He him þa gehet þæt he hy gese-
man wolde. Siððan he þa clusan on his gewealde hæfde þa
dyde he him eac þa ricu to gewealdan and his here geond þa
byrig todælde and him bebead þæt hy þæt land hergiende
wæron oð þæt hy hit aweston, þæt þam folce wæs ægþer wa,
ge þæt hy þæt mæste yfel forberan sceoldon, ge eac þæt hy
his sciran ne dorstan. Ac he ealle þa ricostan forslean het and
þa oðre sume on wræcsið forsende sume on oþra mearca
gesette.

8   Swa he Philippus þa miclan ricu geniþerade, þeh þe ær
anra gehwelc wende þæt hit ofer monige oðro andweald
habban mihte, þæt hy þa æt nihstan hy sylfe to nohte be-
mætan. Philippuse geþuhte æfter þam þæt he on lande ne
mihte þam folce mid gifum gecweman þe him on simbel
wæron mid winnende, ac he scipa gegaderade, and wicingas
wurdon, and sona æt anum cyrre an c and eahtatig ceapscipa
gefengon. Þa ceas he him ane burh wið þone sæ, Bizantium
wæs haten, to þon þæt him gelicode þæt hy þær mihton
betst binnan frið habban, and eac þæt hy þær gehendaste
wæren on gehwylc land þanon to winnane. Ac him þa burh-
leode þæs wiðcwædon. Philippus mid his fultume hy besæt,
and him onwann. Seo ilce Bizantium wæs ærest getimbred
fram Pausania, Læcedemonia ladteowe, and æfter þam fram
Constantino þam cristenan casere geieced, and be his na-
mon heo wæs gehatenu Constantinopolim, and is nu þæt
heahste cynesetl and heafod ealles eastrices.

the other side. He promised the Athenians that he would help them to defeat the Phoceans. At the same time the Phoceans also asked for his help against Athens. He promised them that he would make peace between the two sides. Once he had the passes under his control he subjugated both countries and spread his army around the cities telling his troops to ravage the land until it was all laid waste. The people were in great distress, both because they had to endure great misery, and because they dared not free themselves from him. He ordered all the most important people to be killed and sent some of the others into exile and settled some in other lands.

In this way Philip crushed those great kingdoms, even 8 though every one of them had believed beforehand that they could hold sway over many others, so that in the end they acknowledged themselves to be worthless. After that, it seemed to Philip that while he was operating on land he could not satisfy with gifts the people who had been continually fighting in alliance with him, so he collected ships and they engaged in piracy, and immediately in one expedition captured one hundred and eighty merchant ships. Then he selected a city by the coast, called Byzantium, preferring it because they could most easily protect themselves inside it, and also because they would be handiest there for launching attacks on all other lands. But the inhabitants rejected him. Philip then besieged them with his forces, and launched an attack on them. This Byzantium was first built by Pausanias, king of Sparta, and afterward was expanded by the Christian emperor Constantine. It was named Constantinople after him, and is now the chief royal seat and capital of the whole eastern empire.

9   Æfter þam þe Philippus lange þa burh beseten hæfde, þa ofþuhte him þæt he þæt feoh to sellenne næfde his here swa hy bewuna wæron. He þa his here on tu todælde: sum ymb þa burh sæt and he mid sumum hloðum for and manega byrig bereafode on Cheranisce, Creca folce. And siððan for on Sciððie mid Alexandre his sunu, þær Atheas se cyning rice hæfde, þe ær his geþofta wæs wið Isðriana gewinne, and þa on þæt land faran wolde. Ac hy þa landleode wið þæt gewarnedon and him mid fyrde ongean foran. Ða þæt þa Philippus geahsode, þa sende he æfter maran fultume to þam þe þa burh ymbseten hæfdon and mid eallum mægene on hy for. Þeh þe Sciððie hæfde maran manna mænige and hy self hwætran wæron, hy þeah Philippus besirede mid his lottwrencum, mid þam þæt he his heres þriddan dæl gehydde and him self mid wæs, and þam twam dælum bebead, swa hy feohtan ongunnon, þæt hy wið his flugon, þæt he siððan mid þam þriddan dæle hy beswican mihte þonne hy tofarene wæron.

10   Þær wearð Sciððia xx M ofslagen and gefangen, wifmanna and wæpmanna, and þær wæs xx M horsa gefangen, þeh hy þær nan licgende feoh ne metton swa hy ær bewuna wæron þonne hy wælstowe geweald ahton. On þam gefeohte wæs ærest anfunden Sciððia wannspeda. Eft þa Philippus wæs þanan cyrrende, þa offor hyne oþere Sciþþie mid lytelre firde, Tribaballe wæron hatene. Philippus him dyde heora wig unweorð, oð hyne an cwene sceat þurh þæt þeoh, þæt þæt hors wæs dead þe he onufan sæt. Ða his here geseah þæt he mid þy horse afeol, hy þa ealle flugon, and eall þæt herefeoh forleton þe hy ær gefangen hæfdon. Wæs þæt micel wundor þæt swa micel here for þæs cyninges fylle fleah, þe na ær þam fleon nolde, þeh his monn fela þusenda ofsloge.

After Philip had been besieging the city for some time, he 9
was upset because he didn't have money to give his army, as
they were used to. So he divided his army into two: one part
besieged the city while he set off with some smaller bands
and plundered many cities in the land of the Chersonese, a
Greek people. Next he went to Scythia with his son Alexan-
der to the kingdom of Ateas, who had previously been his
ally in the war with the Istrians, and wanted to pass into that
land. But the inhabitants were on their guard and marched
against him with an army. When Philip heard that, he sum-
moned reinforcements from those who had besieged the
city and marched against them with all his strength. Al-
though the Scythians had more troops and were themselves
braver, Philip trapped them with his tactics: he hid a third
of his army and remained with them himself, and instructed
the other two thirds that when the battle began they should
flee toward him, so that with the remaining third he could
trap the enemy when they were spread out.

There twenty thousand Scythians, men and women, were 10
killed or taken prisoner, and twenty thousand horses were
captured, though they found no treasure as they normally
did when they won a battle. It was in that battle that the
poverty of the Scythians was first realized. When Philip was
returning from there, other Scythians, called the Treballi,
attacked him with a small force. Philip considered their at-
tack of little account until a woman shot him through the
thigh, so that the horse he was riding was killed. When his
army saw that he had fallen with the horse they all fled,
abandoning all the plunder that they taken before. It is quite
astonishing that such a great army, which would never flee
before even if many thousands of them were killed, fled be-
cause of the king's fall.

11   Philippus mid his lottwrence, þa hwile þe he wund wæs, alyfde eallum Crecum þæt heora anwealdas moston standon him betweonum, swa hy ær on ealddagum dydon. Ac sona swa he gelacnod wæs, swa hergade he on Athene. Þa sendon hy to Læcedemonium and bædon þæt hy gefrynd wurden, þeh hy ær longe gefynd wæron, and bædon þæt hy ealle gemænelice cunnodon, mihtan hy heora gemænan feond him fram adon. Hy þa sume him getiþedon and gegaderodon maran mannfultum þonne Philippus hæfde, sume for ege ne dorstan. Philippuse geþuhte þa þæt he leng mid folcgefeohtum wið hy ne mihte, ac oftrædlice he wæs mid hloðum on hy hergende and onbutan syrwende oð hy eft totwæmde wæron, and þa on ungearwe on Ahtene mid fyrde gefor. Æt þam cyrre wurdon Atheniense swa wælhreowlice forslagen and forhyned þæt hy siððan nanes anwaldes hy ne bemætan ne nanes freodomes.

12   Æfter þam gelædde Philippus fyrde on Læcedomonie and on Thebane, and hy miclum tintregade and bismrade, oð hy ealle wæron fordon and forhyned. Æfter þam þe Philippus hæfde ealle Crecas on his geweald gedon, he sealde his dohtor Alexandre þam cyninge his agenum mæge, þe he ær Epira rice geseald hæfde. Þa on þam dæge plegedon hy of horsum—ægðer ge Philippus ge Alexander þe he him his dohtor sellan wolde ge Alexander his agen sunu—swa heora þeaw æt swylcum wæs, and eac mænige oþære mid him. Þa Philippuse gebyrede þæt he for þam plegan ut of þam mannwerode arad, þa mette hine his ealdgefana sum and hyne ofstang.

13   Ic nat, cwæð Orosius, forhwi eow Romanum syndon þa ærran gewinn swa wel gelicod and swa lustsumlice on leoðcwidum to gehyranne, and forhwy ge þa tida swelcra broca

While he was wounded Philip cunningly allowed all the 11
Greeks to retain the powers that they had had in the old
days among themselves. But as soon as he was healed, he at-
tacked Athens. They then sent to the Spartans and asked
them to be their allies, though they had long been enemies,
and urged that they should all strive together to rid them-
selves of their common enemy. Some of them agreed to this
and assembled a bigger force than Philip had, some refused
out of fear. Philip thought that he could not go on fighting
them in big battles, but he repeatedly harried them with
small bands and plotted until they were disunited again, and
then attacked Athens with an army when they were unpre-
pared. On that occasion the Athenians were so savagely
slaughtered and crushed that they never afterward had any
power or freedom.

After that Philip led an army against the Spartans and 12
Thebans, and tormented and humiliated them until they
were all utterly defeated and crushed. After Philip had ex-
tended his power over all the Greeks, he gave his daughter
in marriage to his kinsman King Alexander, to whom he had
given the kingdom of Epirus. On that day, they were partici-
pating in sports on horseback—Philip and the Alexander to
whom he was giving his daughter and Alexander his own
son—as the custom was on such occasions, and many others
with them. It so happened that Philip rode out of the troop
in the course of the sport, and one of his old enemies en-
countered him and stabbed him to death.

I don't know why you Romans, said Orosius, take so 13
much pleasure in the old wars and so enjoy hearing about
them in poems, and why you praise so extravagantly those

swa wel hergeað, and nu, þeh eow lytles hwæt swelcra ge-
broca on becume, þonne mænað ge hit to þam wyrrestan ti-
dum, and magon hy swa hreowlice wepan swa ge magon
þæra oðra bliðelice hlihhan. Gif ge swylce þegnas sint swylce
ge wenað þæt ge sien, þonne sceoldon ge swa lustlice eowre
agnu brocu aræfnan, þeh hy læssan syn, swa ge heora sint to
gehyranne. Þonne þuhte eow þas tida beteran þonne þa,
forþon eowre brocu nu læssan sindon þonne heora þa wære,
forþon Philippus wæs xxv wintra Creca folc hynende, ægðer
ge heora byrig bærnende ge heora folc sleande and sume on
ellþeode forsende, and eower Romana brocu, þe ge þær eal-
neg drifað, næs buton þry dagas. Philippuses yfel mihte þeh
þagyt be sumum dæle gemetlic þyncan, ær se swelgend to
rice feng, Alexander his sunu, þeh ic nu his dæd sume hwile
gesuwian scyle, oð ic Romana gesecge þe on þam ilcan tidum
gedone wæron.

Chapter 8

Æfter þam þe Romeburh getimbred wæs iiii hund win-
tra and xxvi-gum, Caudenes Furculus seo stow gewearð
swiðe mære, and git todæge is, for Romana bismere. Þæt ge-
wearð æfter þam gefeohte þe Romane and Somnite hæfdon,
swa we ær beforan sædon, þa þara Somnite xx m ofslagen
wurdon under Favia þam consule. Ac Somnite æt oþran ge-
feohte mid maran fultume and mid maran wærscipe to Ro-
mana gemetinge coman þonne hy ær dydon, æt þære stowe

times with all these afflictions, and now if you suffer just a little of such troubles then you moan about it as being the worst of times, and can weep over them as miserably as you cheerfully laugh over the others. If you were such warriors as you think you are, then you ought to accept your own hardships, though they are slighter, as cheerfully as you listen to theirs. You would then consider these present times to be better than those, since your hardships are less than those were, since Philip was harrying the Greeks for twenty-five years, burning their cities, killing their people and dispatching some to foreign lands, and the sufferings of you Romans, that you moan about all the time, lasted just three days. But the evils of Philip might seem to some degree quite measured, before his all-devouring son Alexander came to the throne, though I must fall silent about his deeds for a while, until I have described the actions of the Romans that were done at the same time.

Chapter 8

Four hundred and twenty-six years after Rome was built, the place called the Caudine Forks became famous for the humiliation of the Romans, and is still so today. This happened after the battle between the Romans and the Samnites that I described earlier, when twenty thousand Samnites were killed at the hands of the consul Fabius. But in a second battle the Samnites came to meet the Romans with a bigger force and greater caution than they did before, at the þe mon het Caudenes Furculas. And þær Romane swiðost forþam besyrede wæron þe him þæt land uncuðre wæs þonne hit Somnitum wære, and on ungewis on an nirewett beforan, oð hy Somnite utan beforan, þæt hy siððan oþer sceoldon, oþþe for metelieste heora lif aleton, oþþe Somnitum on hand gan.

2   On þam anwealde wæron Somnite swa bealde þæt se æþeling þe heora ladteow wæs, Pontius wæs haten, het ahxian þone cyning his fæder, þe þær æt ham wæs, hwæþer him leofre wære, þe he hy ealle acwealde, þe hy libbende to bismre gerenian hete. Hy þa se æþeling to þam bismre getawade þe þa on þam dagum mæst wæs, þæt he hy bereafode heora claða and heora wæpna, and vi hund gisla on his geweald underfeng, on þæt gerad þæt hy him siðþan ece þeowas wæron. And se æþeling bebead sumum his folce þæt hy gebrohton Romana consulas on heora agnum landum and him beforan drifan swa swa niedlingas, þæt heora bismer þy mare wære.

3   Geornor we woldon, cweð Orosius, iowra Romana bismora beon forsugiende þonne secgende, þær we for eowre agenre gnornunge moste, þe ge wiþ þam cristendome habbað. Hwæt, ge witan þæt ge gyt todæge wæron Somnitum þeowe, gif ge him ne lugon eowra wedd and eowre aþas þe ge him seoldon. And ge murcniað nu forþam þe monega folc þe ge anweald ofer hæfdon, noldon eow gelæstan þæt hy eow beheton, and nellað geþencean hu lað eow sylfum wæs to læstanne eowre aðas þam þe ofer eow anweald hæfdon.

4   Sona þæs on þam æfteran geare forbræcon Romane heora aþas þe hy Somnitum geseald hæfdon, and mid Papiria heora consule hy mid firde gesohton, and þær deadlicne sige geforan, forþam þe ægðer þæra folca wæs þæs gefeohtes

place called the Caudine Forks. There the Romans were outwitted primarily because the land was less familiar to them than to the Samnites, and in ignorance they advanced into a narrow place and were surrounded by the enemy, so that they had to do one of two things, either perish from hunger or submit to the Samnites.

In their position of superiority the Samnites were so confident that the prince who was their general, Pontius, sent a message to the king his father, who was back home, asking whether he would prefer him to kill them all or keep them alive in disgrace. The prince then imposed the biggest disgrace there was in those days, by taking away their clothes and weapons, and took six hundred hostages into his possession, on condition that they would be his slaves for ever and ever. He told some of his men to take the Roman consuls back to their own lands and drive them in front of them as captives, to make their disgrace all the more evident.

I would prefer to say nothing about the humiliation of you Romans rather than report it, said Orosius, if it were not for your groaning about Christianity. You know that you would be slaves of the Samnites still today if you had not broken your pledges and your oaths that you gave them. But you complain now because many of the people that you had power over would not do for you what they promised you, and you forget how hateful it was for yourselves to fulfill your oaths to those who had power over you.

Immediately after that, in the next year, the Romans broke the oaths that they had given to the Samnites and advanced against them with an army under their consul Papirius, and achieved a lethal victory. Each side was eager for

georn, Somnite for þam anwealde þe hy on ægðre healfe
hæfdon, and Romane for þam bismere þe hy ær æt him ge-
foran, oð Romane gefengon Somnita cyning and heora
fæsten abræcon, and hy to gafolgyldum gedydon. Se ilca Pa-
pirus wæs æfter þam gefeohte mid Romanum swylces
domes beled þæt hy hine to þon gecoren hæfdon þæt he mid
gefeohte mihte þam maran Alexandre wiðstandan, gif he
eastane of Asiam Italiam gesohte, swa he gecweden hæfde.

Chapter 9

Æfter þam þe Romeburh getimbred wæs IIII hund win-
trum and XXVI, feng Alexander to Mæcedonia rice æfter
Philippuse his fæder. And his æresta þegnscipe on þon ge-
cydde, þa he ealle Crecas mid his snyttro on his geweald ge-
niedde, ealle þa þe wið hyne gewinn up ahofon. Þæt wearð
ærest from Persum, þa hy sealdon Demostanase þam philo-
sophe licgende feoh wið þam þe he gelærde ealle Crecas þæt
hy Alexandre wiðsocon. Athene budon gefeoht Alexandre,
ac he hy sona forsloh and geflymde, þæt hy syððan
ungemetlicne ege fram him hæfdon. And Thebana fæsten
abræc and mid ealle towearp, þæt ær wæs ealra Creca hea-
fodstol, and siððan eall þæt folc on ellþeode him wið feo ge-
sealde. And ealle þa oðre þeoda þe on Crecum wæron he to
gafolgyldum gedyde, buton Mæcedoniam, þe him est to ge-
cyrdon. And þanon wæs farende an Ilirice and on Thracii,
and hy ealle to him gebigde.

2   And siððan he gaderade fyrde wið Perse, and þa hwile þe

battle, the Samnites because of the control that they had had over both sides, the Romans because of the humiliation that they had suffered at their hands, until the Romans captured the Samnite king and took their stronghold, forcing them to become tributaries. After the battle the Romans bestowed such fame on this Papirius that they chose him to resist Alexander the Great if he made for Italy from Asia in the east, as he had announced.

Chapter 9

Four hundred and twenty-six years after Rome was built, Alexander succeeded to the kingdom of Macedonia after his father Philip. He showed his warrior skills at once, when by his cunning he compelled all the Greeks who waged war against him to submit to him. That began with the Persians, who gave the philosopher Demosthenes money to persuade all the Greeks to reject Alexander. The Athenians declared war on Alexander, but he immediately killed and routed them, so they afterward were terrified of him. He captured the Theban stronghold, which had been the capital of all the Greeks, and destroyed it, and then sold all the people to foreign lands. He forced all the other Greeks to become tributaries, apart from Macedonia, which submitted to him first. From there he went to Illyria and Thrace and subjugated them all.

Then he assembled an army against the Persians, and ²

he hy gaderode, he ofsloh ealle his magas þe he geræcean mihte. On his feðehere wæron xxxii m, and þæs gehorsedan fifte healf m, and scipa an hund and eahtatig. Nat ic, cwæð Orosius, hwæþer mare wundor wæs, þe he mid swa lytle fultume þone mæstan dæl þises middangeardes gegan mihte, þe þæt he mid swa lytlan werode swa micel anginnan dorste. On þam forman gefeohte þe Alexander gefeaht wið Darius an Persum, Darius hæfde syx hund m folces. He wearð þeh swiðor beswicen for Alexandres searewe þonne for his gefeohte. Þær wæs ungemetlic wæl geslagen Persa, and Alexandres næs na ma þonne hundtwelftig on þam rædehere and nigon on þam feða.

3   Þa afor Alexander þanon on Frigam, Asiam land, and heora burh abræc and towearp þe mon hætt Sardis. Þa sæde him mon þæt Darius hæfde eft fyrde gegaderod on Persum. Alexander him þæt þa ondred for þære nearewan stowe þe he þa on wæs, and hrædlice for þam ege þanon afor ofer Taurasan þone beorh and ungelyfedlicne micelne weg on þam dæge gefor, oð he com to Tharsum þære byrig on Cilicium þam lande. On þam dæge he gemette ane ea, seo hæfde ungemetlicne ceald wæter, seo wæs Ciðnus haten. Þa ongan he hyne baðian þæron swa swatigne, þa for þam cyle him gescruncan ealle ædra, þæt him mon þæs lifes ne wende. Raðe æfter þam com Darius mid fyrde to Alexandre. He hæfde iii hund þusenda feþena and an hund m gehorsedra.

4   Alexander wæs þa him swiðe ondrædende for þære miclan mænige and for þære lytlan þe he sylf hæfde, þeh þe he ær mid þære ilcan Darius maran ofercome. Ðæt gefeoht wæs gedon mid micelre geornfullnesse of þam folcum bam, and þær wæran þa cyningas begen gewundod. Þær wæs Persa x m ofslagen gehorsedra, and eahtatig m feðena, and

while he was gathering it, he killed all the kinsmen that he could get hold of. In his infantry there were thirty-two thousand men, and four thousand five hundred horsemen, and one hundred and eighty ships. I don't know which is more remarkable, said Orosius, that he was able to conquer most of the world with so small an army, or that he dared to attempt so much with so small an army. In the first battle that Alexander fought against Darius in Persia, Darius had six hundred thousand men, but he was defeated more by Alexander's trickery than by his military power. A huge number of Persians were killed, and on Alexander's side no more than one hundred and twenty in the cavalry and nine in the infantry.

Then Alexander advanced on Phrygia in Asia, and captured and destroyed their city called Sardis. Then he was told that Darius had gathered an army again in Persia. Alexander was afraid of that because of the constricted place he was in, and because of that anxiety he rapidly marched over the Taurus Mountain, traveling an incredible distance in a day, until he came to the city of Tarsus in Cilicia. On that day he found a river called the Cydnus, which had extremely cold water. Being very sweaty he began to bathe in it, but because of the chill all his veins shriveled up, so that his life was despaired of. Soon after that Darius with his army approached Alexander. He had three hundred thousand foot soldiers and one hundred thousand cavalry.

Alexander was very alarmed because of their great numbers and the small size of his own army, even though he had previously defeated a larger army of Darius with the same force. The battle was fought with great eagerness on both sides, and both the kings were wounded. Ten thousand of the Persian horsemen were killed, and eighty thousand of

eahtatig M gefangenra, and þær wæs ungemetlice licgende feoh fundon on þam wicstowun. Ðær wæs Darius modor gefangen, and his wif, seo wæs his sweoster, and his II dohtra. Ða bead Darius healf his rice Alexandre wið þam wifmannum, ac him nolde Alexander þæs getiþian.

5   Darius þa gyt þriddan siðe gegaderade fyrde of Persum and eac of oðrum landum þone fultum þe he him to aspanan mihte, and wið Alexandres for. Þa hwile þe Darius fyrde gaderade þa hwile sende Alexander Parmenionem his ladteow þæt he Darius sciphere aflymde. And he sylf for in Sirium, and hy him ongean comon and his mid eaðmodnessan onfengan, and he þeah naþelæs heora land oferhergade, and þæt folc sum þær sittan let, sum þanon adræfde, sume on ellþeode him wið feo gesealde. And Tirus þa ealdan burh and þa welegan he besæt, tobræc, and mid ealle towearp, forþon hy him lustlice onfon noldon. And siððan for on Cilicium and þæt folc to him genydde, and siððan on Roðum þæt igland and þæt folc to him genydde.

6   And æfter þam he for on Egypti and hy to him genydde, and þær he het þa burh atimbrian þe mon siððan be him het Alexandria. And siððan he for to þam hearge þe Egypti sædon þæt he wære Amones heora godes, se wæs Iobeses sunu heora oðres godes, to þon þæt he wolde beladian his modor Nectanebuses þæs drys, þe mon sæde þæt heo hy wið forlæge and þæt he Alexandres fæder wære. Þa bebead Alexander þam hæþenan bisceope þæt he becrupe on þæs Amones anlicnesse þe inne on þam hearge wæs, ær þam þe he and þæt folc hy ðær gaderade, and sæde hu he him an his gewill beforan þam folce andwyrdan sceolde þæs he hyne acsade.

the foot soldiers, and eighty thousand captured, and there was immense treasure found in the camps. Darius's mother was captured there, along with his wife, who was also his sister, and his two daughters. Then Darius offered Alexander half his kingdom in exchange for the women but Alexander would not agree.

Then for a third time Darius assembled an army from 5
Persia and also support from other countries that he was able to win to his side, and advanced against Alexander. While Darius was gathering an army Alexander sent his general Parmenion to attack Darius's fleet. He himself advanced to Syria. The Syrians came to meet him and welcomed him humbly, but he nevertheless ravaged their lands. He allowed some of the people to remain there, but others he expelled, and others he sold to foreign lands. Having besieged and captured the ancient and wealthy city of Tyre, he destroyed it totally, because they wouldn't willingly accept him. Then he went to Cilicia and subjugated the people, and then to the island of Rhodes and subjugated those people.

After that he went to Egypt and subjugated them, and or- 6
dered the building of a city there which was afterward called Alexandria after him. Next he went to the temple that the Egyptians said belonged to their god Ammon, who was the son of Jove, another of their gods, because he wanted to clear his mother of the accusation concerning the sorcerer Nectanebus, who was said to have had sex with her and to be Alexander's father. Alexander ordered the heathen priest to creep inside the statue of Ammon that was in the temple, before he himself and the people had assembled there, and told him how he should reply to what Alexander asked him, in accordance with Alexander's wishes, in the presence of

Genoh sweotolice us gedyde nu to witanne Alexander
hwylce þa hæþenan godas sindon to weorþianne: þæt hit
swiðor is of þæra bisceopa gehlote and of heora agenre
gewyrde þæt þæt hy secgeað þonne of þæra goda mihte.

7   Of þære stowe for Alexander þriddan siðe ongen Darius,
and hy æt Þarse þære byrig hy gemettan. On þam gefeohte
wæron Perse swa swiðe forslagen þæt hy heora miclan an-
wealdes and longsumon hy sylfe siððan wið Alexander to
nahte bemætan. Þa Darius geseah þæt he oferwunnen beon
wolde, þa wolde he hine sylfne on þam gefeohte forspillan,
ac hine his þegnas ofer his willan fram atugon, þæt he siþþan
wæs fleonde mid þære fyrde. And Alexander wæs XXXIII
daga on þære stowe, ær he þa wicstowa and þæt wæl bereaf-
ian mihte. And siððan foran Perse and geeode Persipulis þa
burh heora cynestol, seo is gyt welegast ealra burga. Ða sæde
mon Alexandre þæt Darius hæfdon gebunden his agene
magas mid gyldenre racentan. Ða for he wið his mid syx M
monna and funde hine anne be wege licgean, mid sperum
tosticod, healfcucne.

8   He þa Alexander him anum deadum lytle mildheortnesse
gedyde, þæt he hine het bebyrigean on his yldrena byrig, þe
he siððan nanum ende his cynne gedon nolde, ne his wife ne
his meder ne his bearnum ne þæt ealra læst wæs, his gingran
dohtor, he nolde buton hæftnyde habban, seo wæs lytel cild.
Uneaðe mæg mon to geleafsuman gesecgan swa mænigfeald
yfel swa on þam þrim gearum gewurdon, on þrim folcge-
feohtum, betweox twam cyningum. Þæt wæron fiftyne hund
þusend manna þæt binnan þam forwurdon, and of þam ilcan
folcum forwurdon lytle ær, swa hit her beforan segð, nigon-
tyne hund þusend manna, butan miclan hergungum, þe

the people. Alexander showed us clearly enough what those heathen gods are as objects of worship: that what they say derives from the voice of the priests and from their devising rather than the power of the gods.

From there Alexander advanced a third time against Darius, and they came together at the city of Tarsus. In that battle the Persians were so utterly crushed that they themselves considered their great and long-lasting power to be nothing in comparison with Alexander. When Darius saw that he was going to be defeated, he wanted to kill himself in the battle, but his officers dragged him away against his will, and he then fled with the army. Alexander spent thirty-three days at the battlefield collecting all the plunder from the camps and the dead. Next he went to Persia and captured the city of Persepolis, their royal seat, which is still the wealthiest of all cities. Then Alexander was told that Darius's own kinsmen had made him captive and bound him with golden chains. So he advanced toward him with six thousand men and found Darius lying by the roadside on his own, pierced with spears and half dead.

Alexander showed a little mercy just to him, once he was dead, ordering him to be buried in the city of his ancestors, but he wouldn't show mercy subsequently to any of his kindred, not his wife or his mother or his children, and even the smallest of them, his young daughter, he insisted on keeping in captivity, though she was a little child. It is hard to report with any credibility the immense destruction which occurred in those three years, in the three big battles between the two kings. Some one and a half million men perished in them, and from those same peoples one million nine hundred thousand had been killed a little earlier, as I have recorded above, quite apart from the extensive ravaging which

binnan þam þrim gearum gewurdon on monigre þeode. Þæt
is þæt Asirie eall seo þeod awest wearð fram Alexandre, and
monega byrig on Asiam, and Tirus seo mære burh eal
toweorpenu, and Cilicia þæt land eall awest, and Capadotia
þæt land and ealle Egypti on þeowote gebroht, and Roðum
þæt igland mid ealle awest, and monig oþre land ymbe Tau-
ros þa muntas.

9   Nalæs þæt an þæt heora twegra gewinn þa wære on þam
estende þises middangeardes, ac onemn þam Agiðis Spar-
tana cyning, and Antipater, oþer Creca cyning, wunnon him
betweonum. And Alexsander, Epiria cyning, þæs miclan
Alexandres eam, se wilnode þæs westdæles swa se oþer
dyde þæs eastdæles, and fyrde gelædde in Italiam and þær
hrædlice ofslagen wearð. And on þære ilcan tide Zoffirion,
Ponto cyning, in Sciþþie mid fyrde gefor, and he and his folc
mid ealle þær forwearð. Alexander æfter Darius deaþe ge-
wann ealle Mandos, and ealle Ircaniam, and on ðære hwile
þe he þær winnende wæs, frefelice hine gesohte Minotheo
seo Sciððisce cwen, mid þrym hunde wifmanna, to þon þæt
hy woldan wið Alexander and wið his mærestan cempan
bearna strynan.

10   Æfter þam wann Alexander wið Parthim þam folce and
he hy neah ealle ofsloh and fordyde, ær he hy gewinnan
mihte. And æfter þam he gewonn Drancas þæt folc, and
Euergetas, and Paramomenas, and Assapias, and monega
oðra þeoda þe gesetene sint ymbe þa muntas Caucasus, and
þær het ane burh atimbrian, þe mon siððan het Alexandria.
Næs his scinlac ne his hergung on þa fremdan ane, ac he
gelice sloh and hynde þa þe him on siml wæron mid farende
and winnende. Æst he ofsloh Amintas his modrian sunu
and siððan his broðor and þa Parmenion his þegn, and þa

took place during those three years among many peoples. All of Assyria was laid waste by Alexander, and many cities in Asia, and the famous city of Tyre was overthrown, and Cilicia was laid to waste, and Cappadocia and all of Egypt were subjugated, and the island of Rhodes utterly devastated, and many other lands around the Taurus Mountains.

Not only was there the war between those two in the eastern part of this world, but while that was going on Hagis the king of Sparta and Antipater, another Greek king, were fighting each other. And Alexander the king of Epirus, uncle of Alexander the Great, who lusted after the western part of the world as the other one did for the eastern, led an army into Italy and was quickly killed there. At the same time Zopyrion, the king of Pontus, invaded Scythia with an army, and he and his forces all perished there. After the death of Darius Alexander conquered the Mandi and the whole of Hyrcania, and while he was campaigning there, Monothea the Scythian queen craftily visited him with three hundred women with a view to conceiving children with Alexander and his most celebrated soldiers. 9

After that Alexander fought against the Parthians and killed and destroyed nearly all of them before he could overcome them. After that he subdued the Drangae, the Evergetae, the Parimae, the Adaspii, and many other peoples who were settled around the Caucasus Mountains, and ordered the building of a city, which was afterward called Alexandria. His devilry and his harrying were directed not just against strangers, but he similarly attacked and crushed those who were regularly marching and fighting alongside him. First he killed Amyntas his cousin, then his brother, then his general 10

Filiotes, and þa Catulusan, þa Eurilohus, þa Pausanias, and
monege oðre þe of Mæcedoniam ricoste wæron, and Clitus,
se wæs ægðer ge his þegn ge ær Philippuses his fæder. Þa hy
sume siþe druncne æt heora symble sæton, þa ongunnon hy
treahtigean hwæþer ma mærlicra dæda gefremed hæfde, þe
Philippus þe Alexander. Ða sæde se Clitus for ealdre hylde
þæt Philippus ma hæfde gedon þonne he, he þa Alexander
ahleop and hine for þære sægene ofsloh.

11   He Alexander toecan þam þe he hynende wæs ægðer ge
his agen folc ge oðera cyninga, he wæs sinþyrstende mannes
blodes. Raðe æfter þam he for mid fyrde on Chorasmas and
on Dacos, and him to gafolgyldum hy genydde. Chalisten
þone filosofum he ofsloh, his emnsceolere ðe hy ætgædere
gelærede wæron æt Aristotolese heora magistre, and
monega menn mid him, forþon hy noldan to him gebiddan
swa to heora gode. Æfter þam he for on Indie, to þon þæt
his rice gebrædde oð þone eastgarsecg. On þam siðe he
geeode Nisan, India heafodburh, and ealle þa beorgas þe
mon Dedolas hætt, and eall þæt rice Cleoffiles þære cwene,
and hy to geligre genydde and forþam hire rice eft ageaf.

12   Æfter þam þe Alexander hæfde ealle Indie him to gewyl-
don gedon, buton anre byrig seo wæs ungemetan fæste mid
cludum ymbweaxen, ða geahsode he þæt Ercol se ent þær
wæs to gefaren on ærdagum, to þon þæt he hy abrecan
þohte, ac he hit forþam ne angann þe þær wæs eorðbeofung
on þære tide. He þa Alexander hit swiðost forþam ongann
þe he wolde þæt his mærða wæren maran þonne Ercoles,
þeh þe he hy mid micle forlore þæs folces begeate. Æfter
þam Alexander hæfde gefeoht wið Porose þam strengstan

Parmenion, then Philotas, Attalus, Eurylochus, Pausanias, and many others who were among the leading men in Macedonia, and Clitus, who was both his officer and the officer of his father Philip. When they were sitting at their feast on one occasion, having been drinking, they began to discuss who had done more celebrated deeds, Philip or Alexander. When Clitus out of his old loyalty said that Philip had done more than he had, Alexander jumped up and killed him for saying that.

As well as oppressing both his own people and those of other kings, Alexander was continually thirsting for human blood. Straight after that he advanced with an army against the Chorasmae and the Dahae, and made them subject to him. He killed the philosopher Callisthenes, his fellow pupil when they were taught together by their master Aristotle, and many others with him, because they wouldn't pray to him as their god. After that he went to India, so as to extend his empire to the eastern ocean. On that expedition he captured Nyssa, the capital of India, and overran all the Daedalian Mountains, and all the kingdom of Queen Cleophyle, and forced her to have sex with him and for that gave her back her kingdom.

After Alexander had brought the whole of India under his control, apart from one city that was extremely well protected and surrounded with cliffs, he learned that the giant Hercules had gone there in earlier times intending to take it, but he didn't attempt it because of an earthquake at that time. Then Alexander attempted it primarily because he wanted his fame to be greater than that of Hercules, even though he only got it after heavy losses in his army. After that Alexander fought a battle against Porus, the strongest

Indea cyninge. On þam gefeohte wæron þa mæstan blodgytas on ægðre healfe þæra folca. On þam gefeohte Poros and Alexander gefuhton anwig on horsum. Þa ofsloh Poros Alexandres hors, þe Bucefall wæs haten, and hine sylfne mihte, þær him his þegnas to fultume ne comon. And he hæfde Poros monegum wundum gewundodne and hine eac gewildne gedyde siððan his þegnas him to comon, and him eft his rice to forlet for his þegnscipe, þy he swa swiðe wæs feohtende angean hine. And he Alexander him het siððan twa byrig atimbrian: oþer wæs hatenu be his horse Bucefal, oþer Nicea.

13 Siððan he for on Ræstan þa leode, and on Cathenas and on Presidas and on Gangeridas, and wið hy ealle gefeaht and oferwonn. Þa he com on India eastgemæra, þa com him þær ongean twa hund þusenda gehorsades folces, and hy Alexander uneaðe oferwonn ægðer ge for þære sumorhæte ge eac for þam oftrædlican gefeohtum. Siððan æfter þam he wolde habban maran wicstowa þonne his gewuna ær wære, forþon he him siððan æfter þam gefeohte swiðor ansæt þonne he ær dyde. Æfter þam he for ut on garsecg of þam muðan, þe seo ea wæs hatenu Eginense, on an igland, þær Siuos þæt folc and Iersomas on eardodan, and hy Ercol þær ær gebrohte and gesette, he him þa to gewildum gedyde. Æfter þam he for to þam iglande þe mon þæt folc Mandras hæt and Subagros. And hy him brohtan angean ehta hund M feþena and LX M gehorsades folces, and hy lange wæron þæt dreogende ær heora aþer mihte on oþrum sige geræcan, ær Alexander late unweorðlicne sige geræhte.

14 Æfter þam he gefor to anum fæstene. Þa he þær to com þa ne mihton hy nænne mann on þam fæstene utan geseon. Ða wundrade Alexander hwi hit swa æmenne wære and

king in India. In that battle there was immense bloodshed in the armies of both sides. Porus and Alexander fought in single combat on horseback in that battle. Porus killed Alexander's horse, Bucephalus, and could have killed Alexander himself if his soldiers hadn't come to his aid. He wounded Porus in many places and captured him after his soldiers joined him, but gave his kingdom back to him because of his warrior qualities in fighting so strongly against him. Alexander ordered two cities to be built for himself afterward: one was called Bucephala after his horse and the other Nicaea.

Next he marched against the Adrestae, the Cattheni, the 13 Praesidae and the Gangaridae, and fought against them all and defeated them. When he reached the eastern borders of India, two hundred thousand horsemen confronted him, and Alexander defeated them with difficulty, because of the heat of the summer and the frequent battles. After that he wanted to have bigger camps than he usually did, because after that battle he stayed in them more than he did before. Next he went out into the ocean from the mouth of the river Agesis, to an island where the Sibi and Gesonae lived, whom Hercules had previously brought there and settled, and Alexander made them subject to him. After that he went to an island inhabited by the Mandri and Subagri. They came to meet him with eight hundred thousand foot soldiers and sixty thousand horsemen, and the two sides fought for a long time before either could attain victory, until eventually Alexander won a victory without honor.

Then he went to a fortress, and when he got there they 14 couldn't see anyone in the fortress from outside. Alexander wondered why it was so empty and immediately climbed

hrædlice þone weall self oferclomm, and he þær wearð fram
þam burhwarum inn abroden. And hy his siððan wæron swa
swiðe ehtende swa hit is ungeliefedlic to secgenne, ge mid
gesceotum ge mid stana torfungum, ge mid eallum heora
wigcræftum, þæt swaþeah ealle þa burhware ne mihton hine
ænne genydan þæt he him on hand gan wolde. Ac þa him
þæt folc swiðost onþrang, þa gestop he to anes wealles byge
and hine þær awerede, and swa eall þæt folc wearð mid him
anum agæled þæt hy þæs wealles nane gyman ne dydan, oð
Alexandres þegnas toemnes him þone weall abræcan and
þær inn comon.

15   Ðær wearð Alexander þurhscoten mid anre flan under-
neoþan þæt oðer breost. Nyte we nu hwæþer sy swiþor to
wundrianne, þe þæt hu he ana wið ealle þa burhware hine
awerede, þe eft þa him fultum com, hu he þurh þæt folc
geþrang þæt he þone ilcan ofsloh þe hine ær þurhsceat, þe
eft þæra þegna angin þa hy untweogendlice wendon þæt
heora hlaford wære on heora feonda gewealde, oððe cuca
oððe dead, þæt hy swaþeah noldan þæs weallgebreces geswi-
can, þæt hy heora hlaford ne gewræcon, þeh þe hy hine
meðigne on cneowu sittende metten. Siððan he þa burh
hæfde him to gewyldum gedon, þa for he to oðre byrig, þær
Ambira se cyning on wunade. Þær forwearð micel Alexan-
dres heres for ætredum gescotum, ac Alexandre wearð on
þære ilcan niht on swefne an wyrt oðywed. Þa nam he þa on
mergen and sealde hy þam gewundedum drincan, and hy
wurdon mid þam gehæled, and siððan þa burh gewann.

16   And he siððan hwearf hamweard to Babylonia. Þær
wæron ærendracan on anbide of ealre weorolde: þæt wæs
from Spaneum and of Affrica and of Gallium and of ealre
Italia. Swa egefull wæs Alexander þa þa he wæs on Indeum,

over the wall himself, and was pulled in by the inhabitants. They attacked with incredible force, shooting at him and throwing stones, using all their military skills, yet all the inhabitants of the city were unable to force him to submit to them. When the people pressed on him hardest, he moved to an angle of the wall and defended himself there, and all the people were so focused on him alone that they paid no attention to the wall, until Alexander's men broke through the wall near him and got inside.

Alexander was shot under the breast by an arrow there. 15 I don't know which is more remarkable, that he alone defended himself against all the people in the fortress, or that when help reached him he thrust through the crowd and killed the one who had shot him before, or the commitment of the soldiers when they were certain that their lord was in the control of their enemies, either alive or dead, but refused to give up the assault on the wall to avenge their leader, though in fact they found him resting on his knee and exhausted. After he had taken possession of that city, he went to another one, where the king Ambira resided. Much of Alexander's army perished there because of poisoned missiles, but that same night in a dream Alexander was shown a herb. In the morning he took it and gave it to the wounded men to drink and they were cured, Afterward he captured the city.

Then Alexander turned homeward to Babylon. Emissar- 16 ies were awaiting him there from the whole world: from Spain, Africa, Gaul and the whole of Italy. Alexander caused so much fear when he was in India, in the eastern part of the

on easteweardum þisum middanearde, þæt þa fram him adredan þa wæron on westeweardum. Eac him comon ærendracan ge of monegum þeodum, þe nan mann Alexandres geferscipes ne wende þæt mon his namon wiste, and him friðes to him wilnedon. Ðagit þa Alexander ham com to Babylonia, þagit wæs on him se mæsta þurst mannes blodes, ac þa þa his geferan ongeatan þæt he þæs gewinnes þagit geswican nolde, ac he sæde þæt he on Affrica faran wolde, þa geleornedon his byrelas him betweonum hu hy him mihton þæt lif oðþringan, and him gesealdan attor drincan, þa forlet he his lif.

17   Eale, cwæð Orosius, on hu micelre dysignesse menn nu sindon on þyson cristendome. Swa þeah þe him lytles hwæt uneþe sy, hu earfoðlice hy hit gemænað. Oþer þara is, oððe hy hit nyton oððe hy hit witan nyllað an hwelcan brocum þa lifdon þe ær him wæran. Hu wenað hy hu þam wære þe on Alexandres walde wæran, þa him þa swa swiðe hine andredan þe on westeweardum þises middangeardes wæran þæt hy on swa micle neþinge and on swa micel ungewis, ægðer ge on sæs fyrhto ge on westennum wildeora and wyrmcynna missenlicra ge on þeoda gereordum, þæt hy hine æfter friðe sohton on easteweardum þysan middangearde? Ac we witan georne þæt hy nu ma for yrhþe naþer ne durran ne swa feor frið gesecean ne furþon hy selfe æt heora cotum hy werian þonne hy mon æt ham secð. Ac þæt hy magon þæt hy þas tida leahtrien.

world, that those who lived in the west were terrified of him. Emissaries also came to him from many countries, where no one in Alexander's entourage thought his name was known, and asked to make peace with him. When Alexander came home to Babylon he still had a great thirst for human blood, but when his companions realized that he still didn't want to quit fighting, and he himself said that he wanted to go to Africa, the cupbearers discussed among themselves how they could put an end to his life. They gave him poison to drink and he gave up his life.

What folly people fall into in this Christian world, said 17 Orosius. If some little difficulty hits them, with what fuss they complain about it. Either they don't know or they don't want to know the hardships that were experienced by people who lived before them. What do you think it was like for those who lived under Alexander's power, when those who lived in the western part of this world feared him so much they went to such risks and into such unknown territory, what with the terrors of the sea, of wild beasts and of various serpents in the deserts, and the languages of different countries, to reach him in the eastern part of the world to sue for peace? But I know well that people now are so cowardly that they do not dare to seek peace so far away or even to defend themselves in their own houses when they are approached at home. But they can still criticize these times.

Chapter 10

Æfter þam þe Romeburh getimbred wæs IIII hunde
wintra and L, under þam twam consulum þe oþer wæs haten
Favius, and oðran namon Maximus, and under þam þe Cwin-
tus wæs haten, and oðran namon Decius, on heora feorþan
consulatu, on Italium feower þa strengstan þeoda hy him
betweonum gespræcan—þæt wæran Umbri and Þrysci and
Somnite and Gallie—þæt hy woldon on Romane winnan.
And hy him þæt swiðe ondredan hu hy wið him eallum en-
demes mihte, and georne siredon hu hy hi totwæman mih-
ton, and gewealdenne here on Þrysci and on Umbre sendon
an hergunge and þæt folc to amyrranne. Þa hy þæt geacse-
dan þa wendan hy him hamweard to þon þæt hy heora land
beweredan, and Romane þa hwile mid heora maran fultume
þe hy æt ham hæfdon foran ongean Somnite, and ongean
Gallie.

2   Ðær on þam gefeohte wæs Cwintus se consul ofslagen,
and Favius se oþer consul æfter þæs oþres fylle sige hæfde.
Þær wearð Somnita and Gallia feowertig M ofslagen, and
seofon M Romana on þam dæle þe Decius on ofslagen wæs.
Þonne sæde Libius þæt Somnita and Gallia wære oþer healf
hund M ofslagen þæra feþena and seofon M gehorsedra. Eac
ic hyrde to soðum secgan, cwæð Orosius, þæt hit na nære on
þam dagum mid Romanum buton gewinne, oððe wið oðra
folc oþþe on him selfum, mid monigfealdum wolum and
manncwealmum, swa swa hit þa wæs. Þa Favius se consul of
þam gefeohte hamweard for, þa dyde mon þone triumphan
him beforan, þe heora gewuna wæs þonne hy sige hæfdon,
ac se gefea wearð swiðe raðe on heora mode to gedræfed-
nesse gecirred ða hy gesawan þa deadan men swa þiclice to

Chapter 10

Four hundred and fifty years after Rome was built, under the two consuls Fabius Maximus and Quintus Decius, in their fourth consulship, the four strongest peoples in Italy—the Umbrians, the Etruscans, the Samnites and the Gauls—agreed that they would make war on the Romans. The Romans were very worried about how they could deal with them all at once, and devised a careful plan to separate them. So they sent a limited force to ravage the lands of the Etruscans and Umbrians and cause trouble among those people. On discovering this they turned homeward to defend their country, and the Romans meanwhile advanced against the Samnites and Gauls with the larger force that they had at home.

The consul Quintus was killed in that battle and the other consul, Fabius, won a victory after the other's death. Forty thousand of the Samnites and Gauls were killed, and seven thousand Romans perished in the division where Decius was killed. Livy reported that among the Samnites and Gauls one hundred and fifty thousand foot soldiers were killed and seven thousand horsemen. I have heard it reported, said Orosius, and correctly so, that in those times the Romans were never free of war, either against other peoples or among themselves, along with various diseases and plagues, as was the case then. When Fabius the consul went home from that battle, people arranged a triumph for him, as their custom was when they had a victory, but their joy was very soon turned to distress when they saw the bodies of so many who were at home carried to their graves,

eorþan beran þe þær ær æt ham wæran, forþon þe þær wæs
se micla manncwealm on þære tide. And þæs ymb an gear
Somnite gefuhton wið Romanam and hy geflymdon and hy
bedrifan into Romebyrig.

3   And hrædlice æfter þam Somnite awendan on oðre wisan
ægþer ge heora sceorp, ge eall heora wæpn ofersylefredan,
to tacne þæt hy oþer woldan oððe ealle libban oððe ealle
licgean. On þam dagum gecuron Romane Papirius him to
consule, and raðe þæs fyrde gelæddan ongean Somnitum,
þeh þe heora bisceopas fram heora godum sædon þæt hy
þæt gefeoht forbude. Ac he Papirius þa bisceopas for þære
segene swiðe bismrede and þæt færeld swa þeah gefor, and
swa weorðlicne sige hæfde swa he ær unweorðlice þara goda
bisceopan oferhirde. Þær wearð Somnita twelf M ofslagen
and IIII M gefangen. And raðe æfter þam mærlican sige hy
wurdon eft geunrett mid manncwealme, and se wæs swa
ungemetlic and swa langsum þæt hy þa æt nihstan witende
mid deofolcræftum sohton hu hy hit gestillan mihtan, and
gefetton Escolafius þone scinlacan mid þære ungemetlican
nædran þe mon Epiðaurus het, and onlicost dydon swylce
him næfre ær þam gelic yfel on ne become ne æfter þam eft
ne become.

4   Þy æfterran geare þæs þe Favius heora consul, þe oðrum
namon wæs haten Gurius, gefeaht wið Somnitum, and hean-
lice hamweard oðfleah. Þa woldan senatus hine aweorpan
forþon he þæt folc on fleame gebrohte. Þa bæd his fæder,
wæs eac Favius haten, þæt þa senatum forgeafon þam suna
þone gylt and þæt hy bidan þæt he moste mid þam suna æt
oþran cirre wið Somnitum mid heora ealra fultume, and hy
him þæs getyðedon. Þa bebead se fæder þam consule þæt he
mid his firde ongean fore, and he beæftan gebad mid sumum

because a great plague was raging at that time. A year after
that the Samnites fought against the Romans and put them
to flight, driving them back into the city of Rome.

Soon after this the Samnites changed their clothing to a 3
different form, and covered all their weapons with silver, as
a sign that they would either all live or all die. At that time
the Romans chose Papirius as consul, and immediately after
that he led an army against the Samnites, even though their
priests announced that the gods had forbidden that battle.
Papirius mocked the priests for that announcement and em-
barked on his expedition despite them, and won an honor-
able victory, having shown no honor to the priests of the
gods. Twelve thousand of the Samnites were killed and four
thousand captured. Soon after that famous victory the Ro-
mans were again grieved by plague. It was so intense and
long-lasting that in the end they deliberately turned to sor-
cery to try to stop it, and fetched Aesculapius the magician
with the enormous snake called Epidaurus, behaving as if
such affliction had never happened to them before nor
would happen again.

The following year their consul Fabius Gurges fought 4
against the Samnites and fled home ignominiously. The sen-
ate wanted to remove him from office because he caused the
army to flee. Then his father, who was also called Fabius,
asked the senate to forgive his son for that failure and wait
until he with his son might be allowed to engage the Sam-
nites a second time with all their forces, and they agreed to
that. Then the father ordered the consul to advance again
with his army, and he remained behind with some of the

þam fultume. Þa he geseah þæt Pontius, Somnita cyning, hæfde þone consul his sunu besired, and mid his folce utan befangen, he him þa to fultume com and hine swiðe geanmette, and Pontius Somnita cyning gefengon. Þær wearð Somnita xx m ofslagen and iiii m gefangen mið þam cyninge. Þær wearð Romana gewinn and Somnita geendod forþon þe hy heora cyning gefengon, þæt hy ær dreogende wæron lviiii wintra. Ðæs on oðrum geare Curius se consul mid Romanum gefeaht wið Sabinan, and heora ungemet ofsloh, and sige hæfde. Be þon mon mihte witan þa þa consulas hy atellan ne mihtan.

Chapter 11

Æfter þam þe Romeburh getimbred wæs iiii hund wintrum and lxiii, þa þa Dolabella and Domitius wæron consulas on Rome, þa Lucani and Bruti and Somnite and Gallie of Senno angunnon wið Romanum winnan. Ða sendon Romane ærendracan to Gallium ymbe frið, þa ofslogon hy þa ærendracan. Þa sendon hy eft Cecilium heora pretorium mid firde þær Gallie and Bryti ætgædere wæron, and he þær wearð ofslagen and þæt folc mid him, þæt wæs xviii m. Swa oft Galli wið Romanum wunnon swa wurdon Romana gecnysede. Forþon ge Romane, cwæð Orosius, þonne ge ymb þæt an gefeoht ealneg ceoriað þe eow Gotan gedydon, hwy nellað ge geþencan þa monegan ærran þe eow Gallie oftrædlice bismerlice þurhtugon?

forces. When he saw that Pontius the king of the Samnites had outwitted the consul his son, and surrounded him with his army, he came to his aid and encouraged him strongly, and Pontius the king of the Samnites was captured. Twenty thousand of the Samnites were killed there and four thousand captured along with the king. There ended the war of the Romans and Samnites, which had lasted fifty-nine years, because their king was captured. In the next year the consul Curius and the Romans fought against the Sabines, killing a great number of them, and had the victory. People could tell what huge numbers were killed from the fact that the consuls couldn't count them.

Chapter 11

Four hundred and sixty-three years after Rome was built, when Dolabella and Domitius were consuls in Rome, the Lucanians, Bruttii, Samnites and Sennonian Gauls began to wage war against the Romans. The Romans sent envoys to the Gauls to discuss peace terms, but they killed the envoys. So they sent their praetor Caecilius with an army to where the Gauls and Bruttii were assembled, and he was killed there and the army with him, comprising eighteen thousand men. Whenever the Gauls attacked the Romans the Romans were crushed. So, said Orosius, when you Romans constantly complain about the one attack that the Goths made on you, why are you unwilling to recall the many attacks of the past that the Gauls repeatedly inflicted on you to your shame?

2   Ic sceal eac gemyndgian be sumum dæle þæs þe Alexan-
dres æfterfylgendas dydon on þam tidum þe þis gewearð on
Romebyrig, hu hy hi sylfe mid missenlican gefeohtum fordy-
don. Hit is, cwæð he, þam gelicost, þonne ic his geþencean
sceal, þe ic sitte on anre heahre dune and geseo þonne on
smeþum felda fela fyra byrnan. Swa ofer eall Mæcedonia
rice, þæt is ofer ealle þa maran Asiam, and ofer Europe þone
mæstan dæl, and ealle Libium, þæt hit na nes buton hete
and gewinnum. Þa þe under Alexandre fyrmest wæran, þær
þær hy æfter him rixedan, hy ðæt mid gewinnum awestan,
and þær þær hy næran hy gedydan þone mæstan ege, swylce
se biteresta smic upp astige, and þonne wide tofare.

3   Alexander XII gear þisne middangeard under him
þrysmde and egsade, and his æfterfolgeras XIIII gear hit
siþþan totugon and totæran gelicost þam þonne seo leo
bringð his hungregum hwelpum hwæt to etanne: hy þonne
gecyþað on þam æte hwylc heora mæst mæg gehrifnian. Swa
þonne dyde Pholomeus, Alexandres þegna an, þa he togæ-
dere gesweop ealle Egyptum and Arabia; and Laumenda, his
oþer þegn, se befeng ealle Asirie; and Thelenus Cilicium;
and Filotos Hiliricam; and Iecrapatas þa maran Meþian; and
Stromen þa læssan Meþian; and Perðice þa læssan Asiam;
and Susana þa maran Frigan; and Antigonus Liciam and
Pamphilian; and Narchus Cariam; and Leonontus þa læssan
Frigam; and Lisimachus Thraciam; and Eumen Capadotiam
and Paflagoniam.

4   And Seleucus hæfde ealle þa æþelestan menn Alexandres
heres, and on lengðe mid him he begeat ealle þa eastland.
And Cassander þa cempan mid Chaldeum. And on Pactrium
and on Indeum wæron þa ealdormenn þe Alexander gesette.
And þæt land betux þam twam ean Induse and Iðasfene

I must also rehearse in part what Alexander's successors 2 did during the period when this was going on in Rome, and how they destroyed themselves in various battles. When I think about it, he said, it is as if I am sitting on a high hill and seeing lots of fires burning on a level plain. Similarly, over the whole Macedonian empire, which means all of greater Asia and most of Europe and all of Libya, there was nothing but hostility and warfare. Those who were the leading men under Alexander destroyed with war the region where they ruled, and where they didn't rule they caused the utmost terror, as if an acrid smoke rose up and spread far and wide.

For twelve years Alexander oppressed and terrified this 3 world, and for fourteen years his successors ripped and shredded it like what happens when a lion brings its hungry cubs something to eat: they then show as they eat which of them is fiercest. That's what Ptolemy, one of Alexander's generals, did when he swept up all of Egypt and Arabia; and Laomedon, his other general, who took all of Assyria; and Thelenus took Cilicia; and Philotas took Illyria; and Atropatus took Greater Media; and Stromen Lesser Media; and Perdiccas took Asia Minor; and Susana took Greater Phrygia; and Antigonus took Lycia and Pamphylia; and Nearchus took Caria; and Leonatus got Lesser Phrygia; and Lysimachus got Thrace; and Eumenes got Cappadocia and Paphlagonia.

Seleucus got all the best men of Alexander's army, and 4 with them eventually acquired all of the eastern lands. Cassander got the troops based with the Chaldeans. In Bactria and India the prefects that Alexander had appointed remained. Taxiles got the land between the rivers Indus and

hæfde Itaxiles. And Ithona hæfde Calonie þa þeode on In-
deum; and Parapamenas hæfde Uxiarches æt þæs beorges
ende Caucasus; and Arachasihedros hæfde Siburtus; and
Stontos hæfde Dranceas and Areas þa þeoda; and Omintos
hæfde Atrianus; and Sicheus hæfde Sostianus þæt folc; and
Itacanor hæfde Parthos; and Philippus Ircanus; and Frata-
fernis hæfde Armenie; and Theleomommos hæfde Mæðas;
and Feucestas hæfde Babylonias; and Polausus hæfde Ar-
chos; and Archolaus Mesopotamiam.

5   Eall heora gewinn awacnedon ærest fram Alexandres
epistole, forþon þe he þæron bebead þæt mon ealle þa
wræccan on cyðþe lete þe on þam landum wæron þe he ær
sylf gehergad hæfde. Þa noldan Crecas þam bebode hiran
forþon hy ondredan þonne hy hy gegaderedon þæt hy on
him gewræcan þa teonan þe hy ær mid him geþoledan. Ge
eac wiðsocon þæt hy leng Læcedemonium hyran noldan,
þær heora heafodstol wæs. And raðe þæs Atheniense gelæd-
dan xxx m folces and twa hund scipa angean Antigone þam
cyninge, þe eall Creca rice habban sceolde, forþon þe he þæs
ærendes ærendraca wæs fram Alexandre. And gesetton him
to ladteowe Demostenon þone filosofum, and asponon him
to fultume Corinthum þa burhleode and Sihonas and Mar-
gas. And besætan Antipatrum þone cyning on anum fæs-
tene, forþon þe he wæs Antigone on fultume.

6   Þær wearð Leostenas, oðer heora ladteowa, mid anre flan
ofscoten. Þa hy fram þære byrig hamweard wæron þa
metton hy Leonantius, þe sceolde Antipatrume to fultume
cuman, and þær ofslagen wearð. Æfter þam Perðica, þe þa
læssan Asiam hæfde, ongann winnan wið Ariata Capadoca
cyninge, and hine bedraf into anum fæstene, and þa
burhware selfe hit onbærndon on feower healfa, þæt eall

Hydaspes. Python got the Calonians in India; Oxyarches got the Parapameni at the end of the Caucasus range; Sibyrtes got the Arachossians; Statanor got the Dancheans and Areans; Amyntas got the Atriani; Sicheus got the Sogdians; Itacanor got the Parthians; Philip got the Hyrcanians; Fratafernes got Armenia; Tleptolemus got the Medes; Peucestes got the Babylonians; Polausus got the Archi; and Archelaus got Mesopotamia.

Their whole conflict originated from Alexander's letter,   5
because in it he ordered that all the exiles who were from the lands that he had ravaged earlier should be allowed to return to their homelands. The Greeks refused to accept that order because they were afraid that when the exiles got together they would avenge on them the injuries that they had suffered before from them. They also refused to be subject to the Spartans, where their capital was, any longer. Straightaway the Athenians led thirty thousand men and two hundred ships against King Antigonus, who was supposed to have rule over all the Greeks, because he was the bearer of the message from Alexander. They appointed as their general the philosopher Demosthenes, and enlisted in their support the Corinthians and the people of Sicyon and Argos. They besieged King Antipater in a fortress, because he was supporting Antigonus.

Leosthenes, another of their generals, was killed by an ar-   6
row there. When they were on their way home from that city they met Leonatus, who was supposed to be coming to the aid of Antipater, and he was killed there. After that Perdiccas, who ruled Asia Minor, began to fight against Ariaratus the king of Cappadocia, and drove him back into a fortress, and the inhabitants themselves burned it on all sides,

forwearð þæt þærbinnan wæs. Æfter þam Antigones and Perþica gebeotedan þæt hy woldan him betweonum gefeohtan, and lange ymb þæt siredan hwær hy hi gemetan woldan, and monig igland awestan on þam geflite hwæþer heora mihte maran fultum him to geteon. On þam anbide Perðica for mid fyrde on Egyptum, þær Ptholomeus wæs se cyning, forþon þe him wæs gesæd þæt he wolde Antigone fylstan þam cyninge.

7   Þa gegaderade Ptholomeus micle fyrde ongean him. Þa hwile þe hy togædereweard fundedan, gefuhtan twegen cyningas Neptolomus and Umenis. and he Umenis geflymde Neptolomus, þæt he com to Antigone þam cyninge, and hine speon þæt he on Umenis unmyndlinga mid here become. Þa sende Antigones hyne sylfne and his oþerne þegn Polipercon mid miclan fultume þæt hy hine beswicedan. Þa geahsode þæt Umenis and forsætade hy þær þær hy geþoht hæfdon þæt hy hine besætedon, and hy begen ofsloh and þa oþre geflymde. Æfter þam gefeaht Perðica and Ptholomeus and þær wearð Perðica ofslagen.

8   Æfter þam wearð Mæcedonium cuð þæt Umen and Pison and Ilirgus and Alceta, Perþican broþor, woldan winnan on hy, and fundon þæt Antigones him sceolde mid fyrde ongean cuman. On þam gefeohte geflymde Antigones Umenis and hine bedraf into anum fæstenne, and hine þær besæt. Ða sende Umenis to Antipatre þam cyninge and hine fultumes bæd. Ða Antigones þæt ongeat, þa forlet he þæt setl. Ac he Umenis him wende from Antigones hamfærelde micelra untreowða, and him to fultume aspon þa þe ær wæron Alexandres cempan, þa wæran hatene Argiraspiðes, forþon þe eall heora wæpn wæran ofersylefrede. Þa on þam tweon þe hy

so that everything inside was destroyed. After that Antigonus and Perdiccas swore that they would make war on each other, and spent a long time devising where they would meet, and devastated many islands in the contest over which of the kings could gather more support. During that interval Perdiccas moved with his army to Egypt, where Ptolemy was king, because he had been told that Ptolemy was planning to help King Antigonus.

Then Ptolemy gathered a big army to meet him. While 7 they were heading toward each other, two kings, Neoptolemus and Eumenes, fought each other, and Eumenes put Neoptolemus to flight, so that he went to King Antigonus and persuaded him to launch an unexpected attack on Eumenes with his host. So Antigonus sent Neoptolemus himself and his other general Polyperchon with a big force to trap Eumenes. But Eumenes discovered it and ambushed them at a place where they thought that they had him surrounded, killing both of them and putting the rest to flight. After that Perdiccas fought with Ptolemy and was killed.

Then the Macedonians learned that Eumenes, Python, 8 Illyrius and Alcetas, Perdiccas's brother, planned to attack them, and decided that Antigonus should move against them with an army. In that battle Antigonus defeated Eumenes and drove him into a fortress, and besieged him there. Then Eumenes sent a message to King Antipater asking for help. When Antigonus discovered that, he abandoned the siege. But Eumenes expected a lot of broken promises in the course of Antigonus's homeward journey, so he enlisted the help of those who had been Alexander's soldiers, who were called Argyraspidas or Silver Shields, because all their weapons were covered in silver. Then in the

swa ungeorne his willan fulleodon, þa becom him Antigones
mid fyrde on and hy benæmde ægðer ge heora wifa ge heora
bearna ge heora eardes ge ealles þæs licgendan feos þe hy
under Alexandre begeatan, and hy sylfe uneaðe oðflugon to
Umene.

9   Æfter þam þa sendon hy to Antigone ymb heora þæt
mæste bismer, and hine bædon þæt he him ageafe þæt he ær
on him bereafode. Þa onbead he him þæt he him þæs
getygðian wolde gif hy him Umenes þone cyning, þe heora
hlaford þa wæs, gebundenne to him brohte, and hy þæt ge-
fremedan swa. Ac he heora eft ægðer ge mid bismere onfeng
ge hy eac on þone bismerlicostan eard gesette, þæt wæs on
þam ytemestan ende his manna, and him swaþeah nanuht
agifan nolde þæs þe hy bena wæron.

10   Æfter þam Eureðica, Ariþeusses cwen, Mæcedonia cyn-
inges, heo wæs þam folce monig yfel donde þurh Cassander
hire hlafordes þegn, mid þam heo hæfde dyrne geligre. And
under þam heo gelærde þone cyning þæt he hine swa upp
ahof þæt he wæs bufan eallum þam þe on þam rice wæron to
þam cyninge. And heo gedyde mid hyre lare þæt ealle Mæce-
donie wæron þam cyninge wiðerwearde, oð hy fundon þæt
hy sendon æfter Olimpiaðum, Alexandres meder, þætte heo
him gefylste þæt hy mihtan ægðer ge þone cyning ge þa
cwene him to gewildum gedon. Heo þa Olimpiaðe him to
com mid Epira fultume hire agenes rices, and hire to ful-
tume abæd Eacedam Molosorum cyning, and hy butu
ofsloh, ge þone cyning ge þa cwene, and Cassander oðfleah.
And Olimpiaðe feng to þam rice and þam folce fela laþes ge-
dyde þa hwile þe heo þone anweald hæfde.

11   Ða Cassander þæt geacsade þæt heo þam folce laþade þa
gegaderade he fyrde. Þa heo þæt geaxade þæt þæs folces

state of uncertainty while they were reluctantly following his wishes, Antigonus with his army fell on them and took their wives, children, land and all the treasure that they got under Alexander, and they themselves scarcely escaped to Eumenes.

After that they sent a message to Antigonus about their 9 utter disgrace, asking him to return what he had taken from them. He told them that he would agree to that if they would bring King Eumenes their lord to him in chains, and they did so. But after that he received them with scorn and settled them in the most humiliating location, at the farthest part of his country, and refused to give them anything that they asked for.

After that Eurydice, the queen of Arridaeus, king of 10 Macedonia, committed many crimes against the people by means of her lord's officer Cassander, with whom she was having a secret affair. In the course of that she persuaded the king to promote Cassander so high that he was above everyone else in the kingdom, next to the king. Through her advice she caused all the Macedonians to be opposed to the king, to the point that they devised a plan to send for Olympias, Alexander's mother, to help them so that they could overpower both the king and the queen. Olympias came to them with the forces of Epirus, her own kingdom, and enlisted help from Aecides, king of Molossia, She killed both the king and the queen, and Cassander made his escape. Olympias took the throne and did the people a lot of harm as long as she had control.

When Cassander learned that she had antagonized the 11 people he assembled an army. Hearing that so many of the

wæs swa fela to him gecirred þa ne triewde heo þæt hire
wolde se oþer dæl gelastfull beon, ac genam hire snore
Roxan, Alexandres lafe, and Alexandres sunu Ercoles and
fleah to þam fæstene þe Fiðnam wæs haten. And Cassander
hire æfter for and þæt fæsten abræc and Olimpiaðum ofsloh.
And þa burhleode oðbrudon þa snore mid hyre suna, þa hy
ongeatan þæt þæt fæsten sceolde abrocen beon, and hy sen-
don on oðre fæstre fæsten. And Cassander hy het þær besit-
tan and him ealles þæs anwealdes weold Mæcedonia rices.
Ða wende mon þæt þæt gewinn geendad wære betweox
Alexandres folgerum, þa þa wæran gefeallen þe þær mæst
gewunnon: þæt wæs Perðica and Umen and Alciðen and
Polipercon and Olimpiaðas and Antipater and manege oðre.

12   Ac Antigones, se mid ungemete girnde anwealda ofer
oðre, to þam fæstene for þær Alexandres laf wæs and his
sunu and hy þær begeat, to þon þæt he wolde þæt þa folc
him þy swiðor to buge þe he hæfde heora ealdhlafordes sunu
on hys gewealde. Siððan Cassander þæt geahsade, þa
geþoftade he wið Ptholomeus and wið Lisimachus and wið
Seleucus þone eastcyning, and hy ealle winnende wæran wið
Antigones and wið Demetrias hys sunu, sume on lande,
sume on wætere. On þam gefeohte gefeoll se mæsta dæl
Mæcedonia duguðe on ægðre healfe, þeah hy sume mid An-
tigone wære, sume mid Cassandre. Þær wearð Antigones ge-
flymed and his sunu. Æfter þam Demetrias, Antigones sunu,
gefeaht on scipum wið Ptholomeus, and hine bedraf on his
agen land.

13   Æfter þam Antigones bebead þæt mon ægðer hete cyn-
ing, ge hine ge hys sunu, forþon þe Alexandres folgeras
næran ær þam swa gehatene, buton ladteowas. Gemong
þam gewinnum Antigones him ondred Ercoles, Alexandres

people were turning to him she had no confidence that the rest would be supportive, so took her daughter-in-law Roxa, Alexander's widow, and Alexander's son Hercules and fled to the fortress called Pydna. Cassander went after her, captured the fortress and killed Olympias. The townspeople took the daughter-in-law and her son, when they realized that the fortress was going to be captured, and sent them to another stronger fortress. Cassander gave orders to besiege them there and took control of the whole Macedonian kingdom. People thought that the wars among Alexander's followers had ended then, now that those who had done most of the war-making were dead—Perdiccas, Eumenes, Alcetas, Polyperchon, Olympias, Antipater and many others.

But Antigonus, who longed intensely for power over the others, went to the fortress where Alexander's widow and his son were and seized them, in the expectation that people would more readily turn to his side if he had their old lord's son in his power. When Cassander heard that he joined with Ptolemy, Lysimachus and Seleucus, the king of the east, and they all made war on Antigonus and his son Demetrius, some on land, others at sea. In that battle the major part of Macedonian fighting strength was destroyed on the two sides, some with Antigonus, some with Cassander. Antigonus and his son were put to flight. After that Demetrius the son of Antigonus fought with ships against Ptolemy, and pushed him back to his own country. 12

Then Antigonus decreed that both he and his son should be called kings, because Alexander's followers had not been so called up to that point, just generals. During those wars Antigonus was afraid that the people would choose 13

sunu, þæt þæt folc hine wolde to hlaforde geceosan forþon
þe he ryhtcynecynnes wæs. Het þa ægðer ofslean ge hine ge
his modor. Þa þæt þa oþre geahsodan þæt he hy ealle beswi-
can þohte, hy þa eft hy gegaderedan and wið hine wunnon.
Þa ne dorste Cassander sylf on þam færelde cumon, for his
þam nihstan feondum þe him ymb wæran, ac sende his ful-
tum to Lisimache hys geþoftan and hæfde hys wisan swiðost
beþoht to Seleucuse, forþon þe he monige anwealdes mid
gewinnum geeode on þam eastlandum. Þæt wæs ærest
Babylonie and Patriane, and æfter þon he gefor on Indie,
þær nan mon ær ne siððan mid fyrde gefaran ne dorste,
buton Alexandre.

14   And he Seleucus genydde ealle þa ladteowas to his hyr-
sumnesse, and hy ealle Antigones and Demetrias his sunu
mid fyrde gesohton. On þam gefeohte wæs Antigones ofsla-
gen and his sunu of þam rice adræfed. Ne wene ic, cwæð
Orosius, þæt ænig wære þe þæt atellan mihte þæt on þam
gefeohte gefor. On þære tide gefor Cassander and hys sunu
feng to þam rice Philippus. Þa wende mon eft oðre siðe þæt
þæt gewinn Alexandres folgera geendod wære, ac hy sona
þæs him betweonum wunnon. And Seleucus and Demetrias,
Antigones sunu, him togædere geþoftedan and wið þam
þrim wunnon: Philippuse, Cassandres suna, and wið Ptholo-
meuse and wið Lisimachuse. And hy þæt gewinn þa þæs
licost angunnon þe hy hit ær ne ongunnon.

15   On þam gewinne ofsloh Antipater his modor, Cassandres
lafe, þeh þe heo earmlice hire feores to him wilnode. Ða
bæd Alexander, hire sunu, Demetrias þæt he him gefylste
þæt he his modor slege on his breþer gewrecan mihte, and
hy hyne raðe þæs ofslogon. Æfter þam gewunnon Deme-
trias and Lisimachus, ac Lisimachus ne mihte Demetriase

Hercules, Alexander's son, as their lord because he was of the true royal line. So he ordered him to be killed, along with his mother. When the others learned that he was meaning to betray them all, they got together again and fought against him. Cassander didn't dare go on the expedition himself because of the enemies among his immediate neighbors, but sent his forces to his comrade Lysimachus and had entrusted his affairs primarily to Seleucus, because he had won many kingdoms through warfare in the east. The first were Babylon and Bactria, and after that he went to India, where no one had been with an army before or since, apart from Alexander.

Seleucus compelled all the generals to submit to him, and 14 they all advanced on Antigonus and Demetrius his son with their army. Antigonus was killed in that battle and his son driven from the kingdom. I don't think anyone could count those who fell in that battle, said Orosius. At that time Cassander died and his son Philip succeeded to the kingdom. Again people thought that the wars of Alexander's followers had ended, but they immediately began fighting each other again. Seleucus and Demetrius, the son of Antigonus, made an alliance and fought against the other three: Philip the son of Cassander, Ptolemy and Lysimachus. They launched themselves into that conflict afresh just as if they had never done it before.

In that war Antipater killed his mother, the widow of 15 Cassander, though she piteously begged him for her life. Then her son Alexander asked Demetrius to help him avenge his mother's murder on his brother, and they promptly killed Alexander. After that Demetrius and Lysimachus fought, but Lysimachus couldn't resist Demetrius

wiðstandan forþon þe Dorus Thracea cyning him eac on
wann. Þa wæs Demetrias on þære hwile swiðe geanmett and
fyrde gelædde to Ptholomeuse. Þa he þæt geahsode þa be-
geat he Seleucus him to fultume, and Pirrus Epira cyning.
And Pirrus him forþam swiþost fylste þe he him sylfum fa-
cade Mæcedonia onweald, and hy þa Demetrias of þam rice
adrifan, and Pirrus to feng. Æfter þam Lisimachus ofsloh
hys agenne sunu Agothoclen and Antipater his aþum.

16   On þam dagum Lisimachus seo burh besanc on eorðan
mid folce mid ealle. And æfter þam þe Lisimachus hæfde
swa wið his sunu gedon and wið his aðum, þa onscunedon
hyne his agene leode and monige fram him cyrdan, and Se-
leucus speonan þæt he Lisimachus beswice. Ðagyt ne mihte
se nið betux him twam gelicgean, þeh heora þa na ma ne
lifde þæra þe Alexandres folgeras wæron, ac swa ealde swa
hy þa wæron hy gefuhton: Seleucus hæfde seofon and hund-
seofontig wintra, and Lisimachus hæfde þreo and seofontig
wintra. Þær wearð Lisimachus ofslagen, and þæs ymb þreo
niht com Ptholomeus, þe Lisimachus his sweoster hæfde,
and dygellice æfter Seleucuse for þa he hamweard wæs oð
his fyrd tofaren wæs, and hine ofsloh. Þa wæs seo sibb and
seo mildheortnes geendad þe hy æt Alexandre geleornedon.
Þæt wæs þæt hy twegen þe þær lengste lifdon hæfdon xxx
cyninga ofslagen heora agenra ealdgeferena and him hæfdon
siððan ealle þa anwealdas þe hy ealle ær hæfdon. Gemong
þam gewinnum Lisimachus forlet his xv suna: sume he sylf
ofsloh, sume on gefeohtum beforan him sylfum mon ofsloh.

17   Ðyllicne gebroþorscipe, cwæð Orosius, hy heoldan him
betweonum, þe on anum hirede wæran afedde and getyde.
Þæt hit is us nu swiðor bismre gelic þæt we þæt bespecað,
and þæt þæt we gewinn nu hatað, þonne us fremde and

because Dorus the king of Thrace was attacking him. Demetrius was greatly encouraged then and led his army against Ptolemy. When he realized this, Ptolemy enlisted Seleucus and Pyrrhus king of Epirus to help him. Pyrrhus helped him primarily because he was trying to get control of Macedonia for himself, and they drove Demetrius from power, and Pyrrhus took control. After that Lysimachus killed his own son Agathocles and his son-in-law Antipater.

At that time the town of Lysimachia sank into the ground 16 with all its people. After Lysimachus had dealt in this way with his son and son-in-law, his own people were alienated from him. Many deserted him, and persuaded Seleucus to attack Lysimachus. Still the hostility between those two could not end, even though they were the only ones of Alexander's followers left, but as old as they were they went on fighting: Seleucus was seventy-seven years old and Lysimachus was seventy-three. Lysimachus was killed there, and three nights later Ptolemy, whose sister was married to Lysimachus, arrived and secretly followed Seleucus on his homeward journey until his army was scattered, and then killed him. So the harmony and kindness that they had learned from Alexander came to an end. The two who lived longest had killed thirty kings who were their old companions and possessed all the territories that all those had had before. In the course of those wars Lysimachus lost his fifteen sons: some he killed himself, some were killed in battle in his presence.

Such brotherliness, said Orosius, they preserved among 17 themselves, men who were nourished and educated in one household. It is all the more shameful for us to complain about what we now call war, when strangers from elsewhere

ellþeodige on becumað and lytles hwæt on us gerefað, and us eft hrædlice forlætað, and nellað geþencean hwylc hit þa wæs þa nan mann ne mihte æt oðrum his feorh gebycgan, ne furþon þæt þa woldon gefrynd beon þe wæron gebroðra of fæder and of meder.

come upon us, steal a little from us and promptly leave, and to refuse to consider what it was like when no one could buy his life from another, and not even those who were brothers born of the same father and mother were willing to be friends.

BOOK FOUR

Chapter 1

Æfter ðam ðe Romeburh getimbred wæs CCCC hund wintrum and LXIIII-gum, þæt Tarentine þæt folc plegedon binnan Tarentan heora byrig æt heora þeatra þe þærbinnan geworht wæs. Þa gesawan hy Romana scipa on þære sæ yrnan. Þa hrædlice coman Tarentine to heora agnum scipum and þa oðre hindan offoran, and hy ealle him to gewildum gedydan buton v. And þa þe þær gefangene wæran hy tawedan mid þære mæstan unieðnesse, sume ofslogan, sume ofswungon, sume him wið feo gesealdan. Ða Romane þæt geahsodan, þa sendon hy ærendracan to him and bædan þæt him mon gebette þæt him þær to æbylgðe gedon wæs. Þa tawedon hy eft þa ærendracan mid þam mæstan bysmere, swa hy þa oþre ær dydon, and hy siþþan ham forletan.

2   Æfter þam foran Romane on Tarentine, and swa clæne hy namon heora fultum mid him þæt heora proletarii ne moston him bæftan beon—þæt wæron þa þe hy gesette hæfdon þæt sceoldan be heora wifum bearna strynan þonne hy on gewin foran—and cwædon þæt him wislicre þuhte þæt hy þa ne forlure þe þær ut fore, hæfde bearn se ðe mihte. Hy þa Romane comon on Tarentine and þær eall awestan þæt hy gemettan and monega byrig abræcan. Ða sendon Tarentine ægwar æfter fultume, þær hy him æniges wendon, and Pirrus, Epira cyning, him com to mid þam mæstan fultume, ægðer ge on ganghere ge on radhere ge on sciphere. He wæs

Chapter 1

Four hundred and sixty-four years after Rome was built, the Tarentines were amusing themselves in their city of Tarentum at the theater which had been built there. Then they saw Roman ships passing by at sea. So the Tarentines ran quickly to their own ships and overtook the others, capturing all of them but five. They treated those who were captured there with the utmost cruelty, killing some, beating others and selling some into slavery. When the Romans heard this they sent envoys asking them to make amends for the offenses they had committed. The Tarentines treated the envoys with the greatest scorn, as they had done with the others, and sent them back again.

After that the Romans advanced against the Tarentines, 2 and took with them so many of their forces that not even their proletarians were allowed to stay behind—those, that is, who were appointed to produce children with their wives when the others set off for war—saying that it was more sensible to ensure that those who went on the expedition did not perish, never mind about having children. So the Romans attacked the Tarentines and devastated everything that they found, capturing many cities. Then the Tarentines sent everywhere for help, wherever they thought they might get it, and Pyrrhus, the king of Epirus, came to them with a huge force that included infantry, mounted troops and a on þam dagum gemærsod ofer ealle oðre cyningas, ægðer ge mid his miclan fultume ge mid his rædþeahtunge ge mid his wigcræfte.

3   Forþam fylste Pirrus Tarentinum forþon þe Tarente seo burh wæs getimbred of Læcedemonium, þe his rice þa wæs. And he hæfde Thesali him to fultume and Mæcedonie, and he hæfde xx elpenda to þam gefeohte mid him, þe Romane ær nane ne gesawon; he wæs se forma mann þe hy ærest on Italium brohte. He wæs eac on þam dagum gleawast to wige and to gewinne, buton þam anum þæt hine his godas and his diofolgyld beswicon þe he begongende wæs. Þa he hi ahsode his godas hwæðer heora sceolde on oðrum sige habban, þe he on Romanum þe Romane on him, ða andwyrdan hy him tweolice and cwædon: "Þu hæfst oððe næfst."

4   Þæt forme gefeoht þæt he wið Romanum hæfde hit wæs in Compania, neah þære ea þe mon Lisum hætt. Þa æfter þam þe þær on ægðre healfe micel wæl geslegen wæs, þa het Pirrus don þa elpendas on þæt gefeoht. Siþþan Romane þæt gesawan þæt him mon swylcne wrenc to dyde swylcne hy ær ne gesawon ne secgan ne hyrdon þa flugon hy ealle, buton anum menn se wæs Minuntius haten. He geneðde under anne elpend þæt he hine on þone nafelan ofstang. Ða, siððan he yrre wæs and gewundod, he ofsloh micel þæs folces, þæt ægðer ge þa forwurdon þe him onufan wæran ge eac þa oðre elpendas sticade and gremede, þæt þa eac mæst ealle for-wurdon þe þæronufan wæron. And þeh þe Romane gefly-med wære, hy wæran þeh gebylde mid þam þæt hy wiston hu hy to þam elpendan sceoldan.

5   On þam gefeohte wæs Romana xiiii m ofslagen feþena and hundeahtatig and viii hund gefangen, and þæra ge-horsedra wæran ofslagen iii hund and an m, and þær wæron

fleet. In those days he was the most celebrated of all kings for his great army, his good counsel and his skill in war.

Pyrrhus helped the Tarentines because the city of Taren- 3 tum had been built by the Spartans, which was his kingdom at the time. He had in support the forces of Thessaly and Macedonia, and he had brought twenty elephants with him for the war, which Romans hadn't seen at all before; he was the first person who brought elephants to Italy. He was also the cleverest man in those days at war-making and fighting, except for the one point, that he was beguiled by his gods and the idols that he worshiped. When he asked his gods which of them would be victorious, he over the Romans or the Romans over him, they answered him ambiguously and said, "You will have it or not have it."

The first battle that he had with the Romans was in Cam- 4 pania, near the river Liris. After much slaughter on both sides, Pyrrhus ordered the elephants to be brought into battle. When the Romans saw that the enemy were using against them a new tactic that they had never seen or heard of before they fled, all except one man called Minucius. He crept under one elephant and stabbed it in the navel. The elephant, being enraged and wounded, killed many of Pyr- rhus's army, because those that were mounted on it perished and it also gored and enraged the other elephants, so that most of the men mounted on them also perished. Although the Romans were defeated they were nevertheless encour- aged by the fact that they knew how to deal with the ele- phants.

In that battle fourteen thousand Roman foot soldiers 5 were killed and eight hundred and eighty captured, and one thousand three hundred of the horsemen were killed and

VII hund guðfanena genumen. Hit næs na gesæd hwæt Pir-
ruses folces gefeallen wære, forþon hit næs þeaw on þam ti-
dum þæt mon ænig wæl on þa healfe rimde þe þonne wyldre
wæs, buton þær þy læs ofslagen wære, swa mid Alexandre
wæs on þam forman gefeohte þe he wið Darius feaht, þær
næs his folces na ma ofslagen þonne nigon. Ac Pirrus gebic-
nede eft hu him se sige gelicode þe he ofer Romane hæfde,
þa he cwæð æt his godes dura and hit swa þæron awrat:
"Ðanc hafa þu, Iofes, þæt ic þa moste oferwinnan þe ær
wæron unoferwunnen, and ic eac fram him oferwunnen
eom." Þa ahsedon hine his þegnas hwy he swa heanlic word
be him sylfum gecwæde, þæt he oferwunnen wære. Þa and-
wyrde he him and cwæð: "Gyf ic gefare eft swylcne sige æt
Romanum, þonne mæg ic siððan butan ælcon þegne Creca
land secean."

6   Þæt wearð eac Romanum on yfelum tacne oðywed ær
þæm gefeohte, þa hy on fyrde wæron, þæt þæs folces sceolde
micel hryre beon, þa þunor ofsloh XXIIII heora fodrera, and
þa oðre gebrocade aweg comon. Æfter þam gefuhton Pirrus
and Romane in Abulia þære þeode. Þær wearð Pirrus wund
on oðran earme, and Romane hæfdon sige. And hæfdon ge-
leornod ma cræfta hu hy þa elpendas beswican mihton, mid
þam þe hi namon treowu and slogon on oþerne ende monige
scearpe isene næglas and hy mid flexe bewundon, and on-
bærndon hit, and beþyddon hit þonne on þone elpend hin-
dan, þæt hy þonne foran wedende ægðer ge for þæs flexes
bryne ge for þæra nægla sticunge, þæt æt ælcan þa forwur-
don ærest þe him onufon wæran, and siððan þæt oðer folc
wæran swa swiðe sleande swa hy him scildan sceoldan. On
þæm gefeohte wæs Romana ehta M ofslagen and XI guð-
fonon genumen, and Pirruses heres wæs XX M ofslagen, and
his guðfana genumen.

seven hundred standards captured. It is not reported how many of Pyrrhus's army died, since it wasn't customary in those times to count the dead on the side that was victorious, unless very few were killed, as happened with Alexander in the first battle that he fought with Darius, where only nine of his troops were killed. But Pyrrhus showed later what he felt about the victory that he won over the Romans, when he said at the door of his god's temple, inscribing the words on it: "Thanks be to you, O Jove, for allowing me to defeat those who were before undefeated, and I too am defeated by them." Then his followers asked him why he spoke such shaming words about himself, that he had been defeated. He answered and said: "If I win such another victory from the Romans, I can find myself returning to Greece without a single soldier."

It was also revealed to the Romans by an ominous sign 6 before the battle, when they were assembled, that there should be a great many deaths in the army, when thunder destroyed twenty-four of their foragers, and the others came away injured. After that Pyrrhus and the Romans fought in Apulia. Pyrrhus was wounded in the arm there and the Romans had the victory. They had learned more tactics for dealing with the elephants, by taking logs and fastening at one end many sharp iron nails, then covering them with flax and setting fire to it, and thrusting it then into the elephant from behind. As a result the elephants ran off maddened by the burning flax and piercing nails, and in each case those who were mounted on them were killed; then the elephants attacked the other men who they were supposed to be protecting. In that battle eight thousand Romans were killed and eleven standards captured, and twenty thousand of Pyrrhus's army were killed and his standard captured.

7 Ða wearð Pirruse cuð þæt Agathocles, Siraccasa cyning
þæra burhleoda, wæs gefaren on Sicilia þam lande. Ða for he
þider and þæt rice to him genydde. Sona swa þæt gewinn
mid Romanum geendod wæs, swa wæs þær seo monigfeal-
deste wol mid manncwealme, ge eac þæt nanuht berendes,
ne wif ne nyten, ne mihton nanuht libbendes geberan, þæt
hy þa æt nyhstan wæron oretreowe hwæþer him ænig mon-
eaca cuman sceolde. Þa wende Pirrus fram Sicilium æft to
Romanum, and him ongean com Curius se consul, and heora
þæt þridde gefeoht wæs on Lucaniam on Arosiuis þære
dune. Þeh þe Romane sume hwile hæfdon swiþor fleam
geþoht þonne gefeoht, ær þon hy gesawon þæt man þa hel-
pendas on þæt gefeoht dyde. Ac siððan hy þa gesawan hy hi
gegremedan, þæt hy þa wæran swiðe sleande þe hy fylstan
sceoldan, and Pirruses here wearð forþam swiðost on
fleame. On þam gefeohte Pirrus hæfde hundeahtatig M
feþena, and V M gehorsedra, and þær wæs XXXVI M ofslagen,
and IIII hund gefangen.

8 Æfter þæm Pirrus for of Italium ymb V gear þæs þe he ær
þæron com. And raðe þæs þe he ham com, he wolde abrecan
Argus þa burh and þær wearð mid anum stane ofworpen.
Æfter þam þe Tarentine geahsodan þæt Pirrus dead wæs, þa
sendon hi on Africe to Cartaniginienses æfter fultume and
eft wið Romanum wunnan, and raðe þæs þe hy togædere co-
mon Romane hæfdon sige. Þær onfundon Cartaginigenses
þæt him mon oferswiþan mihte, þeh hy nan folc ær mid ge-
feohte oferwinnan ne mihte. Gemong þam þe Pirrus wið
Romane winnende wæs, hy hæfdon ehta legian. Ða hæfdon
hy þa eahteðan Regiense to fultume gesette. Þa ne getru-
wade se ehtaða dæl þæra legian þæt Romane Piruse wiðstan-
dan mihte, angunnon þa hergian and hynan þa þe hy friþian

Then Pyrrhus was informed that Agathocles, the king of   7
the Syracusans, had died in Sicily. So he went there and took
that kingdom for himself. As soon as the war with the Ro-
mans was ended, there was a great plague with many deaths,
and no pregnant creature, whether woman or domestic ani-
mal, could bear living offspring, so that in the end they de-
spaired of any renewal of the population. Then Pyrrhus
moved from Sicily again to confront the Romans, and the
consul Curius advanced to meet him. Their third battle was
in Lucania on the Arusian hill. For a time the Romans were
more intent on flight than fight, until they saw that the ele-
phants were being brought into the battle, but on seeing the
elephants the Romans got them very angry so the elephants
attacked those they were meant to be helping, and because
of that the army of Pyrrhus turned to flight. In that battle
Pyrrhus had eighty thousand foot soldiers and five thousand
horscmcn, and there were thirty-six thousand killed and
four hundred captured.

After that Pyrrhus left Italy five years after he had arrived   8
there. As soon as he got home, he tried to capture the city of
Argos and was killed there by a stone. When the Tarentines
heard that Pyrrhus was dead, they sent to the Carthaginians
in Africa for help and fought with the Romans again, and
as soon as they came together the Romans were victorious.
There the Carthaginians learned that they could be defeated,
though no nation had previously been able to beat them.
During the period when Pyrrhus was waging war against the
Romans, the latter had eight legions. They had appointed
the eighth legion to help the people of Regia. Then the
eighth legion had no confidence that the Romans would be
able to resist Pyrrhus and began to ravage and harass those

sceoldan. Þa Romane þæt geahsodan, þa sendon hy þider Genutius heora consul mid fultume to þon þæt he on him gewræce þæt hy þa slogon and hyndon þe ealle Romane friþian woldon. and he þa swa gedyde: sume he ofsloh, sume geband and ham sende; and þær wæran siððan witnade and siððan þa heafda mid ceorfæxum of acorfena.

Chapter 2

Æfter þam þe Romane burh getimbred wæs CCCC wintrum and LXXVII, gewurdon on Rome þa yflan wundor. Þæt wæs ærest þæt þunor tosloh hyra hehstan godes hus Iofeses. And eac þære burge weall micel to eorðan gehreas. And eac þæt þry wulfas on anre niht brohtan anes deades mannes lichoman binnan þa burh and hyne þær siððan styccemælum tobrudon, oð þa menn onwocan and ut urnon and hy siððan onweg flugon. On þam dagum gewearð þæt on anre dune neah Romebyrig tohlad seo eorðe and wæs byrnende fyr upp of þære eorðan þæt on ælce healfe þæs fyres seo eorðe wæs fif æcera bræde to axsan geburnen.

2   Sona þæs on þam æfterran geare gefor Sempronius se consul mid fyrde wið Pencentes, Italia folc. Þa mið þam þe hy hi getrymed hæfdon and togædere woldon, þa wearð eorðbeofung, þæt ægðer þæra folca wende untweogendlice þæt hy sceoldan on þa eorðan besincan. And hy þeah swa andrædende gebidan þæt se ege ofergan wæs and þær siððan wælgrimlice gefuhton. Þær wæs se mæsta blodgyte on ægðre

that they were meant to protect. When the Romans heard this, they sent their consul Genucius there with an army to take revenge on those who were killing and harassing the people whom all Romans wanted to protect. He did so, killing some and taking others prisoner and sending them home. There some were beaten and then their heads cut off with axes.

Chapter 2

Four hundred and seventy-seven years after Rome was built there were terrible portents in Rome. First, thunder shattered the temple of their chief god Jove. The great wall of the city fell to the ground. Also, on one night three wolves brought the body of a dead person into the city and tore it apart there, until people woke up and ran out and then they ran off. At that time the ground split open on a hill near Rome and fire shot up from the ground so that on each side of the flames some five acres were burned to ashes.

Immediately after that, in the next year, the consul Sempronius led an army against the Picentes, an Italian people. When they had marshaled their troops and were about to meet, there was an earthquake so that both sides thought that they would without question sink into the ground. Even so, they waited fearfully until the terror had passed and then battled on fiercely. There was massive slaughter on

healfe þæra folca, þeh þe Romane sige hæfde þa feawan þær to lafe wurdon. Þær wæs gesyne þæt seo eorðbeofung tacnade þa miclan bloddryncas þe hyre mon on þære tide to forlet.

Chapter 3

ÆFfter þam þe Romeburh getimbred wæs IIII hund wintrum and LXXX, gemong þam oðrum monegum wundrum þe on þam dagum gelumpan, þæt mon geseah weallan blod of eorðan and rinan meolc of heofenum. On þam dagum Cartaginigenses sendon fultum Tarentinum þæt hy þe eað mihton wið Romanum. Þa sendon Romane ærendracan to him, and hy ahsedon forhwy hy þæt dydon. Þa oðsworan hy þam ærendracan mid þam bismerlicestan aðe þæt hy him næfre on fultume næron, þeh þe þa aðas wæran near mane þonne soðe. On þam dagum Ulcinienses and Thrusci þa folc forneah ealle forwurdon for heora agnum dysige. Forþam þe hy sume heora þeowas gefreodan and eac him eallum wurdon to milde and to forgifene. Þa ofþuhte heora ceorlum þæt man þa þeowas freode, and hy nolde. Þa wiðsawan hy þam hlafordum and þa þeowas mid him, oð hy wyldran wæron þonne hy, and hy siððan mid ealle of þæm earde adrifon and him to wifum dydon þa þe ær wæran heora hlæfdian. Ða siððan gesohtan þa hlafordas Romane, and hy him gefylstan þæt hy eft to heora agnum becomon.

both sides, and though the Romans won there were few survivors. It was evident that the earthquake portended the huge amount of blood that was shed at that time.

Chapter 3

Four hundred and eighty years after Rome was built, among the many other portents that happened in those times, people saw blood gushing up from the ground and milk streaming from the sky. At that time the Carthaginians sent forces to help the Tarentines so that they could more easily prevail against the Romans. The Romans sent envoys to them asking why they did that. They swore to the envoys with the most shameful oath that they had never helped the Tarentines, but the oaths were nearer to perjury than truth. At that time the Vulsinii and the Etruscans nearly all perished because of their own folly. They freed some of their slaves and were too gentle and indulgent toward all of them. Then the peasants were annoyed because the owners freed the slaves but wouldn't free them. So they turned against the owners, and the slaves too, until they became more powerful than them, and drove them all out of the country and took as wives those who before were their superiors. Then the owners went to the Romans, and they helped them to recover their own possessions.

Chapter 4

Æfter þæm þe Romeburh getimbred wæs CCCC win-trum and LXXXI, becom on Romane micel manncwealm, þæt hy þa æt nihstan ne ahsedan hwæt þæra gefarenra wære ac hwæt heora þonne to lafe wære. And eac þa deofla þe hy on symbell weorþedon hy amyrdon, toeacan þam oþrum monigfealdum bismrum þe hy lærende wæron, þæt hy ne cuðan ongitan þæt hit Godes wracu wæs. Ac heton þa bisceopas þæt hy sædon þam folce þæt heora godas him wæron yrre, to þam þæt hi him þagit swiðor ofredon and bloten þonne hy ær dydon.

2 On þære ilcan tide Caperronie wæs hatenu heora goda nunne. Þa gebyrede hyre þæt heo hy forlæg. Hy þa Romane for þam gylte hi ahengan and eac þone þe þone gylt mid hire geworhte and ealle þa þe þone gylt mid him wiston and mid him hælon. Hu wene we, nu Romane him sylf þyllic writon and setton for heora ahgenum gylpe and heringe, and þeah gemong þære heringe þyllica bismera on hy selfe asædon, hu wene we hu monegra maran bismra hy forsygedon, ægðer ge for heora agenre lufan and landleoda ge eac for heora sena-tum ege.

3 Nu we sculon fon, cwæð Orosius, ymb þæt Punica ge-winn. Þæt wæs of þam folce of Cartaina þære byrig, seo wæs getimbred fram Elisann þam wifmenn, LXXII-tigum win-trum ær Romeburh. Swa some þæra burhwarana yfel and heora bismeres wearð lytel asæd and awriten, swa swa Tro-gus and Iustinianus sædon stærwriteras, forþon þe heora wise on nænne sæl wel ne gefor, naðer ne innan fram him

Chapter 4

Four hundred and eighty-one years after Rome was built, a great plague came upon the Romans, so that in the end they no longer asked who had died but who was still alive. What's more, the devils that they always worshiped led them astray so that, in addition to all the other shameful things that they were taught by the devils, they were unable to understand that it was the vengeance of God. Instead the devils ordered the priests to tell the people that their gods were angry with them, so that they would make offerings and sacrifices to them even more than they did before.

At that time there was a nun who was dedicated to their 2 gods, called Caparronia, and it turned out that she had been unchaste. The Romans hanged her for that sin, along with the man who committed the sin with her and all those who were aware of what was happening and hid it. Given that the Romans themselves wrote such things for their own self-promotion and praise, and yet in the course of these boasts reported such shameful things about themselves, how many more dreadful things did they conceal, should we think, both out of regard for themselves and their people and for fear of their senate?

Now I must turn to the Carthaginian war, said Orosius. 3 It started with the people of the city of Carthage, which was built by a woman called Elissa, seventy-two years before Rome. The disasters experienced by the inhabitants of the city, and a little about their humiliation, have been rehearsed and written about just as the historians Pompeius Trogus and Justinus reported them, for their affairs never prospered, neither among themselves nor in relations with other

sylfum, ne utane fram oðrum folcum. Swa þeah toeacan þam yfelum, hy gesetton, þonne him micel manncwealm on becom, þæt hy sceoldon menn heora godum blotan, swa eac þa deofla þe hy on gelyfdon gelærdon hy, þæt þa þe þær onhælede wæran, þæt hy hale for hy cwealdon. And wæron þa menn to þon dysige þæt hi wendon þæt hy mihton þæt yfel mid þam gestillan, and þa deofla to þon lytige þæt hy hit mid þam gemicledan. And forþon þe hi swa swiðe dysige wæron, him com on Godes wracu on gefeohtum toeacan oðrum yfelum. Þæt wæs oftost on Sicilium and on Sardinium þam iglandum, on þa hy gelomlicost wunnon.

4   Æfter þam þe him swa oftrædlice mislamp, þæt hi angunnon hit witan heora ladteowum and heora cempum heora earfeða and him bebudon þæt hy on wræcsiþas foran and on ellþiede. Raðe æfter þam hy bædan þæt hy mon to heora earde forlete þæt hi moston gefandian hwæðer hy heora medsælþa oferswiðan mihton. Þa him mon þæs forwyrnde, þa gesohtan hy hy mid firde. On þære hergunge gemette se yldesta ladteow Maceus his agenne sunu mid purpurum gegyredne on bisceophade. He hine þa for þam gyrelan gebealh and hine oferfon het and ahon, and wende þæt he for his forsewennesse swelc sceorp werede forþon hit næs þeaw mid him þæt ænig oþer purpuran werede buton cyningum. Raðe æfter þam hy begeatan Cartaina þa burh and ealle þa æltæwestan ofslogon þe þærinne wæron and þa oðre to him genyddon. Ða æt nihstan he wearð sylf besyred and ofslagen. Þis wæs geworden on Ciruses dæge Persa cyninges.

peoples. Apart from those other evils, they decreed that when a great plague came upon them they should sacrifice human beings to their gods, as the devils that they believed in advised them, so that those who were ill should have the healthy killed for their benefit. People were so stupid that they thought that they could stop the plague in that way, and the devils were so devious that they managed to make it worse by these means. And because they were so stupid, God's vengeance fell on them in addition to the other disasters. That happened most in the islands of Sicily and Sardinia, where they were most frequently at war.

After things had gone wrong for them so often, they began to blame their leaders and soldiers for their misfortunes and ordered them to go into exile in foreign lands. Soon after that the exiles asked to be allowed back to their land to see if they could overcome their poor fortune. When this was refused, they returned with an army. While they were ravaging the country the chief general, Mazeus, came across his own son dressed in purple, in the garb of a priest. He was furious with him because of the clothing and ordered him to be seized and hanged, thinking that he had worn such clothing out of contempt for him, because it was not customary for anyone but kings to wear purple. Soon after that they captured Carthage and killed all the most distinguished people who were there and then forced the others to submit to them. In the end Mazeus himself was outwitted and killed. This happened in the time of Cyrus king of Persia. 4

Chapter 5

Æfter þam Himelco, Cartaina cyning, gefor mid fyrde on Sicilie, and him þær becom swa færlic yfel þæt þa menn wæron swa raðe deade swa hit him on becom, þæt hy þa æt nihstan hy bebyrgean ne mihton. And he for ðæm ege his unwillum þonan wende and ham for mid þam þe þær to lafe wæron. Sona swa þæt forme scip land gesohte and þæt egeslice spell gebodade, swa wæron ealle þa burhware Cartaginigenses mid swiðelice heafe and wope onstyred, and ælc ahsiende and frinende æfter his frynd, and hy untwegendlice nanra treowða him ne wendon buton þæt hy mid ealle forweorðan sceoldan. Mid þam þe þa burhware swa geomorlic angin hæfdon, þa com se cyning sylf mid his scipe, and land gesohte mid swiðe lyþerlican gegyrelan. And ægðer ge he sylf hamweard for ge þæt folc þæt him ongean com, eall hit him wepende hamweard folgode. And he se cyning his handa wæs uppweardes brædende wið þæs heofones and mid oferheortnesse him wæs waniende ægðer ge his agenne heardsælþa ge ealles þæs folces. And he þagyt him sylfum gedyde þæt þær wyrst wæs, þa he to his inne com, þa he þæt folc þærute betynde and hine ænne þærinne beleac and hine sylfne ofsloh.

2   Æfter þæm wæs sum welig mann binnan Cartaina se wæs haten Hanna, and wæs mid ungemete þæs cynedomes gyrnende, ac him geþuhte þæt he mid þæra witena willum him ne mihte to cuman and him to ræde genam þæt he hy ealle to gereordum to him gehete þæt he hy siððan mihte mid attre acwellan. Ac hit gewearð þurh þa ameldad þe he geþoht hæfde þæt him to þære dæde fylstan sceolde. Þa he onfunde

Chapter 5

After that Himelcho, the king of Carthage, led an army to Sicily, and they were hit by a plague so rapid that men dropped dead as soon as it affected them, and in the end they couldn't bury them. Reluctantly, from the fear this caused, he left Sicily and went home with those who remained. As soon as the first ship reached land and the terrible news was reported, all the inhabitants of Carthage were in a turmoil with grief and tears, everyone asking and inquiring after their kinsmen and truly expecting no answer except that they were all dead. While the citizens were experiencing such grief, the king himself left his ship and came on shore with very grubby clothing. He set off toward his home and all the people who had come to meet him followed him homeward, all weeping. The king was raising his hands upward to the sky and with extreme emotion was lamenting both his own misfortunes and those of all the people. He then did the worst thing of all, when he came to his home: he locked the people outside and himself inside and killed himself.

After that there was a rich man in Carthage called Hanno, 2 who intensely desired the throne, but he thought that he could never get it with the approval of the senators and decided to invite them all to a feast so that he could kill them with poison. But the plot was betrayed by those that he thought would help him do it. When he realized it was discovered, he gathered all the slaves and criminals that he þæt þæt cuð wæs, þa gegaderade he ealle þa þeowas and þa yfelan menn þe he mihte and þohte þæt he on þa burhware on ungearewe become, ac hit him wearð æror cuð. Þa him æt þære byrig ne gespeow þa gelende he mid xxiiii m to anre oþerre byrig and þohte þæt he þa abræce. Þa hæfdon þa burhleoda Mauritane him to fultume and him ongean co-mon butan fæstene, and Hannan gefungon, and þa oðre ge-flymdon, and þær siððan tintregad wearð: ærest hine man swang, þa sticode him mon þa egan ut, and siððan him mon sloh þa handa of, þa þæt heafod. And eall his cynn mon ofsloh, þy læs hit mon uferan dagum wræce oððe ænig oþer dorste eft swylc onginnan. Ðis gewearð on Philippus dæge þæs cyninges.

3   Æfter þam hyrdon Cartanienses þæt se mæra Alexander hæfde abrocen Tirum þa burh, seo wæs on ærdagum heora yldrena oeþel, and ondredon þæt he eac to him cumon wolde. Þa sendon hy þider Amilchor, heora þone gleawestan mann, þæt he Alexandres wisan besceawade, swa he hit him eft ham onbead on anum brede awriten, and siððan hit awriten wæs, he hit oferworhte mid weaxe. Eft þa Alexander gefaren wæs, and he ham com, þa tugon hy hine þære burge witan þæt he heora swicdomes wið Alexander fremmende wære and hine for þære tihtlan ofslogon. Æfter þæm Carta-nienses wunnon on Sicilie, þær him seldon teola gespeow, and besætan heora heofodburh, Siraccuses wæs hatenu.

4   Þa ne onhagode Agothocle heora cyninge þæt he wið hy mihte buton fæstene gefeohtan, ne eac þæt hy ealle mihton for meteleste þærbinnon gebidan, ac leton heora fultum þærbinnan beon, be þam dæle þe hy ægðer mihton, ge heora fæsten gehealdan ge eac þæt þa mete hæfdon þa hwile. And se cyning mið þam oðrum dæle on scipum for on Cartani-ense, and hy raðe þæs forbærnan het þe he to lande gefor,

could and planned to attack the inhabitants of the city when they were not expecting it, but they found out about it first. When things didn't work out for him in the city he landed with twenty-four thousand men at another city and planned to capture it. Then the inhabitants got the Mauretanians to help them and went to engage with Hanno outside the fortress. They captured Hanno, and put the others to flight, and there he was tormented: first he was beaten, then his eyes were gouged out, and then his hands were cut off, and then his head. All his family were killed to ensure that no one would avenge the killing in later times or dare again to attempt such a coup. This happened in the time of King Philip.

After that the Carthaginians heard that Alexander the 3 Great had captured the city of Tyre, which was the homeland of their ancestors in ancient times, and they were afraid that he would visit them as well. So they sent Hamilcar, their cleverest man, there to find out Alexander's plan, and he transmitted it home to them written on a tablet, which he covered with wax afterward. When Alexander had died and Hamilcar had returned home, the Carthaginian senators accused him of engaging in treachery with Alexander and killed him because of that charge. After that the Carthaginians campaigned in Sicily, where they seldom prospered, and laid siege to their chief city, Syracuse.

The king of Sicily, Agathocles, did not think it wise to 4 fight them outside the stronghold, nor could they all remain within for lack of food, so they left a force within, sufficient to both hold the city and to have enough food for the time being. With the rest the king took ship for Carthage, and as soon as he landed ordered the ships to be burned, because

forþon he nolde þæt his fynd heora eft ænigne anweald
hæfde. And him þær raðe fæsten geworhte and wæs þæt folc
þanon ut sleande and hynende, oð þæt Hanna, þæs folces
oðer cyning, hyne æt þam fæstene gesohte mid xx m. Ac hine
Agothocles geflymde and his folces ofsloh ii m and him
æfterfylgende wæs oð v mila to þære byrig Cartaniense. And
þær oðer fæsten geworhte and þær ymbutan wæs hergende
and bærnende, þæt Cartainiense mihton geseon of heora
byrig þæt fyr and þone teonan þonne hy on fore wæron.

5   Ymbe þone timan þe þis wæs, Andra wæs haten, Agotho-
cles broþor, þone he æt ham on þære byrig him beæftan let,
he besirede þæt folc þe hi embseten hæfdon on anre niht
ungearewe, and hit mæst eall ofsloh, and þa oðre to scipan
oðflugon. And raðe þæs þe hy ham comon, and þæt spell cuð
wearð Cartainiensum, swa wurdon hy swa swiðe forþohte,
þæt nalæs þæt an þæt Agothocle manega byrig to gafolgyl-
dum wurdon, ac eac hy him heapmælum sylfe on hand eo-
don. Swa eac Fefles se cyning mid Cerene hys folce hine eac
gesohte, ac Agothocles gedyde untreowlice wið hine, þæt he
hine on his wærum beswac and ofsloh, swa him eac sylfum
siððan æfter lamp. Gif he ða þa ane untreowða ne gedyde
from þam dæge he mihte butan broce ealra Cartaina an-
weald begietan. On þære hwile þe he þone unræd þurhteah,
Amicor, Pena cyning, wæs mid sibbe wið his farende mid
eallum his folce, ac betux Agothocle and his folce wearð un-
gerædnes þæt he sylf ofslagen wearð. Æfter his deaðe foran
eft Cartainienses on Sicilie mid scipum. Þa hy þæt geahse-
don þa sendon hy æfter Pirruse, Epira cyninge, and he him
sume hwile gefylste.

he didn't want his enemies to gain possession of them. He quickly built a fortress there and from there went attacking and harassing the inhabitants until Hanno, the other king of the Carthaginians, confronted him at the fortress with twenty thousand men. Agathocles put him to flight and killed two thousand of his men and pursued him to a point five miles from Carthage. There he built another fortress and went ravaging and burning around there, until the Carthaginians were able to see the fire and destruction from their city when they went outside.

Around the same time, Agathocles's brother Andro, 5 whom he had left behind in the city at home, tricked the army that had besieged them when they were off guard one night, and killed almost all of them, and the rest fled to their ships. As soon as they got home and the story was known to the Carthaginians, they were all very distressed, so that not only did many cities become tributary to Agathocles, but also they themselves submitted to him in droves. So too King Afellas with his people from Cyrene came to join him, but Agathocles dealt falsely with him, tricking him after he had given pledges and killing him, as happened to him too later. If he had not committed that one act of treachery he might have taken control of the whole of the Carthaginian lands from that day, without any trouble. At the time when he committed that act of folly, Hamilcar, the king of the Carthaginians, was coming to him in peace with all his army, but dissension arose between Agathocles and his army and he himself was killed. After his death the Carthaginians went again to Sicily with ships. When the Sicilians heard this they sent for Pyrrhus, king of Epirus, and he helped them for a time.

Chapter 6

Æfter þam þe Romeburh getimbred wæs CCCC wintrum and LXXXIII, sendon Momertine, Sicilia folc, æfter Romana fultume þæt hy wið Pena folce mihte. Þa sendon hy him Appius Claudius þone consul mid fultume. Eft þa hy togædereweard foran mid heora folcum, þa flugon Pene, swa hy eft sylfe sædon, and hys wundredan, þæt hy ær flugon ær hy togædere genealæhton. For þam fleame Hanna, Pena cyning, mid eallum his folce wearð Romanum to gafolgyldum, and him ælce geare gesealde twa hund talentana seolfres; on ælcre anre talentan wæs LXXX punda.

2   Æfter þam Romane besætan þone yldran Hannibalan, Pena cyning, on Argentine, Sicilia byrig, oð he forneah hungre swealt. Þa com him Pena oþer cyning to fultume mid sciphere, Hanna wæs haten, and þær geflymed wearð, and Romane siððan þæt fæsten abræcan. And Hannibal se cyning on niht ut oðfleah mid feawum monnum and LXXX scipa gegaderade and on Romana landgemæro hergade. On þa wrace fundon Romane ærest þæt hy scipa worhtan. Þæt gefremede Diiulius heora consul þæt þæt angin wearð tidlice þurhtogen, swa þæt æfter syxtigum daga þæs þe þæt timber acorfen wæs þær wæron XXX and C gearora ge mid mæste ge mid segle. And oðer consul, se wæs haten Cornelius Asina, se gefor on Liparis þæt igland to Hannibale to sundorspræce mid XVI scipan, þa ofsloh he hine.

3   Swa þæt þa se oðer consul gehyrde Diiulius, swa gefor he to þam iglande mid XXX scipum and Hannibales folces III hund ofsloh and his XXX scipa genam and XIII on sæ besencte, and hyne sylfne geflymde. Æfter þam Punici, þæt

Chapter 6

Four hundred and eighty-three years after Rome was built, the Mamertini, a Sicilian people, sent to the Romans for help against the Carthaginians. The Romans sent the consul Appius Claudius to them with an army. When the armies advanced to meet each other the Carthaginians fled, and as they themselves said, wonderingly, they took flight before they had even got near each other. Because of that rout Hanno, the king of Carthage, with all his people became tributary to the Romans, and each year paid two hundred talents of silver; in each talent there were eighty pounds.

After that the Romans besieged the elder Hannibal, the king of the Carthaginians, in Agrigentum, a town in Sicily, until he almost died of starvation. Then the other king of the Carthaginians, Hanno, came to his aid with a fleet and was driven off, and the Romans then captured the city. Hannibal the king escaped by night with a few men and gathered eighty ships and ravaged the Roman coasts. In retaliation the Romans decided for the first time to make ships. Their consul Duilius carried out the project so quickly that sixty days after the timber had been felled there were one hundred and thirty ships ready with masts and sails. The other consul, Cornelius Asina, went to the island of Lipara with sixteen ships for negotiation with Hannibal, but the latter killed him. 2

When the other consul, Duilius, heard this, he went to the island with thirty ships and killed three hundred of Hannibal's men, capturing thirty of his ships and sinking thirteen of them, and put Hannibal himself to flight. After 3

sindon Cartaniense, hy gesetton Hannonan ofer heora
scipa, swa Hannibales wæs ær, þæt he bewerede Sarðiniam
and Corsicam þa igland wið Romanum, and he raþe þæs wið
hy gefeaht mid sciphere and ofslagen wearð. Þæs on þam
æfteran geare Calatinus se consul for mid fyrde to Cameri-
nam, Secilia byrig, ac him hæfdon Pene þone weg forseten,
þær he ofer þone munt faran sceolde. Þa genam Calatinus
III hund manna mid him and on anre digelre stowe þone
munt oferstah and þa menn afærde, þæt hy ealle ongean
hine wæron feohtende and þone weg letan butan ware, þæt
seo fyrd siððan þær þurhfor. And þær wearð þæt III hund
manna ofslagen, ealle buton þam consule anum: he com
wund aweg.

4   Æfter þam Punice gesetton eft þone ealdan Hannibalan
þæt he mid scipum on Romane wunne. Ac eft þa he þær her-
gean sceolde, he wearð raðe geflymed, and on þam fleame
hyne oftyrfdon his agene geferan. Æfter þam Atilius se con-
sul aweste Liparum and Melitam, Sicilia igland. Æfter þam
foran Romane on Affrice mid IIII hund scipa and þritigum.
Ða sendon hy heora twegen cyningas him ongean, Hannan
and Amilcor, mid scipum, and þær wurdon begen geflymed,
and Romane genamon on him LXXXIIII scipa and siððan hy
abræcon Alpeam heora burh, and wæron hergende oð Car-
taina heora heafodburh. Æfter þam Regulus se consul un-
derfeng Cartaina gewinn. Þa he æst þider mid fyrde farende
wæs, þa gewicode he neah anre ea, seo wæs haten Bagrada.
Þa com of þam wætere an nædre, seo wæs ungemetlice mi-
cel, and þa menn ealle ofsloh þe neah þam wætere comon.

5   Ða gegaderade Regulus ealle þa scyttan þe on þam fæ-
relde wæron, þæt hy mon mid flanum ofercome. Ac þonne
hy mon sloh oððe sceat, þonne glad hit on þam scillum,

that the Punici, who are the Carthaginians, put Hanno in charge of their ships, as Hannibal had been before, to guard the islands of Sardinia and Corsica against the Romans. Soon afterward he fought against the Romans with his fleet and was killed. In the following year the consul Calatinus went with an army to Camerina, a city in Sicily, but the Carthaginians had blocked the way that he had to take to get over the mountain. So Calatinus took three hundred men and crossed over the mountain by a secret route. He so alarmed the Carthaginians that they all attacked him leaving the road undefended so that the army got through. The three hundred men were killed there, all except the consul who escaped with wounds.

After that the Carthaginians appointed the elder Hanni- 4
bal again to attack the Romans with ships. But again when he was supposed to be raiding there he was quickly put to flight and in the course of the flight his own comrades stoned him to death. After that the consul Atilius laid waste to Lipara and Malta, islands off Sicily. Next the Romans sailed to Africa with three hundred and thirty ships. The Carthaginians sent their two kings, Hanno and Hamilcar, against them with a fleet, and both were put to flight there. The Romans captured eighty-four ships and after that they took their city of Clipea, and ravaged the land as far as Carthage itself, their chief city. After that the consul Regulus took over the Carthaginian war. When he first came there with his army he camped near a river called Bagras. An enormous serpent came out of the water and killed all the men who ventured near the water.

Then Regulus assembled all the archers who were on that 5
expedition in order to subdue it with arrows. But whenever anyone hit it or shot it the weapon would slide on the scales,

swylce hit wære smeðe isen. Þa het he mid þam palistas mid
þam hy weallas brǽcan þonne hy on fæstenne fuhton, þæt
hire mon mid þam þwyres on wurpe. Ða wearð hire mid
anum wyrpe an ribb forod, þæt heo siððan mǽgen ne hæfde
hy to gescyldanne, ac raðe þæs heo wearð ofslagen, forþon
hit is nædrena gecynd þæt heora mǽgen and heora feðe bið
on heora ribbum, swa oþera creopendra wyrma bið on heora
fotum. Þa heo gefylled wæs, he het hy behyldan and þa hyde
to Rome bringan, and hy þær to mærðe aþenian, forþon heo
wæs hund twelftiges fota lang.

6   Æfter þam gefeaht Regulus wið þry Pena cyningas on
anum gefeohte: wið twegen Hasterbalas and se þridda wæs
haten Amilcor, se wæs of Sicilium him to fultume gefett. On
þam gefeohte wæs Cartainiensa VII M ofslagen, and XV M ge-
fangen, and IX elpendas genumen, and LXXXII tuna him eo-
dan on hand. Þa æfter þam þe Cartainiense geflymde wæron
hy wilnedon friþes to Regule. Ac eft þa hy ongeatan þæt he
ungemetlic gafol wið þam friðe habban wolde, þa cwædon
hy þæt him leofre wære þæt hy on swylcon nide deað for-
name þonne hy mid swylcan niede frið begeate.

7   Þa sendon hy æfter fultume ægþer ge on Gallie ge on Is-
panie ge on Læcedemonie æfter Exantipuse þam cyninge.
Eft, þa hy ealle gesomnad wæran, þa beþohtan hy ealle heora
wigcræftas to Exantipuse. And he siððan þa folc gelædde
þær hy togædere gecweden hæfdon, and gesette twa folc
diegellice on twa healfa his and þridde beæftan him, and be-
bead þam twam folcum, þonne he sylf mid þam fyrmestan
dæle wið þæs æftemestan fluge, þæt hy þonne on Regules
fyrde on twa healfa þwyres on fore. Þær wearð Romana XXX
M ofslagen and Regulus gefangen mid V hund manna. Þes

as if they were smooth iron. Then he ordered the men to attack it with the catapults that they used to break down walls when they attacked a fortress, so as to attack it from the side. With one shot they broke a rib so that it didn't have the strength to protect itself any more, and it was quickly killed. It is in the nature of serpents that their strength and movement is in their ribs, just as that of creeping wormlike creatures is in their feet. When it was killed he ordered it to be skinned and the skin to be taken to Rome, and they stretched it out as an object of wonder, since it was one hundred and twenty feet long.

After that Regulus fought against three Carthaginian 6 kings in a single battle: two called Hasdrubal and a third called Hamilcar, who had been fetched from Sicily to help them. In that battle seven thousand Carthaginians were killed, and fifteen thousand captured; nine elephants were taken, and eighty-two towns submitted to the Romans. When the Carthaginians had been defeated they sued for peace from Regulus. But when they discovered that he wanted an enormous tribute in exchange for peace, they said that they would rather die in such dire straits than buy peace with such hardship.

They then sent for help from the Gauls, the Spanish, and 7 from King Xanthippus of Sparta. When they were all gathered together they entrusted all their tactics to Xanthippus. He led the army to the place where they had agreed, and placed two sections secretly on two sides of him and a third behind him, and told the two flanks that when he retreated with the front rank toward the one behind, they should fall upon Regulus's army from the two sides. There thirty thousand Romans were killed and Regulus was captured along

sige gewearð Punicum on þam teoðan geare heora gewinnes
and Romana. Raðe þæs Exantipus for eft to his agnum rice
and him Romane ondred, forþon hy for his lare æt heora ge-
mittinge beswicene wurdon.

8   Æfter þam Enilius Paulus se consul for on Africam mid
III hund scipa to Clepeam þam iglande. And him comon
þær ongean Punice mid swa fela scipa, and þær geflymde
wæron, and heora folces wæs V M ofslagen, and heora scipa
xxx gefangen, and IIII and an hund adruncen. And Romana
wæs an C and an M ofslagen and heora scipa IX adruncen.
And hy on þam iglande fæsten worhtan, and hy þær eft Pene
gesohton mid heora twam cyningum, þa wæran begen Han-
nan hatene. Þær heora wæron IX M ofslagen, and þa oðre ge-
flymed. Mid þære herehyðe Romane oferhlæstan heora
scipa þa hy hamweard wæron, þæt heora gedearf twa CC and
xxx, and LXX wearð to lafe, and uneaðe genered mid þam
þæt hy mæst ealle ut awurpon þæt þæron wæs.

9   Æfter þam Amilcor Pena cyning for on Numedian and on
Mauritaniam, and hy oferhergade and to gafolgyldum ge-
sette, forþon þe hy ær Regule on hand eodan. Þæs ymb VI
gear Serfilius Cepio and Sempronius Blesus þa consulas fo-
ran mid III hund scipa and LX-gum on Africe and on Carta-
niensum monega byrig abræcon. And siððan mid miclum
þingum hamweard foran and eft heora scipa oferhlæstan,
þæt heora gedurfon L and C. Æfter þam Cotta se consul for
on Sicilie and hy ealle oferhergade. Þær wæron swa micle
mannslyhtas on ægðre healfe þæt hy mon æt nihstan be-
byrgean ne mihte.

10   On Luciuses dæge Heliuses þæs consules and on Me-
telluses Gaiuses and on Foruses Blaciduses, com Hasterbal
se niwa cyning of Cartainum on Libeum þæt igland mid xxx

with five hundred men. The Carthaginians won this victory in the tenth year of their war with the Romans. Immediately after that Xanthippus went back to his own kingdom, fearing the Romans because they were defeated through his tactics in the battle.

After that the consul Aemilius Paulus went to Africa with 8 three hundred ships to the island of Clipea. The Carthaginians came to meet him with the same number of ships and were defeated; five thousand of their men were killed, thirty of their ships captured and one hundred and four of their ships sunk. One thousand one hundred Romans were killed and nine of their ships sunk. The Romans built a fortress on the island, and the Carthaginians came against them under their two kings, both called Hanno. Nine thousand of them were killed and the rest fled. The Romans overloaded their ships with the booty on the way home, so that two hundred and thirty of them sank and seventy were left, and they were only just preserved by throwing out nearly all the cargo.

After that Hamilcar, the Carthaginian king, went to Nu- 9 midia and Mauritania and ravaged the whole region, forcing them to become tributaries because they had previously submitted to Regulus. Six years later the consuls Servilius Caepio and Sempronius Blaesus went with three hundred and sixty ships to Africa and captured many Carthaginian cities. Then they set off home with much plunder and again overloaded their ships so that one hundred and fifty of them sank. After that the consul Cotta went to Sicily and ravaged the whole island. So many were killed on both sides that in the end they couldn't be buried.

In the time of the consul Lucius Caecilius and Metellus 10 Gaius and Furius Placidus, Hasdrubal, the new king of Carthage, went to the island of Lilybaeum with thirty thousand

M gehorsedra and mid xxx-gum helpenda and C-gum, and raðe þæs gefeaht wið Metellus þone cyning. Ac siððan Metellus þa helpendas ofercom, siððan he hæfde eac raðe þæt oþer folc geflymed. Æfter þam fleame Hasterbal wearð ofslagen fram his agnum folce. Þa wæron Cartainiense swa ofercumene and swa gedrefede betux him sylfum, þæt hy hi to nanum onwealde ne bemætan, ac hy gewearð þæt hy woldan to Romanum friðes wilnian. Þa sendon hy Regulus þone consul, þone hy hæfdon mid him fif winter on bendum, and he him geswor on his goda namon þæt he ægðer wolde ge þæt ærende abeodan swa swa hy hine heton ge eac him þæt andwyrde eft gecyþan.

11 And he hit swa gelæste, and abead þæt ægðer þæra folca oðrum ageafe ealle þa menn þe hy gehergad hæfdon, and siððan him betweonum sibbe heoldan. And æfter þam þe he hit aboden hæfde, he hy halsode þæt hy nanuht þæra ærenda ne underfengon, and cwæð þæt him to micel æwisce wære þæt hy swa emnlice wrixledon, and eac þæt heora gerisna nære þæt hy swa heane hy geþohtan þæt hy heora gelican wurdan. Þa æfter þam wordum hy budon him þæt he on cyððe mid him wunode and to his rice fenge. Þa anwyrde he him and cwæð þæt hit na geweorðan sceolde þæt se wære leoda cyning se þe ær wæs folce þeow. Þa he eft to Cartainum com, þa asædan his geferan hu he heora ærenda abead. Þa forcurfon hi him þa twa ædran on twa healfa þæra egan, þæt he æfter þam slapan ne mihte, oð he swa searigende his lif forlet.

12 Æfter þam Atilius Regulus and Mallius Ulsca þa consulas foran on Cartaine on Libeum þæt igland mid twam hund scipa, and þær besætan an fæsten. Þa befor hine þær Hannibal se geonga cyning, Amilcores sunu, þær hy ungearewe

horsemen and one hundred and thirty elephants, and soon fought with Metellus the king. Once Metellus had defeated the elephants he soon had the rest of the army in flight as well. After that rout Hasdrubal was killed by his own people. The Carthaginians were then so heavily defeated and so distressed that they considered themselves powerless and agreed to seek peace with the Romans. They sent the consul Regulus, whom they had held as a captive for five years, and he swore in the name of his gods that he would deliver their message as they had instructed and bring back the answer.

He did as he had promised, and announced the proposal that each side should return all their captives and afterward keep peace between themselves. After announcing this he begged the Romans not to accept any part of that proposal, saying that it would be disgraceful for them to make such an evenhanded exchange, and it would be all wrong for them to accept that they were so lowly as to be the equal of the Carthaginians. After that speech the Romans invited him to remain with them in his own country and be restored to his office, but he answered saying that it would not be fitting for one who had been slave to a people should become a king over a nation. When he returned to Carthage his companions reported how he had delivered their message. Then they cut the nerves on both sides of his eyes so that he could not sleep, until he withered away and died.

After that the consuls Atilius Regulus and Manlius Vulsco went to the Carthaginian island of Lilybaeum with two hundred ships and besieged a fortress there. The young king Hannibal, son of Hamilcar, surrounded them while they buton fæstene sætan, and þær ealle ofslagene wæran buton feawum. Æfter þam Claudius se consul for eft on Punice, and him Hannibal ut on sæ ongean com and ealle ofsloh butan xxx sciphlæsta, þa oðflugon to Libeum þam iglande. Þær wæs ofslagen ix m, and xx m gefangen. Æfter þam for Gaius Iunius se consul on Affrice, and mid eallum his færelte on se forwearð. Þæs on þam æfterran geare Hannibal sende sciphere on Rome, and þær ungemetlic gehergadon.

13   Æfter þam Lutatia se consul for on Africe mid iii hund scipa to Sicilium, and him Punice þær wið gefuhton. Þær wearð Lutatia wund þurh oðer cneow. Þæs on mergen com Hanna mid Hannibales fyrde, and him þær gefeaht wið Lutatia, þeh he wund wære. And Hannan geflymde and him æfter for, oð he com to Cinam þære byrig. Raðe þæs comon eft Pene mid firde to him, and geflymde wurdan and ofslagen ii m. Þa wilnedon Cartaine oðre siðe friþes to Romanum, and hy hit him on þæt gerad geafan þæt hy him Siciliam to ne tugon ne Sardiniam, and eac him gesealden þæronufan iii m talentana ælce geare.

Chapter 7

Æfter þam þe Romeburh getimbred wæs v hund wintrum and vii, wearð ungemetlic fyrbryne mid Romanum, þæt nan mann nyste hwanon hit com. Þa þæt fyr alet, þa were camped outside the fortress unaware, and all but a few were killed. After that the consul Claudius set off to attack the Carthaginians. Hannibal came to meet him at sea and killed all his men apart from the crews of thirty ships, which fled to the island of Lilybaeum. Nine thousand were killed and twenty thousand captured. After that the consul Gaius Junius went to Africa and perished at sea with his whole fleet. In the following year Hannibal sent a fleet to Rome and harried the area extensively.

Then the consul Lutatius set off against the Carthagin- 13 ians, taking three hundred ships to Sicily, and the Carthaginians fought against him there. Lutatius was wounded in the knee. On the following morning Hanno arrived with Hannibal's army and Lutatius fought against him although he was wounded. He defeated Hanno and pursued him until he got to the city of Erycina. Immediately the Carthaginians advanced against him again with an army, but were put to flight and two thousand were killed. Then the Carthaginians again sought peace from the Romans, who agreed to it on condition that they should not lay claim to Sicily or Sardinia and should give them three thousand talents as well, every year.

Chapter 7

Five hundred and seven years after Rome was built, there was a huge fire in Rome and no one knew how it started. When the fire died down the river Tiber flooded more than

wearð Tiber seo ea swa fledu swa heo næfre ær næs ne
siððan, þæt heo mæst eall genom þæt binnan þære byrig
wæs þæra manna andlyfene ge eac on heora getimbrum. On
þam dagum þe Titus Sempronius and Gratias Gaius wæron
consulas on Rome, hy gefuhton wið Faliscis þam folce and
heora ofslogon XII M. On þam geare wurdon þa Gallie Ro-
manum wiþerwearde, þe mon nu hætt Langbeardas, and
raðe þæs heora folc togædere gelæddon. On heora þam for-
man gefeohte wæs Romana III M ofslagen, and on þam
æfteran geare wæs Gallia IIII M ofslagen and II M gefangen.
Þa Romane hamweard wæran, þa noldan hy don þone tri-
umphan beforan heora consulum, þe heora gewuna wæs
þonne hy sige hæfdon, forþon þe he æt þam ærran gefeohte
fleah. And hy þæt siððan feala geara on missenlicum sigum
dreogende wæron.

2   Þa þa Titus Mallius and Torcwatus Gaius and Atirius Bu-
bulcus wæran consulas on Rome, þa ongunnon Sardinie, swa
hy Pene gelærdon, winnon wið Romanum and raðe ofer-
swiðde wæron. Æfter þam Romane wunnon on Cartaine,
forþon þe hy frið abrocen hæfdon. Ða sendon hy tua heora
ærendracan to Romanum æfter friðe, and hit abiddan ne
mihtan. Þa æt þam þriddan cyrre hy sendon x heora yldestan
witena, and hy hit abiddan ne mihton. Æt þam feorðan cyrre
hy sendon Hannan, heora þone unweorðestan þegn, and he
hit abæd.

3   Witodlice, cwæð Orosius, nu we sindon cumen to þam
godan tidum þe us Romane oðwitað, and to þære geniht-
sumnesse þe hy us ealnig fore gylpað þæt ure ne sien þam
gelican. Ac frine hy mon þonne æfter hu monega wintrum
seo sibb gewurde, þæs þe hy æst unsibbe wið monegum fol-
cum hæfdon: þonne is þæt æfter L wintra and CCCC. Ahsige

ever before or since, so that it destroyed pretty well everything in the city in the way of provisions and buildings. At the time when Titus Sempronius and Gracchus Gaius were consuls in Rome, they fought with the Faliscians, and killed twelve thousand of them. In that year the Gauls who are now called Lombards were in conflict with the Romans, and soon the two armies came together. In that first battle three thousand Romans were killed, and in the following year four thousand Gauls were killed and two thousand captured. When the Roman army returned home the Romans wouldn't produce a triumph for their consuls as their habit was when they won a victory, because one of them had fled in the earlier battle. They went on experiencing varying fortunes in war for many years afterward.

When Titus Manlius and Torquatus Gaius and Atilius Bubulcus were consuls in Rome, the Sardinians, with Carthaginian encouragement, fought against the Romans and were soon defeated. Then the Romans made war on the Carthaginians because they had broken the peace agreement. They then sent two envoys to Rome seeking peace, and they could not get it. At a third attempt they sent ten of their most senior senators and they couldn't get it. On the fourth occasion they sent Hanno, the least distinguished of their officers, and he got agreement to it. 2

Now, said Orosius, we have arrived at the good times that the Romans twit us with, and at the period of abundance that they are always boasting about, saying our times are so different from those. But ask yourself, after how many years did this peace come about from the time when they first had wars with other peoples: the answer is after four hundred 3

þonne eft hu lange seo sibb gestode: þonne wæs þæt an gear.
Sona þæs on þam æfterran geare Gallie wunnon wið Ro-
mane, and Pene on oþre healfe. Hu þincð eow nu Romanum
hu seo sibb gefæstnod wære, hwæðer heo si þam gelicost þe
mon nime anne eles dropan, and drype on an mycel fyr, and
þence hit mid þam adwæscan? Þonne is wen, swa micle
swiþor swa he þencð þæt he hit adwæsce, þæt he hit swa
micle swiðor ontydre. Swa þonne wæs mid Romanum þæt
an gear þæt hy sibbe hæfdon, þæt hy under þære sibbe to
þære mæstan sace become.

4   On heora þam ærestan gewinne Amilcor, Cartaina cyn-
ing, þa he to Romanum mid fyrde faran wolde, þa wearð he
fram Spenum beþridad and ofslagen. On þam geare Ilirice
ofslogan Romana ærendracan. Æfter þam Fuluius Postu-
mius se consul forþam on hi fyrde gelædde, and fela ofslagen
wearð on ægðre healfe, and he þeah sige hæfde. Sona þæs on
þam æfterran geare gelærdan Romana bisceopas swylce
niwe rædas swylce hy full oft ær ealde gedydon: þa him mon
on þreo healfa onwinnende wæs, ægðer ge Gallie be suþan
muntum, ge Gallie be norþan muntum, ge Pene, þæt hy
sceoldan mid mannum for hy heora godum blotan, and þæt
sceolde beon an Gallisc wæpnedmann and an Gallisc wif-
mann, and hy þa Romane be þæra bisceopa lare hy swa cuce
bebyrgdon.

5   Ac hit God wræc on him swa he ær ealneg dyde, swa oft
swa hy mid mannum offredan, þæt hy mid heora cucum
guldon þæt hy ungyltige cwealdon. Þæt wæs ærest gesine on
þam gefeohte þe hy wið Gallium hæfdon: þeh þe heora
agenes fultumes wære eahta hund M, buton oðrum folcum
þe hy hæfdon to asponen, þæt hy raðe flugon, þæs þe heora

and fifty years. Then ask yourself how long that peace lasted: the answer is one year. Immediately after that, in the very next year, the Gauls fought against the Romans, and the Carthaginians on their other side. How firmly established was this peace, do you Romans think? Was it as if someone took a drop of oil and dripped it on to a great fire and expected to extinguish it with that? You would expect that rather than extinguishing the fire it would be much more likely to feed it. So it was with the Romans: they had peace for one year but in the course of that peace they came to the greatest conflict.

In their first conflict Hamilcar, the Carthaginian king, 4 was defeated and killed by the Spanish while on his way with an army against the Romans. In the same year the Illyrians killed envoys from Rome. Subsequently the consul Fulvius Postumius led an army against them because of that and many were killed on both sides, but he had the victory. In the following year the Roman priests advised, as if it was a new plan, what they had very often done in the past: when enemies were attacking them on three sides, Gauls on the southern hills, Gauls on the northern hills, and also Carthaginians, they should sacrifice human beings to their gods on their behalf, and that was to be a Gaulish man and a Gaulish woman, and the Romans buried them alive according to the priests' directions.

But God took vengeance on them, as he always did be- 5 fore whenever they sacrificed human beings, so that they paid with their own lives for those innocents that they killed. That was first evident in the battle that they had with the Gauls: although they had eight hundred thousand of their own forces, apart from other peoples that they had enlisted, they immediately fled when their consul was killed

consul ofslagen wæs and heora oðres folces III M. Þæt him
þa geþuhte swylc þæt mæste wæl swylc hy oft ær for noht
hæfdon. Æt heora oðran gefeohte wæs Gallia IX M ofslagen.
Þæs on þam þriddan geare Mallius Tarcuatus and Fuluius
Flaccus wæron consulas on Rome. Hy gefuhton wið Gallium
and heora III hund M ofslogon and VI M gefengon.

6   On þam æfterran geare wæran monige wundra gesewene.
An wæs þæt on Piceno þam wuda an wille weoll blode. And
on Thracio þam lande mon seah swylce se heofen burne.
And on Ariminio þære byrig wæs niht oð midne dæg. And
wearð swa micel eorðbeofung þæt on Caria and on Roþum
þam iglandum wurdon micle hruras, and Colosus gehreas.
Þy geare Fiaminius se consul forseah þa sægene þe þa hlyt-
tan him sædon, and him logan þæt he æt þam gefeohte ne
come wið Gallie. Ac he hit þurhteah and mid weorðscipe
geendade. Þær wæs Gallia VII M ofslagen and XVII M gefan-
gen. Æfter þam Claudius se consul gefeaht wið Gallie and
heora ofsloh XXX M, and he sylf gefeaht wið þone cyning an-
wig and hine ofsloh, and Megelan þa burh geeode. Æfter
þam wunnon Isþrie on Romane. Þa sendon hy heora con-
sulas ongean, Cornelius and Minutius. Þær wæs micel wæl
geslagen on ægðre healfe, and Istrie wurdon þeh Romanum
underþeodde.

along with three thousand others. That seemed to them as if it were an immense slaughter, such as they had previously considered insignificant. At their second battle nine thousand Gauls were killed. In the third year after that Manlius Torquatus and Fulvius Flaccus were consuls in Rome. They fought against the Gauls and killed three hundred thousand of them and captured six thousand.

In the following year many portents were seen. One was 6 that in the forest of Picenum a spring flowed with blood. In the land of Thrace the sky seemed to burn. In the city of Ariminum it was nighttime until the middle of the day. There was such a huge earthquake that in the islands of Caria and Rhodes many buildings were ruined and the Colossus collapsed. In that year Flaminius the consul defied the message that the casting of lots produced, warning that he should not proceed against the Gauls with battle. He went ahead and came out with honor. Seven thousand Gauls were killed and seventeen thousand captured. After that the consul Claudius fought against the Gauls and killed thirty thousand of them. He himself fought against the king in single combat and killed him, and he captured the city of Milan. Next the Istrians made war on the Romans. They sent against them their consuls Cornelius and Minucius. There was much slaughter on both sides, but the Istrians were subdued by the Romans.

Chapter 8

Æfter þam þe Romeburh getimbred wæs v hund win-
trum and xxxiii, Hannibal, Pena cyning, besæt Saguntum
Ispania burh, forþon þe hy on simbel wið Romane sibbe
heoldan; and þær wæs sittende viii monað, oð he hy ealle
hungre acwealde and þa burh towearp, þeh þe Romane
heora ærendracan to him sendon, and hy firmetton þæt hi
þæt gewin forleton; ac he hy swa unweorðlice forseah, þæt
he heora sylf onseon nolde. On þam gewinne and eac on
monegum oðrum æfter þam, Hannibal gecyðde þone niþ
and þone hete þe he beforan his fæder gesweor, þa he nigon-
wintre cniht wæs, þæt he næfre ne wurde Romana freond.

2   Þa þa Publius Cornelius and Scipa Publius and Sempro-
nius Longus þa hy wæron consulas, Hannibal abræc mid
gefeohte ofer þa beorgas þe mon hætt Perenei, þa sindon
betwyx Galleum and Spaneum, and siþþan he gefor ofer þa
monegan þeoda, oð he com to Alpis þam muntum, and þær
eac ofer abræc, þeh him mon oftrædlice mid gefeohtum
wiðstode, and þone weg geworhte ofer Munt Iof. Swa þonne
he to þam syndrygum stane com, þonne het he hine mid fyre
onhætan and siððan mid mattucun heawan; and mid þam
mæstan geswince þa muntas oferfor. His heres wæs an M
feþena and xx M gehorsedra. Þa he hæfde on þam emnette
gefaren oð he com to Ticenan þære ea, þa com him þær on-
gean Scipio se consul, and þær frecenlice gewundod wearð
and eac ofslagen wære gif his sunu his ne gehulpe, mid þam
þæt he hyne foran forstod oð he on fleame fealh. Þær wearð
Romana micel wæl geslagen.

Chapter 8

Five hundred and thirty-three years after Rome was built, Hannibal, the Carthaginian king, besieged the city of Saguntum in Spain, because they had always preserved friendship with the Romans. He maintained the siege for eight months until he starved them all to death and overthrew the city, even though the Romans sent their envoys to him requesting that the conflict should be abandoned. He rejected them with insult, refusing to see them himself. In that war and also in many others after that, Hannibal showed the hostility and hatred that he had sworn in the presence of his father when he was a boy of nine, saying that he would never be a friend to the Romans.

When Publius Cornelius and Scipio Publius and Sempronius Longus were consuls, Hannibal forced his way with fighting over the mountains called the Pyrenees, which lie between Gaul and Spain, and then overran many peoples, until he came to the Alps, and there too forced his way through, though the inhabitants often resisted him in battle, and created a road over the Mount of Jove. When he came to an exceptional rock he ordered it to be heated with fire and then broken with mattocks, and so with a lot of hard work he got over the mountains. There were one thousand foot soldiers in his army and twenty thousand horsemen. When he had advanced over the plain until he reached the river Ticinum, the consul Scipio advanced to meet him, and was badly wounded; he would have been killed if his son hadn't helped him by standing in front of him until he got away. A great many of the Romans were killed.

3   Heora æftre gefeoht wæs æt Trefia þære ea, and eft
wæron Romane forslegen and geflymed. Ða þæt Sempro-
nius hyrde, heora oþer consul, se wæs on Sicilium mid fyrde
gefaren, he þonon afor, and begen þa consulas wæron mid
fyrde ongean Hannibal. And heora gemitting wæs eft æt
Trefia þære ea, and eac Romane geflymed and swiðor forsla-
gen, and Hannibal gewundod. Æfter þam for Hannibal ofer
Bardan þone beorh, þeh þe ymbe þone timan wæron swa
micel snawgebland swa þæt ægðer ge þæra horsa fela for-
wurdon ge þa elpendas ealle buton anum, ge þa menn sylfe
uneaðe þone cyle genæsan. Ac forþam he geneðde swiðost
ofer þone munt þe he wiste þæt Flamineus se consul wende
þæt he buton sorge mihte on þam wintersetle gewunian þe
he þa on wæs mid þam folce þe he þa gegaderad hæfde, and
untweogendlice wende þæt nan nære þæt þæt færelt ymbe
þone timan anginnan dorste oððe mihte for þon ungemetli-
can cyle.

4   Mid þam þe Hannibal to þam lande becom, swa gewicode
he on anre dygelre stowe neah þam oðrum folce, and sum his
folc sende gind þæt land to bærnanne and to hergeanne, þæt
se consul wæs wenende þæt eall þæt folc wære geond þæt
land tobræd. And þiderweard farende wæs and þencende
þæt he hy on þære hergunge beswice, and þæt folc buton
truman lædde, swa he wiste þæt þæt oðer wæs, oðþæt Han-
nibal him com þwyres on mid þam fultume þe he ætgædere
hæfde, and þone consul ofslog and þæs oðres folces xxv M,
and vi M gefangen, and Hannibales folces wæs twa M ofsla-
gen.

5   Æfter þam Scipia se consul, þæs oðres Scipian broðor,
wæs monega gefeoht donde on Ispanium and Magonem
Pena ladteow gefeng. And monega wundor gewurdon on

Their next battle was at the river Trevia, and again the 3
Romans were destroyed and routed. When Sempronius, the
other consul, who had taken an army to Sicily, heard this
he returned from there and both the consuls went with an
army against Hannibal. Their meeting was again at the river
Trevia, and likewise the Romans were routed and many
killed, and Hannibal was wounded. After that Hannibal ad-
vanced over the Appenines though there was such a huge
snowstorm at that time that many of the horses perished
and all of the elephants except one, and the men themselves
scarcely survived the cold. But he risked going over the
mountains mainly because he knew that the consul Flamin-
ius assumed that he could remain in winter quarters without
risk, with the army that he had assembled, and was confi-
dent that no one dared or could attempt that journey at that
time because of the intense cold.

When Hannibal reached that region he camped in a hid- 4
den spot near the other army, and sent some of his men
around the land burning and ravaging, so that the consul
thought that the whole army was scattered over the area. So
he went toward them thinking that he would catch them
while they were out raiding, and led his army not in bat-
tle order, thinking that the other army was the same, until
Hannibal fell upon him from the side with the forces that
he had kept together. He killed the consul and twenty-five
thousand other men, and captured six thousand; two thou-
sand of Hannibal's men were killed.

After that the consul Scipio, brother of the other Scipio, 5
fought many battles in Spain and captured the Carthaginian
general Mago. Many portents were seen at that time. First

þære tide. Ærest wæs þæt seo sunne wæs swylce heo wære eall gelytladu. Oþer wæs þæt mon geseah swylce seo sunne and se mona fuhton: þas wundor gewurdon on Arpis þam lande. And on Sardinium mon geseah twegen scyldas blode swætan. And Falisci þæt folc hy gesawan swylce seo heofon wære tohliden. And Athium þæt folc him geþuhte, þa hy heora corn ripan, and heora cawlas afylled hæfdon, þæt eall þa ear wæron blodige.

Chapter 9

ÆEfter þam þe Romeburh getimbred wæs v hund wintrum and xl, þa þa Lucius Amilius and Paulus Publius and Terrentius Uarra, þa hy wæron consulas, hy geforan mid firde ongean Hannibal. Ac he hi mid þam ilcan wrence beswac þe he æt heora ærran gemetinge dyde, and eac mid þam niwan þe hy ær ne cuðan, þæt wæs, þæt he on fæstre stowe let sum his folc and mid sumum for ongean þa consulas, and raðe þæs þe hy tosomne comon, he fleah wið þæra þe þær bæftan wæran, and him þa consulas wæron æfterfylgende and þæt folc sleande and wendon þæt hi on þam dæge sceoldan habban þone mæstan sige. Ac raþe þæs þe Hannibal on his fultume com, he geflymde ealle þa consulas, and on Romanum swa micel wæl gesloh swa heora næfre næs ne ær ne siððan æt anum gefeohte, ðæt wæs xliiii m, and þæra consula twegen ofsloh and þone þriddan gefeng. And þa on dæg he mihte cuman to ealra Romana anwealde, þær he forðgefore to þære byrig.

the sun appeared to shrink. The second was that the sun and moon seemed to fight each other: these marvels were seen in Arpi. In Sardinia two shields were seen to sweat blood. The Faliscians saw the sky appear to gape open. To the people of Antium it appeared that when they harvested their grain and had filled their baskets, the heads of grain were all bloody.

Chapter 9

Five hundred and forty years after Rome was built, when Lucius Aemilius and Paulus Publius and Terentius Varro were consuls, they advanced with an army against Hannibal. But he defeated them through the same trick that he had used at their first meeting, and also with a new one that they hadn't heard before, which was that he left some of his army in a secure position and advanced with others against the consuls. As soon as they met he retreated toward those that were in reserve, and the consuls pursued him killing the soldiers and thinking that they were going to have the biggest victory that day. But as soon as Hannibal reached his forces he defeated all the consuls and slaughtered an immense number of Romans, such as never before or since had fallen in a single battle. There were forty-four thousand dead, and he killed two of the consuls and captured the third. On that day he might have achieved power over all the Romans if he had pressed on to the city.

2   Æfter þam Hannibal sende ham to Cartaina þrio mydd gyldenra hringa his sige to tacne. Be þam hringum mon mihte witan hwæt Romana duguðe gefeallen wæs, forþon þe hit wæs þeaw mid him on þam dagum þæt nan oþer ne moste gyldenne hring werian buton he æþeles cynnes wære. Æfter þam gefeohte wæron Romana swa swiðe forþohte, þæt Celius Metellus, þe þa heora consul wæs, ge ealle heora senatus hæfdon geþoht þæt hy sceoldon Romeburh forlætan ge furþon ealle Italiam. And hy þæt swa gelæston, gif him Scipia ne gestyrde, se wæs þæra cempena yldest, mid þam þe he his sweorde gebræd and swor þæt him leofre wære þæt he hine sylfne acwealde þonne he forlete hys fæder oeþel. And sæde eac þæt he þæra ælces ehtend wolde beon, swa swa his feondes, þe þæs wordes wære þæt fram Romebyrig þohte. And he hy ealle mid þam genydde þæt hy aþas sworan þæt hy ealle ætgædere woldon oððe on heora earde licgean oððe on heora earde libban.

3   Æfter þam hi gesettan tictator, þæt he sceolde beon herra ofer þa consulas, se wæs haten Decius Iunius. He næs buton XVII wintre. And Scipian hy gesetton to consule, and ealle þa men þe hi on þeowdome hæfdon hy gefreodon, on þæt gerad þæt hy hy aþas sworan þæt hy him æt þam gewinnum gelæston. And sume þa þe heora hlafordas fregean noldan oþþe hi ne anhagade þæt hy mihton, þonne guldon hi þa consulas mid heora gemænan feo and siþþan freodan. And ealle þa þe fordemede wæron ær þam oððe hy sylfe forworht hæfdon, hy hit eall forgeafon wið þam þe hi him æt þam gewinnum fulleodan. Þæra manna wæs VI M, þa hi gegaderad wæron. And ealle Italiam geswican Romanum and to Hannibale gecyrdon, forþon þe hy wæron orwene hwæðer æfre Romane to heora onwealde become.

After that Hannibal sent back to Carthage three mea- 2
sures of gold rings as a testimony to his victory. From those
rings you could tell how many of the Roman nobility had
fallen, since it was the custom among them in those times
that no one could wear a gold ring unless he was of noble
birth. After that battle the Romans were so distraught that
their consul Caecilius Metellus and all the senate had
thought that they should abandon Rome and even all of It-
aly. They would have done so if Scipio, who was the most se-
nior of the military men, had not stopped them, when he
drew his sword and swore that he would rather kill himself
than abandon the land of his father. He said too that he
would pursue as an enemy anyone who spoke of leaving
Rome. By that means he forced them all to swear an oath
that they would all either die in their country or live in their
country.

After that they appointed a dictator, Decius Junius, who 3
was to be above their consuls. He was only seventeen years
old. They appointed Scipio as consul, and freed all the men
that they had in servitude, on condition that they swore an
oath to support them in the wars. Where the owners re-
fused to free them or weren't in a position to be able to do
so, the consuls bought them with money from the common
treasury and then freed them. All those who had been con-
victed or had incriminated themselves were given a full par-
don provided they gave their full support in the wars. When
they had gathered all the men together there were six thou-
sand of them. All of Italy abandoned the Romans and turned
to Hannibal, because they had no confidence that the Ro-
mans would ever return to power.

4   Ða gefor Hannibal on Benefente, and hy him ongean co-
mon and him to gecirdon. Æfter þam Romane hæfdon gega-
derad IIII legian heora folces, and sendon Lucius Postumius
þone consul on þa Gallie þe mon nu Langbeardas hæt, and
þær ofslagen wearð, and þæs folces fela mid him. Æfter þam
Romane gesetton Claudius Marcellus to consule, se wæs ær
Scipian gefera. He for dearninga mid gewealdenan fultume
on þone ende Hannibales folces þe he sylf on wæs, and fela
þæs folces ofsloh and hine sylfne geflymde. Ða hæfde Mar-
cellus Romanum cuð gedon þæt mon Hannibal geflyman
mihte, þeh þe hy ær tweode hwæðer hine mon mid ænigon
manfultume geflyman mihte.

5   Gemong þam gewinnum þa twegen Scipian, þe þa wæron
consulas and eac gebroðor, hy wæron on Ispanium mid fyrde
and gefuhton wið Hasterbale, Hannibales fæderan, and hine
ofslogon, and his folces XXX M sume ofslogon sume gefen-
gon. Se wæs eac Pena oþer cyng. Æfter þam Centenus
Penula se consul bæd þæt senatus him fultum sealdon, þæt
he mihte Hannibal mid gefeohte gesecean, and he þær ofsla-
gen wearð and VIII M hys folces. Æfter þam Sempronius
Craccus se consul for eft mid fyrde ongean Hannibal and ge-
flymed wearð, and his heres wæs micel wæl ofslagen.

6   Hu magon nu Romane, cwæð Orosius, to soðe gesecgean
þæt hy þa hæfdon betran tida þonne hi nu habban, þa hy swa
monega gewinn hæfdon endemes underfongon? An wæs on
Ispania; oþer on Mæcedonia; þridde on Capadotia; feorðe
æt ham wið Hannibal. And hi eac oftost geflymde wurdon
and gebismrade. Ac þæt wæs swiðe sweotol þæt hi þa wæron
beteran þegnas þonne hy nu sien, þæt hy þeh þæs gewinnes

Then Hannibal went to Beneventum and the people   4
there came to meet him and joined him. After that the Ro-
mans assembled four legions of their troops and sent the
consul Lucius Postumius against the Gauls who are now
called Lombards, and he was killed there, and many of the
troops with him. After that the Romans appointed as con-
sul Claudius Marcellus, who had been Scipio's comrade. He
went secretly with a small detachment to the wing of Hanni-
bal's army that the latter was in, and killed many of them,
putting Hannibal himself to flight. So Marcellus had shown
the Romans that it was possible to defeat Hannibal, though
they had previously doubted whether he could ever be de-
feated, however big the force against him.

While those battles were taking place the two Scipios,   5
who were consuls and also brothers, were in Spain with an
army and fought against Hasdrubal, Hannibal's paternal un-
cle, and killed him; thirty thousand of his men were either
killed or captured. He was also one of the two kings of
the Carthaginians. After that the consul Centenius Penula
asked the senate to give him an army to lead into battle
against Hannibal, and he was killed there along with eight
thousand of his men. Next the consul Sempronius Gracchus
went again with an army against Hannibal and was defeated,
and many of his men were killed.

So, said Orosius, how can Romans really claim that they   6
had better times then than they have now, when they had so
many wars at the same time? One was in Spain, a second in
Macedonia, a third in Cappadocia, a fourth at home against
Hannibal. And the Romans were repeatedly defeated and
humiliated. But it was clear enough that they were better
fighters than they are now, since they still would not give up

geswican noldon, ac hy oft gebidan on lytlum staþole and on unwenlicum, þæt hy þa æt nihstan hæfdon ealra þæra anwald þe ær neah heora hæfdon.

Chapter 10

Æfter þam þe Romeburh getimbred wæs v hund wintrum and xLIII, þæt Marcellus Claudius se consul for mid sciphere on Sicilie and begeat Siraccuses, heora þa welegestan burh, þeh he hi æt þam ærran færelte begitan ne mihte, þa he hy beseten hæfde, for Archimeþes cræfte, sume Sicilia þegnes. On þam teoðan geare þæs þe Hannibal wonn on Italie, he for of Campaina þam lande oð þreo mila to Romebyrig and æt þære ea gewicade þe mon Annianes hæt, eallum Romanum to þam mæstan ege, swa hit mon on þæra wæpnedmanna gebærum ongitan mihte, hu hy afyrhtede wæran and agælwede, þa þa wifmen urnon mid stanum wið þæra wealla, and cwædon þæt hy þa burh werigan woldon, gif þa wæpnedmen ne dorstan.

2   Þæs on morgen Hannibal for to þære byrig and beforan þam geate his folc getrymede, þe mon hæt Collina. Ac þa consulas noldan hy selfe swa earge geþencean swa hi þa wifmen ær forcwædan, þæt hy hi binnan þære byrig werigan ne dorstan, ac hy hi butan þam geate ongean Hannibal trymedon. Ac þa hy togædere woldon, þa com swa ungemetlic ren, þæt heora nan ne mihte nanes wæpnes gewealden, and forþam toforan. Þa se ren ablon, hy foran eft togædere, and eft wearð oðer swylc ren, þæt hy eft toforan. Þa ongeat

the conflict but often hung on in a small and unpromising position until in the end they had all the power that they had had before.

Chapter 10

Five hundred and forty-three years after Rome was built, the consul Marcellus Claudius went with a fleet to Sicily and captured Syracuse, their richest city, though he had been unable to take it on an earlier expedition after besieging it because of the skill of Archimedes, a Sicilian soldier. In the tenth year that Hannibal had been campaigning in Italy, he went from Campania to a point three miles from the city of Rome and camped at the river Anio, to the terror of all the Romans, as you could tell from the behavior of the men, showing how frightened and distraught they were, when the women ran to the walls with rocks and said that they would guard the city if the men didn't dare.

In the morning Hannibal advanced to the city and drew 2 up his army in front of the Colline gate. The consuls were unwilling to consider themselves as cowardly as the women had represented them earlier, saying that they didn't dare defend themselves inside the city, but marshaled their troops against Hannibal outside the gate. But when they were about to join battle there was a huge deluge of rain, so that none of them could wield their weapons and so they separated. When the rain stopped they came together again, and again there was a similar downpour so that they

Hannibal, and him sylf sæde, þeh þe he wilniende wære and wenende Romana onwealdes, þæt hit God ne geþafode.

3   Gesecgað me nu Romane, cwæð Orosius, hwænne þæt gewurde oððe hwara, ær þam cristendome, oþþe ge oþþe oðere æt ænegum godum mihton ren abiddan, swa mon siððan mihte, siððan se cristendom wæs, and nugyt magon monege gode æt urum Hælendum Criste, þonne him þearf bið? Hit wæs þeah swiðe sweotol þæt se ilca Crist se þe hi eft to cristendome onwende, þæt se him þone ren to gescildnisse onsende, þeh hi þæs wyrðe næran, to þon þæt hi sylfe, and eac monige oðre þurh hy, to þam cristendome and to þam soþan geleafan become.

4   On þam dagum þe þis gewearð, wæron twegen consulas ofslagen on Ispania, þa wæron gebroðor and wæron begen Scipian hatene; hy wurdon beswicene fram Hasterbale, Pena cyninge. On þære tide Quintus Fuluius se consul geegsade ealle þa yldestan menn þe on Campina wæron, þæt hy hi sylfe mid attre acwealdon, and ealle þa yldestan menn þe wæron on Capu þære byrig he ofsloh, forþon þe he wende þæt hi woldon Hannibale on fultume beon, þeh þe þa senatus him hæfde þa dæd fæste forboden. Þa Romane geahsedon þæt þa consulas on Ispanium ofslagen wurdon, þa ne mihton þa senatus nænne consul under him findan þe dorste on Ispanie mid fyrde gefaran, buton þæra consula oðres sunu, Scipia wæs haten, se wæs cniht. Se wæs georne biddende þæt him mon fultum sealde, þæt he moste on Ispanie fyrde gelædan, and he þæt færelde swiþost forþam þurhteah þe he þohte þæt he hys fæder and his fæderan gewræce, þeh þe he hit fæste wið senatus hæle.

5   Ac Romane wæran þæs færeltes swa geornfulle, þeh þe hy swiðe gebrocode wæron on heora licgendan feo þe hi

separated again. Then Hannibal realized, and himself said, that though he was wanting and expecting to overcome the Romans, God did not permit it.

Tell me now you Romans, said Orosius, when or where 3 did it happen before the time of Christianity that either you or anyone else could procure rain from any gods by prayer, as people could afterward, when Christianity came, and as many good people still can from our savior Christ, when there is need? It was clear enough that the same Christ who later turned the Romans to Christianity sent the rain for their protection, though they did not deserve it, in order that they themselves and many others through them might come to Christianity and the true faith.

At the time when this happened two consuls were killed 4 in Spain; they were brothers and both called Scipio, and they were defeated by the Carthaginian king Hasdrubal. At that time the consul Quintus Fulvius terrified all the senators in Campania so that they killed themselves with poison, and he killed all the chief men in the city of Capua because he thought that they wanted to help Hannibal, though the senate had firmly forbidden him to do that. When the Romans heard that the consuls had been killed in Spain, the senate couldn't find any consul under their authority who dared to lead a campaign to Spain, apart from the son of one of the consuls, called Scipio, who was a youth. He fervently begged to be given forces so that he could lead an army to Spain, and he took on that campaign primarily because he wanted to avenge his father and uncle, though he concealed that carefully from the senate.

But the Romans were very keen on that expedition, 5 even though the common treasury was extremely depleted

gemæne hæfdon, for þam gewinnum þe hy þa hæfdon on
feower healfa, þæt hy eall him gesealdon þæt hy þa hæfdon
þam færelte to fultume, buton þæt ælc wifman hæfde ane
yndsan goldes and I pund seolfres, and ælc wæpnedman
anne hring and ane hoppan. Þa Scipia hæfde gefaren to þære
niwan byrig Cartaina, þe mon nu Cordofa hæt, he besæt
Magonem, Hannibales broðor, and forþon þe he on þa
burhleode on ungearewe becom, he hi on lytlan fyrste mid
hungre on geweald genydde, þæt him se cyning sylf on hand
eode. And he ealle þa oðre sume ofsloh, sume geband, and
þone cyning gebundenne to Rome sende, and monege mid
him þæra yldestena weotena. Binnan þæra byrig wæs micel
licgende feoh funden; sum hit Scipia to Rome sende, sum he
hit het þam folce dælan.

6   On þære tide for Leuinus se consul of Mæcedonia on
Sicilie mid sciphere and þær geeode Agrigentum þa burh
and gefeng Hannonam heora ladteow. Siððan him eodan on
hand XL burga, and XXVI he geeode mid gefeohte. On þære
tide Hannibal ofsloh Gneus Fuluius þone consul on Italium,
and eahta M mid him. Æfter þam Hanniball feaht wið Mar-
cellus þone consul þry dagas. Þy forman dæge þa folc feollan
on ægðre healfe gelice. Þy æfteran dæge Hannibal hæfde
sige. Þy þriddan dæge hæfde se consul. Æfter þam Favius
Maximus se consul for mid sciphere to Tarentan þære byrig,
swa Hannibal nyste, and þa burh on niht abræc, swa þa
nyston þe þærinne wæron, and Hannibales ladteow ofsloh
Cartalon and XXX M mid him. Þæs on þam æfteran geare
Hannibal bestæl on Marcellus Claudius þone consul, þær he
on fyrde sæt, and hine ofsloh and his folc mid him.

7   On þam dagum Scipia geflymde Hasterbal on Ispanium,

because of the wars that they were fighting on four sides, so they gave all that they had to pay for forces for that expedition, except that each woman kept one ounce of gold and one pound of silver, and each man had one ring and one collar. When Scipio reached the city of New Carthage, now called Cordova, he besieged Mago, Hannibal's brother, and because he had caught the inhabitants unprepared he soon reduced them to submission because of hunger, so that the king himself was captured. He killed or captured all the others, and sent the king in chains to Rome, with many of the chief counselors. A lot of treasure was found in the city; Scipio sent some of it to Rome and ordered some to be shared among the army.

At that time the consul Laevinus went from Macedonia 6 to Sicily with a fleet and took the city of Agrigentum, capturing their general Hanno. Afterward forty cities submitted to him and he captured twenty-six in battle. During that time Hannibal killed the consul Gnaeus Fulvius in Italy, and eight thousand men with him. After that Hannibal fought for three days against the consul Marcellus. On the first day similar numbers were killed on both sides. On the second day Hannibal had the victory. On the third day the consul had it. After that the consul Fabius Maximus went with a fleet to the city of Tarentum, without Hannibal knowing. He captured the city in a night attack with the inhabitants knowing nothing about it, and killed Hannibal's general Carthalo together with thirty thousand of his troops. In the next year Hannibal stealthily advanced on the consul Marcellus Claudius where he was camped and killed him and his army with him.

At that time Scipio defeated Hasdrubal, Hannibal's other 7

Hannibales oþærne broðor, and þæs folces him eode on hand hundeahtatig burga. Swa lað wæs Pena folc Scipian þa he hy geflymed hæfde, swa, þeh þe he hy sume wið feo gesealde, þæt he þæt weorð nolde agan þæt him mon wið sealde, ac hit oðrum mannum sealde. On þam ilcan geare beswac eft Hannibal twegen consulas, Marcellus and Cirspinus, and hy ofsloh. Þa Claudius Nerone and Marco Lia Salinatore wæran consulas, Hasterbal, Hannibales broþor, for mid fyrde of Ispanium on Italia Hannibale to fultume. Þa geahsedon þa consulas þæt ær, ær Hannibal, and him ongean comon, swa he þa muntas oferfaren hæfde, and þær hæfdon langsum gefeoht, ær þæra folca aþer fluge. Þæt wæs swiþost on þam gelang þæt Hasterbal swa late fleah forþon þe he elpendas mid him hæfde. And Romane hæfdon sige. Þar wearð Hasterbal ofslagen and LIII M his heres and V M gefangen.

8   Þa heton þa consulas Hasterbale þæt heafod of aceorfan and aweorpan hit beforan Hannibales wicstowe. Ða Hannibale cuð wæs þæt his broðor ofslegen wæs and þæs folces swa fela mid him, þa wearð him ærest ege fram Romanum, and gefor on Bruti þæt land. Þa hæfde Hannibal and Romane an gear stilnesse him betweonum, forþon þe þa folc butu on feferadle mid ungemete swulton. On þære stilnesse Scipia geeode ealle Ispanie, and siððan com to Rome, and Romanum to ræde gelærde þæt hy mid scipum fore on Hannibales land. Þa sendon Romane hine þæt he þæs færeltes consul wære, and raðe þæs þe he on Pene com, him com ongean Hanno se cyning unwærlice and þær wearð ofslagen.

9   On þære tide Hannibal feaht wið Sempronius þone consul on Italiam and hine bedraf into Romebyrig. Æfter þam

brother, in Spain, and eighty cities submitted to him. Scipio so hated the Carthaginians that when he had defeated them he sold some of them but would not keep the money that he was given for them but gave it to others. In the same year Hannibal trapped the two consuls, Marcellus and Crispinus, and killed them. While Claudius Nero and Marcus Liuius Salinator were consuls, Hasdrubal, Hannibal's brother, went with an army from Spain to Italy in support of Hannibal. The consuls discovered that before Hannibal did, and marched against him as soon as he had crossed the mountains and had a long battle before either side gave way. It was so late in the day before Hasdrubal was defeated primarily because he had elephants with him. The Romans had the victory and Hasdrubal was killed along with fifty-three thousand of his men, and five thousand were captured.

The consuls ordered Hasdrubal's head to be cut off and 8 thrown in front of Hannibal's camp. When Hannibal learned that his brother had been killed and so many of his army with him he was for the first time fearful of the Romans and he moved to the territory of the Bruttii. Hannibal and the Romans then had peace between them for a year, because both armies were dying in huge numbers from fever. During that period of quiet, Scipio took possession of the whole of Spain and then returned to Rome, and advised the Romans to go to Hannibal's land with a fleet. So the Romans sent him as consul for the expedition, and as soon as he reached the Carthaginians their king Hanno came to meet him ill-prepared and was killed.

During that time Hannibal fought against the consul 9 Sempronius in Italy and pushed him back into the city of

foran Pene ongean Scipian mid eallum heora fultume, and
wicstowe namon on twam stowum neah þære byrig þe mon
Utica het. On oðre wæran Pene, on oðre Numeðe, þe him
on fultume wæran, and geþoht hæfdon þæt hy þær sceoldan
wintersetl habban. Ac siððan Scipia geahsode þæt þa fore-
weardas wæron feor þam fæstenne gesette, and eac þæt þær
nane oðre near næran, he þa dygellice gelædde his fyrde
betuh þam weardum, and feawa menn to oðrum þæra
fæstenna onsende, to þon þæt hy his ænne ende onbærn-
don, þæt siððan mæst ealle þe þærbinnan wæran wæron wið
þæs fyres weard, to þon þæt hy hit acwencan þohton. He þa
Scipia gemong þam hy mæst ealle ofsloh.

10   Þa þæt þa oðre onfundon þe on þam oðrum fæstenna
wæran, hi wæran flocmælum þiderweard þam oðrum to ful-
tume, and hy Scipia wæs ealle þa niht sleande, swa hi þonne
comon, oð dæg, and siððan he hy sloh ofer ealne þone dæg
fleonde. And heora twegen cyningas, Hasterbal and Sifax,
oðflugon to Cartaina þære byrig, and gegaderedan þone ful-
tum þe hi þa hæfdon, and ongean Scipian comon, and eft
wurdon geflymed into Cartaina. Sume oðflugon to Cretan
þam iglande, and him Scipia sende sciphere æfter, þæt mon
sume ofsloh, sume gefeng. And Sifax wearð gefangen, heora
oðer cyning, and siððan wæs to Rome on racentan sended.
On þam gefeohtum wæron Pene swa forhynde þæt hy na
siððan hy wið Romane to nahte ne bemæton; and sendon on
Italie æfter Hannibale and bædan þæt he him to fultume
come. And he him wepende þære bene getygðade, forþon þe
he sceolde Italiam forlætan, on þam þreoteoðan geare þæs
þe he ær on com. And he ealle ofsloh þe of þam landum hys
men wæron and mid him ofer sæ noldan.

11   Þa he hamweard seglede, þa het he anne mann stigan on

282

Rome. After that the Carthaginians advanced against Scipio with all their forces, and camped in two places near the city of Utica. The Carthaginians were in one camp and the Numidians, who were supporting them, in the other, and they had planned to make their winter quarters there. But when Scipio learned that the sentries had been posted far from the fortified camp and there were no others nearer it, he then secretly led his army between the guards and sent a few men to one of the camps to set fire to one end of it, so that nearly all those who were inside would run toward the fire in order to extinguish it. Then Scipio killed nearly all of them in the course of that.

When those who were in the other camp realized this, 10 they ran there in groups to help the others, and Scipio struck them down as they arrived, through the whole night until daytime, and after that he struck them down all through the day as they fled. Their two kings, Hasdrubal and Syphas, fled to the city of Carthage and assembled the forces that they had at that time and advanced against Scipio and were again driven back in defeat to Carthage. Some fled to the island of Crete, but Scipio sent a fleet after them and some were killed and others captured. One of their kings, Syphas, was captured and sent to Rome in chains. In those battles the Carthaginians were so shattered that they considered themselves afterward no match for the Romans and sent for Hannibal in Italy, asking him to come to their aid. He agreed to that entreaty with tears, because he had to leave Italy, in the thirteenth year since he had come there. He killed all those of his men who were from those lands and would not go with him over the sea.

When he was sailing homeward he told one of his men to 11

283

þone mæst and locian hwæþer he þæt land gecneowe þæt hi
toweard wæron. Þa sæde he him þæt he gesawe ane tobro-
cene byrgenne, swylce heora þeaw wæs þæt mon ricum man-
num bufan eorðan of stanum worhte. Þa wæs Hannibale
æfter heora hæþeniscum gewunan þæt andwyrde swiðe lað,
and him unþanc sæde þæs andwyrdes. And ealne þone here
he het mid þam scipum þanon wendan þe he geþoht hæfde,
and up comon æt Leptan þam tune, and hrædlice for to Car-
taina and biddende wæs þæt he moste wið Scipian sprecan,
and wilniende wæs þæt he frið betweox þam folcum findan
sceolde. Ac hy heora sundorspræce, þe hy betweox þam fol-
cum togædereweard gespræcon, to unsibbe brohton, and hy
to gefeohte gyredon. And raðe þæs þe hi togædere comon,
Hannibales folc wearð geflymed, and xx m ofslagen and v
hund and eahtatig elpenda, and Hannibal oðfleah feowera
sum to Aþrametum þam fæstenne. Þa sendon þa burhleode
of Cartaina æfter Hannibale and cwædon þæt him selest
wære þæt hy friþes to Romanum wilnade.

12   Þa þa Gaius Cornelius and Lentulus Publius wæron con-
sulas, wearð Cartainum frið alyfed fram Scipian mid þæra
senatuses willan, on þæt gerad þæt þa igland Sicilia and Sar-
dinia hirdon to Romanum, and þæt hy him ælce geare ge-
sealde swa fela talentana seolfres swa hy him þonne alyfde.
And Scipia het v hund heora scipa up ateon and forbærnan,
and siððan to Rome hamweard for. Þa him mon þone trium-
phan ongean brohte, þa eode þær mid Terrentius, se mæra
Cartaina sceop, and bær hætt on his heafde, forþon Romane
hæfdon þa niwlice gesett þæt þa þe hætt beran moston,
þonne hy hwylc folc oferwunnen hæfdon, þæt þa moston
ægðer habban ge feorh ge freodom.

climb the mast and look to see whether he recognized the land that they were approaching. He said that he saw a broken tomb, of the type that they used to erect for important people above ground out of stone. That answer was extremely unwelcome to Hannibal, in accordance with their heathen custom, and he spoke of his displeasure over the answer. He ordered the whole army with the ships to turn away from the point where he had planned to land, and they landed at the town of Leptis. He went immediately to Carthage and asked to talk with Scipio, wanting to arrange peace between the two countries. But when they met for discussion at a point between the two armies, they ended in disagreement, and prepared for battle. As soon as they came together Hannibal's army was routed and twenty thousand five hundred killed along with eighty elephants. Hannibal fled with three others to the fortress of Hadrumetum. Then the citizens of Carthage sent for Hannibal and said that it would be best for them to seek peace with the Romans.

At the time when Gaius Cornelius and Lentulus Publius were consuls, peace was agreed with the Carthaginians by Scipio, with the approval of the senate, on condition that the islands of Sicily and Sardinia would belong to the Romans and that the Carthaginians should pay them as many talents of silver each year as they currently paid. Scipio ordered five hundred of their ships to be towed out and burned, and then went home to Rome. When a triumph was brought to him, Terence, the great Carthaginian poet, went with it wearing a hat, because the Romans had then recently decreed that when they had defeated some nation, those who were allowed to wear a hat could have their lives and liberty. 12

Chapter 11

Æfter þam þe Romeburh getimbred wæs v hund win-
trum and L, wæs geendad þæt æfter Punica gewinn and Ro-
mana, þæt hy dreogende wæran XIIII winter. Ac Romane
raðe þæs oðer ongunnon wið Mæcedonie. Þa hlutan þa con-
sulas hwylc heora þæt gewinn ærest underfon sceolde. Ða
gehleat hit Quintius Flaminius, and on þam gewinne mon-
ega gefeoht þurhteah and oftost sige hæfde, oð Philippus
heora cyning friþes bæd, and hit him Romane alyfdon. And
siððan he for on Læcedemonie, and Quintius Flaminius
genydde begen þa cyningas þæt hy sealdon heora suna to
gislum. Philippus, Mæcedonia cyning, sealde Demetrias hys
sunu, and Nauiða, Læcedemonia cyning, sealde Armenan
his sunu. And ealle þa Romaniscan menn þe Hannibal on
Crece geseald hæfde, him bebead se consul þæt hy eall heora
heafod bescearon to tacne þæt he hy of þeowdome adyde.

2   On þære tide Subres and Uoi and Cenomanni þa folc hy
togædere hy gesomnodan for Amilcores lare, Hannibales
breðer, þone he ær on Italium him beæftan forlet, and
siððan foron on Placentie and on Cremone þa land, and hy
mid ealle aweston. Þa sendon Romane þider Claudius Fu-
luius þone consul, and he hy uneaðe oferwann. Æfter þam
Flamineus se consul gefeaht wið Philippus, Mæcedonia cyn-
ing, and wið Thraci and wið Ilirice and wið monega oðre
þeoda on anum gefeohte, and hy ealle geflymde. Þær wæs
Mæcedonia ehta M ofslagen and VI M gefangen. Æfter þam
Sempronius se consul wearð ofslagen on Ispania mid ealre
his fyrde. On þære tide Marcellus se consul wearð geflymed

Chapter II

Five hundred and fifty years after Rome was built, the second war between the Carthaginians and the Romans, which they had endured for fourteen years, came to an end. But the Romans soon began another one with the Macedonians. The consuls drew lots to decide which of them should first undertake that war. The lot fell on Quinctius Flamininus and in the war he fought many battles and generally had the victory, until their king Philip asked for peace and the Romans granted it. Afterward Flamininus marched against the Spartans and forced both the kings to hand over their sons as hostages. Philip the king of Macedon handed over his son Demetrius, and Nabis the king of the Spartans handed over his son Armenes. The consul ordered all the Romans whom Hannibal had sold into slavery in Greece to shave the whole of their heads as a sign that he had released them from servitude.

At that time the Insubres, Boii and Cenomanni made 2
an alliance on the advice of Hamilcar, Hannibal's brother, whom he had left behind in Italy, and went to Placentia and Cremona, and ravaged those lands. The Romans sent the consul Claudius Fulvius there and he defeated them with difficulty. After that the consul Flamininus fought a battle against Philip the king of Macedon, the Thracians, the Illyrians and many other peoples, and defeated them all. Eight thousand of the Macedonians were killed and six thousand captured. After that the consul Sempronius was killed in Spain along with his whole army. At that time the consul Marcellus was defeated in Etruria. Then the other consul,

on Etruria þam lande. Þa com Furius, oðer consul, him to
fultume and sige hæfde, and hy siððan þæt land eall awestan.

3   Þa þa Lucius Ualerius and Flaccus Marcus wæron con-
sulas, þa ongan Antiochus, Siria cyning, winnan wið Roma-
num, and of Asia on Europe mid fyrde gefor. On þære tide
bebudon Romane þæt mon Hannibal Cartaina cyning ge-
fenge and hine siððan to Rome brohte. Þa he þæt gehyrde,
þa fleah he to Antiochuse, Siria cyninge, þær he on tweo-
gendlican onbide wæs hwæþer he wið Romanum winnan
dorste swa he ongunnen hæfde. Ac hine Hannibal aspon þæt
he þæt gewinn leng ongan. Þa sendan Romane Scipian Af-
fricanus heora ærendracan to Antiochuse. Þa het he Hanni-
bal þæt he wið þa ærendracan spræce and him geandwyrde.
Þa hi nanre sibbe ne gewearð, ða com æfter þam Scipia se
consul mid Clafrione, oðrum consule, and Antiochuses fol-
ces ofsloh XL M. Ðæs on þam æfteran geare gefeaht Scipia
wið Hannibal ute on sæ and sige hæfde. Þa Antiochus þæt
gehyrde, þa bæd he Scipian friþes and him his sunu ham on-
sende, se wæs on his wealde. Swa he nyste hu he him to com,
butan swa sume menn sædan þæt he sceolde beon on her-
gunge gefangen oþþe on wearde.

4   On þære firran Ispanie forwearð Emilius se consul mid
eallum his folce fram Lusitaniam þære þeode. On þam da-
gum forwearð Lucius Beuius se consul mid eallum his folce
fram Etusci þam leodum, þæt þær nan to lafe ne wearð þæt
hit to Rome gebodade. Æfter þam Fuluius se consul for mid
fyrde on Crece to þam beorgum þe mon Olimphus hæt. Þa
wæs þæs folces fela on an fæsten oðflogen. Þa on þam ge-
feohte þe hi þæt fæsten brecan woldan, wæs fela Romana
mid flanum ofscotod, and mid stanum oftorfod. Þa se con-
sul ongeat þæt hy þæt fæsten abrecan ne mihton, þa bebead

Furius, came to his aid and won a victory and they subsequently ravaged the whole country.

When Lucius Valerius and Flaccus Marcus were consuls, 3 Antiochus, the king of Syria, began a war against the Romans and advanced with his army from Asia to Europe. At that time the Romans ordered that Hannibal king of Carthage should be seized and brought to Rome. When he heard that, he fled to Antiochus the king of Syria, who was hesitating as to whether he dared go on fighting against the Romans as he had begun. Hannibal urged him on so that he continued the campaign. Then the Romans sent Scipio Africanus as their envoy to Antiochus, who ordered Hannibal to talk to the messengers and give them an answer. When peace terms could not be agreed, the consul Scipio along with the other consul Glabrio came and killed forty thousand of Antiochus's people. In the following year Scipio fought with Hannibal at sea and had the victory. When Antiochus heard that he asked Scipio for peace and sent Scipio's son, who was in his power, home to him. He didn't know how he had come to him, but some people said that he had been captured while on a raid or on guard duty.

In Further Spain the consul Aemilius perished with all his 4 army at the hands of the Lusitanians. At that time the consul Lucius Baebius perished with all his army at the hands of the Tuscans, so that there was no one left to report the defeat to Rome. After that the consul Fulvius went with an army to Mount Olympus in Greece. Many of those people had fled into a fortress, and when the Romans tried to break into the fortress in the course of the battle many of them were killed by arrows or stoned to death. When the consul realized that they couldn't break into the fortress, he

he sumum þam folce þæt hy fram þam fæstenne aforan, and
þa oðre he het þæt hy wið þæra oþerra flugan þonne þæt ge-
feoht mæst wære, þæt hi mið þam aloccodan ut þa þe
þærbinnan wæran. On þam fleame þe þa burhware eft wið
þæs fæstenes flugon, heora wearð ofslagen XL M, and þa þe
þær to lafe wurdon him on hand eodan.

5   On þam dagum for Marcus se consul on Ligor þæt land
and geflymed wearð, and his folces ofslagen IIII M. Þa þa
Marcus Claudius and Marcellus Quintus wæron consulas,
Philippus Mæcedonia cyning ofsloh Romana ærendracan,
and sende Demetrias his sunu to þam senatum þæt he þæt
yrre gesette wið hy. And þeh þe he swa gedyde, þa he ham
com, Philippus het his oþerne sunu þæt he hine mid attre
acwealde, forþon þe he teah hine þæt he hys ungerisna
spræce wið þa senatus. On þære ilcan tide Hannibal his
agnum willan hine sylfne mid attre acwealde. On þære tide
oðiewde Fulcania þæt igland on Sicilium, þæt næs gesewen
ær þa. On þære tide Quintus Fuluius se consul gefeaht wið
þa fyrran Ispanie and sige hæfde. Ða þa Lapidus Mutius wæs
consul, wolde seo strengste þeod winnan on Romane, þe
mon þa het Basterne and nu hy mon hæt Hungerre. Hy
woldan cumon Perseuse to fultume Mæcedonia cyninge. Þa
wæs Donua seo ea swa swiðe oferfroren, þæt hy getruwedon
þæt hy ofer þam ise faran mihton, ac hy mæst ealle þær
forwurdon.

6   Ða þa Plicinius Crassus and Gaius Casius wæron con-
sulas, þa gewearð þæt Mæcedonisce gewinn. Þæt mon eaðe
mæg to þam mæstan gewinnum getellan, forþam þe on þam
dagum wæron ealle Italie Romanum on fultume and eac
Phtolomeus Egypta cyning and Argeatus Capadotia cyning
and Emenis Asia cyning and Masinissa Nameþia cyning, and

ordered some of his army to move back from the fortress and the others to flee toward the rest of the army when the battle was at its height, so that they lured out those who were inside. When the inhabitants fled back again toward the fortress forty thousand of them were killed, and those who remained submitted to him.

At that time the consul Marcus went to Liguria and was 5 defeated, and four thousand of his army killed. At the time when Marcus Claudius and Marcellus Quintus were consuls, Philip the king of Macedon killed the Roman envoys and sent his son Demetrius to the senate to assuage their anger over that. Although he managed this, when he got home Philip ordered his other son to kill him with poison, because he accused him of speaking to his discredit before the senate. At the same time Hannibal voluntarily killed himself with poison. At that time the island of Vulcan, which had not been seen before, appeared in Sicily. At that time too the consul Quintus Fulvius fought against Further Spain and had the victory. At the time when Lepidus Mucius was consul, the very strong tribe called the Bastarnae, who are now called Hungarians, planned to attack the Romans. They were intending to support Perseus the king of Macedonia. The river Danube was frozen over so they were confident that they could pass over the ice, but they nearly all perished there.

At the time when Publius Licinius Crassus and Gaius 6 Cassius were consuls, the Macedonian war took place. It can easily be considered the greatest of wars because at that time the whole of Italy was supporting the Romans, together with Ptolemy the king of Egypt, Ariarathes the king of Cappadocia, Eumenes the king of Asia and Masinissa the

Perseuse Mæcedonia cyninge him wæron on fultume ealle
Thraci and Ilirice. And raðe þæs þe hy tosomne comon Ro-
mane wurdon geflymed, and raðe þæs æt oðrum gefeohte hy
wurdon eac geflymed. And æfter þam gefeohtum Perseus
wæs ealne þone gear Romane swiðe swencende. And siððan
he for on Ilirice and abræc Sulcanum heora burh, seo wæs
Romanum underþeod, and micel þæs manncynnes sum
acwealde, sum Mæcedonie lædde. Æfter þam gefeaht Lu-
cius Emilius se consul wið Perseus, and hine oferwonn, and
his folces ofsloh XX M. And he sylf æt þam cyrre oðfleah, and
raðe æfter þam gefangen wearð and to Rome broht and þær
ofslagen. And monega gefeoht gewurdon on þam dagum on
monegum landum, þæt hit nu is to longsum eall to secganne.

Chapter 12

ÆFfter þam þe Romeburh getimbred wæs VI hund
wintrum, þa þa Lucius Lucinius and Lucullus Aula wæron
consulas, wearð Romanum se mæsta ege fram Sceltiferin,
Ispania folce, and nanne mann næfdon þe þider mid fyrde
dorste gefaran, buton Scipian þam consule, se wæs æfter
þam færelte Affricanus haten forþon þe he þa oðre siðe
þider for þa nan oþer ne dorste, þeh þe Romane hæfde
geworden hwene ær þæt he on Asiam faran sceolde. Ac
he monega gefeoht on Ispanium on missenlecum sigum
þurhteah. On þam dagum Serius Galua, Scipian gefera, feaht
wið Lusitaniam, Ispania folce, and geflymed wearð.

king of Numidia, while Perseus the king of Macedonia was supported by all the Thracians and Illyrians. As soon as the two sides met the Romans were defeated, and immediately after that in a second battle they were again defeated. After those battles Perseus spent the whole year harassing the Romans. Then he went to Illyria and captured the city of Sulcanum, which was subject to the Romans. He killed many of the people and took some to Macedonia. After that the consul Lucius Aemilius fought against Perseus and defeated him, killing twenty thousand of his men. Perseus himself fled at that point but was captured soon afterward and brought to Rome and killed there. Many battles took place in those days in many countries, and it would take too long to record them all.

Chapter 12

Six hundred years after Rome was built, when Lucius Lucinius and Lucullus Aula were consuls, the Romans were terribly afraid of the Celtiberians in Spain and had no one who dared take an army there apart from the consul Scipio, who was surnamed Africanus subsequent to that campaign, because he went there for a second time when no one else dared, although the Romans had agreed a little earlier that he should go to Asia. But he fought many battles in Spain with various victories. In those times Sergius Galba, Scipio's comrade, fought against the Lusitanians of Spain and was defeated.

2 On þam dagum bebudon Romana godas þam senatum þæt mon theatrum worhte him to plegan, ac hit Scipia oftrædlice ham abead þæt hy hit ne angunnen, and eac sylf sæde, þa he ham of Ispanium com, þæt hit wære se mæsta unræd and se mæsta gedwola. Hy þa Romane for his cidinge and þurh his lare oferhyrdon þam godum, and eall þæt feoh þæt hi þærto samnod hæfdon, þe hy wið þam sylum and wið þam worce syllan woldan, hy hit wið oðrum þingum sealdan. Nu mæg þa cristenan gescomian þe swylc deofolgyld lufiað and begongað, þa se se þe cristen næs hit swa swiðe forseah, se þe hit fyrðrian sceolde æfter heora agnum gewunan. Æfter þam Serius Galua for eft on Lusitanie and frið genam wið hy, and hy under þam friðe beswac. Seo dæd wearð forneah Romanum to þam mæstan hearme, þæt him nan folc ne getruwode þe him underþeod wæs.

Chapter 13

Æfter þam þe Romeburh getimbred wæs vi hund wintrum and ii, þa þa Censorinus Marcus and Mallius Lucius wæron consulas, þa gewearð þæt þridde gewinn Romana and Cartaina, and gewearð þa senatus him betweonum, gif hy mon þriddan siðe oferwunne, þæt mon ealle Cartaina towurpe. And eft sendon Scipian þider, and he hi æt heora forman gefeohte geflymde and bedraf into Cartaina. Æfter þam hy bædan friðes Romane, ac hit Scipia nolde him alyfan

At that time the Roman gods ordered the senate to have a   2
theater built for entertainment, but Scipio repeatedly sent
messages home urging that it should not be done, and also
said himself, when he returned home from Spain, that it
would be extremely unwise and very stupid. So the Romans
disobeyed the gods because of his criticism and advice, and
bestowed on other things all the money that they had col-
lected for it, which they were going to spend on the pillars
and the buildings. Now Christians who like such devilries
and engage in them can be ashamed, when one who wasn't a
Christian and who ought to have promoted the theater ac-
cording to their own customs so strongly denounced it. Af-
ter that Sergius Galba went again to Lusitania and made a
peace treaty with them but defeated them under cover of
the treaty. That action did the Romans almost more damage
than anything else because no people that was subject to
them trusted them.

Chapter 13

Six hundred and two years after Rome was built, when
Censorinus Marcus and Manlius Lucius were consuls, the
third war of the Romans and Carthaginians broke out, and
the senate agreed that if the latter were defeated again Car-
thage should be utterly destroyed. They sent Scipio there
again and he defeated them in the first battle, pushing them
back into Carthage. They then asked the Romans for peace
but Scipio would not grant it on any terms unless they gave

wið nanum oðrum þinge buton hy him ealle heora wæpeno ageafon and þa burh forleton, and þæt nan ne sæte hyre x milum neah. Æfter þam þe þæt gedon wæs, hy cwædon þæt him leofre wære þæt hi mid þære byrig ætgædere forwurdon þonne hi mon buton him towurpe, and him eft wæpeno worhton, þa þe isen hæfdon, and þa þe næfdon hy worhton sume of seolfre, sume of treowum, and gesetton him to cyningum twegen Hasterbalas.

2   Nu ic wille, cwæð Orosius, secgan hulucu heo wæs. Hyre ymbegang wæs xxx mila, and eall heo wæs mid sæ utan befangen butan þrim milum. And se weall wæs xx fota þicce and xl ealna heah. And þær wæs binan oðer læsse fæsten on þam sæs clife, þæt wæs twegra mila heah. Hy þa Cartainienses æt þam cyrre þa burh aweredon, þeh þe Scipia ær fela þæs wealles tobrocen hæfde; and he siððan hamweard for. Þa þa Gneo Cornelius and Lentulus Lucilius wæron consulas, þa for Scipia þriddan siðe on Affrice, to þon þæt he þohte Cartainan toweorpan. And þa he þærto com, he wæs vi dagas on þa burh feohtende, oþ þa burhware bædon þæt hy moston beon heora underþeowas, þa hy bewerian ne mihton. Þa het Scipia ealle þa wifmenn ærest utgan, þæra wæs xxvi m, and þa þa wæpnedmenn, þæra wæs xxx m. And se cyning Hasterbal hine sylfne acwealde, and his wif mid hyre twam sunum hi sylfe forbærnde for þæs cyninges deaðe. And Scipia het ealle þa burh toweorpan and ælcne hiewestan tobeatan, þæt hy to nanum wealle siððan ne mihton. And seo burh inneweard barn xvi dagas, ymb vii hund wintra þæs þe heo ær getimbred wæs.

3   Þa wæs þæt þridde gewinn geendod Punica and Romana on þam feorðan geare þæs þe hit ær ongunnen wæs; þeh þe Romane hæfdon ær langsum gemot ymbe þæt, hwæðer him

up all their weapons and abandoned the city, and no one would settle within ten miles of it. When that had been done, they said that they would prefer to perish together with their city than see it destroyed without them, and they made themselves weapons again, those who had any iron, and those who didn't made some weapons of silver, some of wood, and appointed as kings the two Hasdrubals.

Now I want to tell you what the city was like, said Oro- 2 sius. Its circumference was thirty miles, and it was entirely surrounded by sea except for three miles of it. The wall was twenty feet thick and forty ells high. Within the walls there was another smaller fortress on the sea cliff, which was two miles high. The Carthaginians defended their city on that occasion, even though Scipio had previously destroyed much of the wall. He then went home. At the time when Gnaeus Cornelius and Lentulus Lucilius were consuls, Scipio went to Africa for a third time, intending to destroy Carthage. When he got there he fought against the city for six days until the inhabitants begged to be allowed to be the slaves of the Romans, since they could not defend themselves. Scipio ordered all the women to leave first, of whom there were twenty-six thousand, and then the men, of whom there were thirty thousand. The king Hasdrubal killed himself, and his wife with her two sons burned herself to death because of the king's demise. Scipio ordered the whole city to be destroyed and all the masonry to be broken up so that it could not be used to make a wall in future. The city burned inside for sixteen days, seven hundred years after it had been built.

So the third war of the Carthaginians and Romans ended 3 four years after it began. Yet the Romans had had a long discussion as to whether it was more advisable to destroy the

rædlicre wære, þe hi þa burh mid ealle fordydon þæt hy a
siððan on þa healfe frið hæfdon, þe hy hi standon forletan to
þon þæt him gewinn eft þonan awoce, forþon hy ondredan,
gif hi hwilum ne wunnon, þæt hy to raðe aslawedon and
aeargadon. Swa þæt eow Romanum nu eft cuð wearð, siððan
se cristendom wæs, cwæð Orosius, þæt ge eowra yldrena
hwetstan forluron eowra gewinna and eowres hwætscipes,
forþon ge syndon nu utan fætte and innan hlæne, and eowre
yldran wæron utan hlæne and innan fætte, stronges modes
and fæstes. Ic nat eac, cwæð he, hu nytt ic þa hwile beo þe ic
þas word sprece, buton þæt ic min geswinc amyrre. Hit biþ
eac geornlic þæt mon heardlice gnide þone hnescestan
mealmstan æfter þam þæt he þence þone selestan hwetstan
on to geræcanne. Swa þonne is me nu swiðe earfeðe heora
mod to ahwettanne, nu hit naðor nele beon, ne scearp ne
heard.

city totally so that they would ever afterward have peace on that side, or whether they should let it stand so that war might again arise from there, because they were afraid that if they didn't have wars from time to time, they would quickly become slothful and cowardly. So now it is clear to you Romans again, said Orosius, that with Christianity established you have lost the whetstone of your wars and of your valor that your ancestors had, since you are now stout on the outside and meager inside, and your ancestors were meager on the outside and stout inside, with their strong and firm hearts. But I don't know whether it is any use saying all this, he said, or whether I am wasting my efforts. It is important to grind the softest stone firmly if you want to use the best whetstone on it, and for me it is very difficult to whet the minds of those who don't want to be sharp or hard.

BOOK FIVE

Chapter 1

Ic wat, cwæð Orosius, hwæt se Romana gilp swiðost is, forþon þe hi manega folc oferwunnan and manega cyningas beforan heora triumphan oftrædlice drifan. Þæt sindon þa godcundan tida þe hi ealne weg fore gilpað, gelicost þam þe hi nu cwædon þæt þa tida him anum gesealde wæran, and næran eallum folce. Ac þær hi hit georne ongitan cuðan, þonne wisten hi þæt hi wæron eallum folcum gemæne. Gif hi þonne cweðaþ þæt þa tida gode wæron, forþon hi þa ane burh welige gedydan, þonne magon hi rihtor cweðan þæt þæt ða wæran ungesæligestan, forþon þe þurh þære anre burge wlenceo wurdon ealle oþre to wædlan gedone. Gif hi þonne þæs ne gelyfan, acsian þonne Italia hyra agene landleode, hu him þa tida gelicodon þa hi man sloh and hynde and on oðre land sealde xx wintra and c.

2   Gif hi þonne him ne gelyfan, acsige þonne Ispanie, þe þæt ylce wæran dreogende twa hund wintra, and manige oþre þeoda, and eac þa manegan cyningas, hu him licode, þonne hi man on geocon and on racetan beforan heora triumphan drifon, him to gilpe, wið Rome weard, and syþþan on carcernum lagon oððe hi deaðe swulton. And hi manige cyningas geswenctan, to þon þæt hi eal gesealdon þæt hi þonne hæfdon wið heora earman life. Ac forþon hit is us uncuð and ungelyfedlic forþon þe we synd on ðam friðe

Chapter 1

I know what the Romans boast about most, said Orosius: it is that they defeated many peoples and drove many kings before their triumphs, on many occasions. Those are the heaven-sent times that they always boast about, as if they were claiming that those past ages were given to them alone and not to other peoples. But if they could see the situation clearly, they would know that those times were common to all peoples. If then they claim that those times were good because they made one city rich, then they could more rightly say that those were the most miserable times because through the wealth of one city all others were reduced to poverty. If they don't believe that, let them ask their own fellow countrymen in Italy how they liked those times when they were killed and harassed and sold into slavery abroad for 120 years.

If they don't believe them, let them ask the people of Spain, who suffered the same thing for two hundred years, and many other peoples, and also let them ask the many kings how they liked it when they were put in yokes and chains and driven in front of the Romans' triumphal processions on the way into Rome to show off, and afterward languished in prison until they died. The Romans tormented many kings to the point that they gave everything that they had in exchange for their miserable lives. But we find this strange and hard to believe because we have known from

geborene þe hi þa uneaðe heora feorh mid geceapodon. Þæt wæs syþþan Crist geboren wæs þæt we wæron of ælcon þeowdome alysede and of ælcon ege, gif we him fulgangan wyllað.

Chapter 2

Æfter þam þe Romana burh getimbred wæs vi hund wintrum and vi, þæt wæs þy ilcan geare þe Cartaina toworpen wæs, æfter hyre hryre Gneo Cornelius and Lentulus Lucio towurpon Corinthum, ealra Creaca heafodburh. On hyre bryne gemultan ealle þa anlicnessa togædere þe þærbinnan wæran, ge gyldene ge sylfrene ge ærene ge cyperene, and on puttas besuncon. Git to dæge man hæt Corinthisce fatu ealle þe þærof geworhte wæran, forþon þe hi sint fægeran and dyrran þonne ænige oþre.

2   On þam dagum wæs an hyrde on Hispanium, se wæs Uariatus haten, and wæs mycel þeofman, and on þære stalunge he wearð reafere, and on þam reaflace he him geteah to mycelne manfultum and manige tunas oferhergode. Æfter þam his werod weox to þon swiðe þæt he manige land forhergode. And Romanum wearð micel ege fram him, and Uecilius þone consul ongean hine mid fyrde sendan, and he þær geflymed wearð and his folces se mæsta dæl ofslagen. Æt oðrum cyrre þyder for Gaius Folucius se consul and eac geflymed wearð. Æt þriddan cyrre þyder for Claudius se consul, and þohte þæt he Romana bysmor gebetan sceolde, ac he hit on þam færelde swyðor geycte and uneaðe sylf aweg com.

birth the peace that they could scarcely buy with their lives. That came about after Christ was born, when we were released from all servitude and all fear, if we are willing to follow his will.

Chapter 2

Six hundred and six years after Rome was built, in the same year that Carthage was destroyed, and after its fall, Gnaeus Cornelius and Lentulus Lucius destroyed Corinth, the capital of Greece. When Corinth was on fire all the statues that were there, of gold, silver, bronze and copper, melted and sank into pits. Still today all the vessels that are made from that are called Corinthian ware because they are finer and more expensive than any others.

At that time there was a shepherd in Spain called Viriatus, and he was a great thief. Through those thefts he became a robber, and through that robbery recruited the support of many others and ravaged many towns. After that his band grew so big that he ravaged many lands. The Romans became very frightened of him and sent the consul Vetilius against him with an army, but he was defeated there and most of his troops were killed. On the second occasion the consul Gaius Plautius went there and was also defeated. On the third occasion the consul Claudius went there, thinking that he would avenge the Roman humiliation, but he only increased it on that expedition and only just escaped himself.

2

3   Æfter þam Ueriatus gemette mid þrim hund manna Ro-
mana an M on anum wuda. Þær wæs Ueriatuses folces hund-
seofontig ofslagen, and Romana III hund, and þa oðre gefly-
mede wurdan. On þam fleame wearð an Feriatus þegen þam
oþrum to lange æfterfylgende, oð man his hors under him
ofscet. Þa woldan þa oðre ealle hine ænne ofslean oððe ge-
bindan. Þa sloh he anes mannes hors mid his sweorde þæt
him wand þæt heafod of. Siððan wæs eallum þam oþrum swa
mycel ege fram him þæt hi hine gretan ne dorstan. Æfter
þam Apius Claudius se consul gefeaht wið Gælle and þær ge-
flymed wearð, and raðe þæs eft fyrde gelædde wið hi and
sige hæfde, and heora ofsloh VI M. Þa he hamweard wæs þa
bæd he þæt man dyde beforan him þone triumphan, ac Ro-
mane him untreowlice his forwyrndon, and hit under þæt
ladedon forþon þe he ær æt þam oðrum cyrre sige næfde.

4   Æfter þam wæs swa mycel mancwealm on Rome þæt þær
nan utencumen man cuman ne dorste, and manige land bin-
nan þære byrig wæran butan ælcum yrfewearde. Hi witon
þeah þæt þæt yfel ofereode butan geblote, swa þa manegan
ær dydan þe hi wendon þæt hy mid heora deofolgyldum ge-
styred hæfdon. Butan tweon, gif hi þa blotan mihtan, hi
woldan secgean þæt him heora godas gehulpan, ac hit wæs
Godes gifu þæt ealle þa lagon þe hit don sceoldan, oð hit sylf
ofereode. Æfter þam Favius se consul for mid fyrde ongean
Feriatus and geflymed wearð. Se consul gedyde eallum Ro-
manum þa bysmerlicestan dæd, þa he aspeon of Sciþþium
syx hund manna to him his geþoftena, and þa hi him to co-
man, he het him eallum þa handa of aceorfan. Æfter þam
Pompeius se consul for on Numentinas, Ispania þeode, and
geflymed wearð. Ymb feowertune gear þæs þe Ueriatus wið

After that Viriatus with three hundred men fought one 3
thousand Romans in a wood. Seventy of Viriatus's men were
killed, and of the Romans three hundred were killed and the
others put to flight. In the course of that flight one of Viria-
tus's men pursued the others too far, and his horse was shot
from under him. Then all the Romans tried to kill or capture
this single opponent but he struck one man's horse with his
sword so that its head flew off. Then all the others were so
frightened of him that they dared not approach him. After
that the consul Appius Claudius fought against the Gauls
and was defeated, but soon after that he led an army against
them again and was victorious, killing six thousand of them.
When he went home he asked to be met with a triumph, but
the Romans disloyally refused it, with the excuse that he
had lost the battle on the previous occasion.

After that there was a plague in Rome, so severe that no 4
one from outside dared come there, and many estates within
the city were without an heir. But they knew that the plague
passed without any sacrifices, as did many such evils before
which they thought they had mitigated by means of their
idol worship. No doubt if they had been able to do sacri-
fices, they would have said that their gods had come to their
aid, but it was a gift of God that all those who would have
been required to perform the sacrifice were dead before it
passed away by itself. After that the consul Fabius went with
an army against Viriatus and was defeated. The consul then
did something that shamed all Romans, when he recruited
six hundred Scythians to be his supporters, and when they
arrived he ordered them all to have their hands cut off. After
that the consul Pompey advanced against the Numantines
in Spain and was defeated. Fourteen years after Viriatus

Romane winnan ongan, he wearð fram his agenum mannum
ofslagen. And swa oft swa hine Romane mid gefeohte ge-
sohton, he hi simle geflymde. Þær dydan þeah Romane lytle
treowþa þæt him þa wæran laðe and unwyrðe þe heora hla-
ford beswicon, þeah þe hi him leana to þære dæde wendan.

5   Ic sceal eac nyde þara manegra gewinna geswigian þe on
þam eastlandum gewurdan. His me sceal aþreotan for Ro-
mana gewinnum. On þære tide Mitridatis, Partha cynicg,
geeode Babiloniam and ealle þa land þe betweox þam twam
ean wæron, Induse and Idasfe, þa wæran ær on Romana an-
wealde. And siþþan he gebrædde his rice east oð Indea
gemæro. And Demetria, Asia cyning, hine twiwa mid fyrde
gesohte. Æt oðrum cyrre he wearð geflymed, æt oþrum ge-
fangen. He wæs on Romana anwealde, forþon þe hi hine þær
gesettan. Æfter þam Mantius se consul for on Numentine,
Ispania folc, and þær wæs winnende oð he nam frið wið þæt
folc, and syððan hine aweg bestæl. Þa he ham com, þa heton
hine Romane gebindan and gebringan beforan Numentia
fæstenes geate. Þa naðer ne hine þa eft ham lædan ne
dorstan þe hine þyder læddan, ne his þa onfon noldon þe
hine man to brohte, ac swiðe hreowlice swa gebend he on
anre stowe beforan þam geate wæs wuniende oþ he his lif
forlet.

6   On þam dagum Brutus se consul ofsloh Ispania folces LX
M, þa wæran Lusitaniam on fultume, and raðe þæs he for eft
on Lusitanie and hyra ofsloh L M and VI M gefeng. On þam
dagum for Lapidus se consul on þa nearan Ispanie, and gefly-
med wearð, and his folces wæs ofslagen VI M. And þa þe þær
aweg coman hi oðflugon mid þam mæstan bismore. Hwæðer

began to fight against the Romans he was killed by his own men. Whenever the Romans had sent an army against him he had defeated them. But the Romans showed a little sense of honor when they treated those who had killed their leader as dishonorable enemies, though they had expected rewards from them for that deed.

I must of necessity pass over the many wars that took place in the east, and I shall grow weary of describing the Roman wars. At that time Mithridates the king of Parthia captured Babylon and all the lands between the two rivers Indus and Hydaspes, which had been under Roman control. Next he extended his empire east to the borders of India. Demetrius the king of Asia twice campaigned against him. On the first occasion he was routed and on the second he was captured. He was under Roman rule because they had established him there. After that the consul Mancinus marched against the Numantines in Spain, and fought against them until eventually he made peace with them and sneaked away. When he got home the Romans ordered him to be tied up and placed in front of the gate of the Numantines' fortress. Those who brought him there did not dare to take him home again and those to whom he was brought would not accept him, so he remained there tied up in a pitiful state in a spot in front of the gate until he died.

At that time the consul Brutus killed sixty thousand of the Spanish army, who were helping the Lusitanians, and soon after that he marched against the Lusitanians, killing fifty thousand of them and capturing six thousand. At that time the consul Lepidus went to Hither Spain, and was defeated; six thousand of his army were killed. Those who got away fled with the greatest disgrace. Do the Romans know

Romane hit witon ænegum men to secganne, hwæt heora folces on Ispaniam on feawa gearon forwurde? Þonne hi fram gesælgum tidum gilpað, þonne wæron þa him sylfum þa ungesæligestan.

7 Þa þa Seruus Fuluius and Flaccus Quintus wæron consulas, wearð on Rome an cild geboren þæt hæfde feower fet and feower handa and feower eagon and feower earan. On þam geare asprang up Etna fyr on Sicilium and mare þæs landes forbærnde þonne hit æfre ær dyde.

Chapter 3

ÆEfter þam þe Romanaburh getimbred wæs VI hund wintrum and XX, þa þa Mantius gedyde þone yfelan fryð on Numantium, swa hit Romane sylf sædon þæt under heora anwealde nan bysmorlicre dæd ne gewurde buton on þam gefeohte æt Caudenes Furculus, þa sendon Romane Scipian on Numantie mid fyrde. Hi syndon on þam norðwestende Ispania, and hi hi sylf ær þam mid IIII M aweardedon feowertyne winter wið Romana XL M, and oftost sige hæfdon. Þa besæt hi Scipia healf gear on heora fæstene, and hi to þon gebrocode þæt him leofre wæs þæt hi hi sylfe forneþde þonne hi þa yrmþa lencg þrowedon. Þa se Scipia onget þæt hi swylces modes wæran, þa het he sum his folc feohton on þæt fæsten þæt hi mid þam þæt folc ut aloccodan.

2 Þa wæron þa burhware to þon fagene and to þon bliðe

how many of their forces perished within a few years in Spain? Can they tell anyone? They boast about the happy times, but those times were the most miserable for them.

At the time when Servius Fulvius and Flaccus Quintus were consuls, a child was born in Rome with four feet and four hands and four eyes and four ears. In that year fire sprang up from Etna in Sicily and burned more of the surrounding land than it had ever done before. 7

Chapter 3

Six hundred and twenty years after Rome was built, when Mancinus made the wicked peace settlement with the Numantines, such that the Romans themselves said that no more shameful act had ever occurred under their rule except for the battle at the Caudine Forks, the Romans sent Scipio with an army against the Numantines. They live in the northwest corner of Spain, and they had defended themselves for fourteen years with four thousand men against the forty thousand of the Romans, and very often were victorious. Scipio then besieged them in a stronghold for half a year and so weakened them that they preferred to destroy themselves than suffer those miseries any longer. When Scipio realized that they were of such a mind, he ordered some of his men to attack the stronghold in order to lure the people out.

Then the inhabitants were so delighted and pleased that 2

þæt hi feohtan mostan, and gemang þam gefean hi hi sylf
mid ealað oferdrenctan and ut yrnende wæron æt twam gea-
ton. On þære byrig wæs ærest ealogeweorc ongunnon,
forþon þe hi win næfdon. On þam swicdome wearð Numen-
tia duguð gefeallen. Se dæl þe þær to lafe wearð forbærndon
ealle þa burh, forþon þe hi ne uðon þæt heora fynd to heora
ealdan gestreonon fengon, and æfter þam hi hi sylfe on þam
fyre forspildon. Þa se Scipio hine hamweard wende of þam
lande, þa com him to an eald man, se wæs Numentisc. Þa
frægn se Scipio hine on hwy hit gelang wære þæt Numentiae
swa raðe ahnescodon, swa hearde swa hi longe wæran. Þa
sæde he him þæt hi wæran hearde þa hwile þe hi heora an-
rædnesse geheoldan him betwenan and anfealdnysse, and
sona swa hi him betweonum ungerædnesse up ahofon swa
forwurdon hi ealle.

3   Þa wearð þam Scipian þæt andwearde swiþe andrysne,
and ealle Romana witan for þam andwyrde wurdon swiðe
geegesode, þa he ham com, forþon þe hi þa hæfdon un-
gerædnysse him betweonum. On þære tide Creaccus wæs
haten an þara consula, and he winnan ongann wið ealle þa
oðre, oþ hi hine ofslogon. And eac on þære tide on Sicilium
þa þeowas wunnan wið þa hlafordas and uneaðe oferwun-
nene wurdon and VII M ofslagen, ær man hi gebigan mihte,
and æt þære anre byrig Minturnan heora man aheng fifte
healf hundred.

they had the opportunity to fight that in the midst of their joy they overindulged themselves in ale and ran out by the two gates. Ale brewing was done at that city for the first time, because they had no wine. Through that trick the nobility of Numantia fell. The ones who were left burned the city down, because they would not allow their enemies to capture their ancestral treasures, and after that they destroyed themselves in the fire. When Scipio was on his way home from that land an old Numantine man came to him. Scipio asked him how it came about that the Numantines so quickly weakened, when they were so strong for a long time. He said that they were strong as long as they preserved among themselves their resolution and their unity, but as soon as they stirred up discord they all perished.

That answer frightened Scipio, and all the Roman senators were alarmed at those words when he returned home, because they had a lot of dissension at that time. In that period one of the consuls, called Gracchus, began to fight against all the others until they killed him. Also at that time the slaves in Sicily fought against their masters and were only with difficulty defeated; seven thousand of them were killed before they could be suppressed, and at one town, Minturnae, four hundred and fifty were hanged.

Chapter 4

Æfter þam þe Romeburh getimbred wæs vi hund wintrum and xxi, Lucinius Crassus se consul, he wæs eac Romana yldesta bisceop, he gefor mid fyrde ongean Aristonocuse þam cynincge, se wolde him geagnian þa læssan Asiam, þeh þe hi ær Attalis his agen broðor hæfde Romanum to boclande geseald. Crassuse wæron manige cyningas of manegum landum to fultume cumen. An wæs Nicomedia, twegen of Bithinia, þry of Panto, iiii of Armenia, v of Argeata, vi of Cappadocia, vii of Filimine, viii of Paflogoniam. And þeahhwæþere, raðe þæs þe hi togædere coman, se consul wearð aflymed, þeah þe he mycelne fultum hæfde. Þa þæt Perpena gehyrde, se oðer consul, he þa hrædlice fyrde gegaderade and on þone cynincg unwærne becom, þa his fyrd eall tofaren wæs, and hine bedraf into anum fæstene and hine besæt, oð hine ealle þa burhleode ageafan þam consule. And he hine het syþþan to Rome bringan and on carcerne besceufon, and he þær læg oð he his lif forlet.

2   On þære tide Antiochuse, Asiria cyninge, geþuhte þæt he rice genoh næfde and wilnode þæt he Parthe begeate and þyder for mid manegum þusendum, and hine þær Parthe yþelice oferwunnan and þone cyning ofslogan and him þæt rice geahnedon, forþon Antiochus gymde hwæt he hæfde manna gerimes and ne nam nane ware hwilce hi wæran, forþon heora wæs ma forcuðra þonne æltæwra.

3   On þære tide Scipia, se besta and se selesta Romana witena and þegena, mænde his earfeða to Romana witum, þær

Chapter 4

Six hundred and twenty-one years after Rome was built, the consul Licinius Crassus, who was also the high priest of the Romans, went with an army against King Aristonicus, who was aiming to take possession of Asia Minor, although his own brother Attalus had given it before to the Romans as a permanent possession. Many kings from many lands came to the support of Crassus. One was from Nicomedia, another from Bithynia, a third from Pontus, a fourth from Armenia, a fifth from Argeata, a sixth from Cappadocia, a seventh from Filimene, an eighth from Paphlagonia. Even so, as soon as the two sides met the consul was defeated, though he had a huge force. When Perpenna, the other consul, heard this he quickly gathered an army and fell upon the king when he was unprepared, with all his army scattered, and drove him into a fortress and besieged him until all the townspeople gave him up to the consul. He ordered him then to be taken to Rome and put in prison, and he remained there until he died.

At that time Antiochus the king of Assyria thought that 2 he didn't have a big enough empire and wanted to take over Parthia. He went there with many thousands of troops, but the Parthians easily defeated him, killing the king and taking over his kingdom, because Antiochus cared about how many men he had and paid no attention to what kind of men they were, and there were more worthless men than reliable ones.

At that time Scipio, the best and finest of the Roman sen- 3 ators and officers, complained to the Roman senators about

hi æt heora gemote wæron, forhwi hi hine swa unwyrðne on
his ylde dydan, and ahsode hi forhwi hi noldon geþencean
ealle þa brocu and þa geswinc þe he for heora willan and
eac for neodþearfe fela wintra dregende wæs, unarimedlice
oftsiþum, and hu he hi adyde of Hannibales þeowdome and
of manigre oþre þeode, and hu he him to þeowdome gewylde
ealle Ispaniae and ealle Affrice. And þa on þære ilcan niht þe
he on dæg þas word spræc, Romane him geþancedon ealles
his geswinces mid wyrsan leane þonne he to him geearnod
hæfde, þa hi hine on his bedde asmoredan and aþrysemo-
dan, þæt he his lif alet. Eala, Romane, hwa mæg eow nu
truwian þa ge swylc lean dydon eowrum þam getrywestan
witan?

4   Ða þa Emilius Ærestes wæs consul, Etna fyr afleow up
swa brad and swa mycel, þæt feawa þara manna mihte beon
eardfæste, þe on Lipare waran þam iglande, þe þær nihst
wæs, for þære hæte and for þam stence, ge ealle þa clifu þe
neah þære sæ wæron forburnen to ahsan, and ealle þa scipu
formultan þe neah þam sæ farende wæron, ge ealle þa fixas
þe on þam sæ wæron acwælan for þære hætan. Þa þa Marcus
Flaccus wæs consul, coman gærstapan on Africe, and ælc
uht forscrufon þæs þe on þam lande wæs weaxendes and
growendes. Æfter þam com an wind and forbleow hi ut on
sæ. Æfter þam þe hi adruncenne wæran, hi wearp seo sæ up,
and siþþan mæst eall forwearð þæt on þam lande wæs, ge
manna ge nytena ge wildeor for þam stence.

his ill-treatment when they were at a meeting, asking why they so dishonored him in his old age, and why they refused to consider all the troubles and toil he had endured in response to their wishes and their needs, for many years, on countless expeditions, pointing out that he had rescued them from the domination of Hannibal and many another nation, and subdued the whole of Spain and all of Africa. Then on the very night that he had made this complaint, the Romans expressed their gratitude for all his labor with a worse recompense than he had deserved, when they smothered him in his bed and suffocated him so that he gave up his life. O you Romans, who can trust you now when you rewarded your truest senator in this fashion?

At the time when Aemilius Orestes was consul, the fire of 4 Etna shot up so widely and densely that few of the people on the island of Lipara, which was nearest to it, could stay there because of the heat and the smell. All the cliffs that were near that sea were burned to ashes, all the ships that were sailing near that sea burned and all the fish that were in that sea died from the heat. At the time when Marcus Flaccus was consul, locusts appeared in Africa and devoured everything that was flourishing and growing in that land. After that a wind came and blew them out to sea. When they had drowned, the sea cast them up, and then almost everything that was in that land, people, domestic animals, and wild animals, perished from the smell.

Chapter 5

Æfter þam þe Romanaburuh getimbred wæs vi hund wintrum and xxvii, þa þa Lucius Mella and Quintus Flamineus wæron consulas, þa gewearð þam senatus þæt man eft sceolde timbrian Cartaina. Ac þære ilcan niht þe man on dæg hæfde þa buruh mid stacum gemercod, swa swa hi hi þa wurcean woldan, þa tugan wulfas þa stacon up. Þa forleton hi þæt weorc forþam, and lang gemot hæfdon hwæþer hit tacnode, þe sibbe þe unsibbe, and hy hi swa þeah eft getimbredan. On þære tide Metellus se consul for on Belearis þæt land and oferwann þa wicingas þe on þæt land hergodan, þeah þe þæra landleoda fela forwurde.

Chapter 6

Æfter þam þe Romanaburh getimbred wæs vi hund wintrum and xxvii, Favius se consul gemette Betuitusan, Gallia cyning, and hine mid lytlum fultume ofercom.

Chapter 7

Æfter þam þe Romanaburh getimbred wæs vi hund wintrum and xxxv, þa þa Scipia Nusica and Lucius Calfurnius wæran consulas on Rome, Romane wunnon wið

Chapter 5

Six hundred and twenty-seven years after Rome was built, when Lucius Metellus and Quintus Flaminius were consuls, the senate agreed that Carthage should be rebuilt. But on the very night that the city had been marked out with stakes, to indicate where they wanted to build it, wolves pulled the stakes up. Then they stopped construction because of that, and had a long discussion about whether it portended peace or war, but they nevertheless built it again. At that time the consul Metellus went to the Balearic Islands and defeated the pirates who had long ravaged that region, though many of the inhabitants perished.

Chapter 6

Six hundred and twenty-seven years after Rome was built, the consul Fabius fought with Bituitus the king of the Gauls and defeated him with a small force.

Chapter 7

Six hundred and thirty-five years after Rome was built, when Scipio Nasica and Lucius Calpurnius were consuls in Rome, the Romans fought against Jugurtha king of

Geoweorðan, Numeþa cyning. Se ilca Geoweorða wæs Mecipsuses mæg, Numeþa cyninges, and he hine on his geoðe underfeng and hine fedan het and læran mid his twam sunum. And þa se cyning gefor, he bebead his twam sunum þæt hi þæs rices þriddan dæl Geoweorþan sealdon. Ac siþþan se þriddan dæl on his gewealde wæs, he beswac begen þa sunu, oðerne he ofsloh, oþerne he adræfde. And he siððon gesohte Romane him to friðe. And hi sendon Calfurnan þone consul mid him mid fyrde, ac Geoweorða geceapode mid his feo æt þam consule þæt he þæs gewinnes lytel þurhteah.

2   Æfter þam Geoweorða com to Rome and digellice geceapode to þam senatum, to anum and to anum, þæt hi ealle wæron ymbe hine twywyrdige. Þa he hine hamweard of þære byrig wende, þa tælde he Romane, and hi swiðe bismorode mid his wordum, and sæde þæt man nane burh ne mihte yð mid feo geceapian, gif hyre ænig man ceapode. Ðæs on þam æfteran geare Romane sendon Anilius Mostumius þone consul mid LX M ongean Geoweorðan. Heora gemittincg wæs æt Colima þære byrig, and þær wæran Romane oferwunnen. And siþþon lytle hwile hi genamon frið him betweonum, and siþþon mæst ealle Africe gecyrdon to Geoweorþan. Æfter þam Romane sendon eft Metellus mid fyrde ongean Geoweorðan, and he sige hæfde æt twam cyrrun and æt þriddan cyrre he bedraf Geoweorðan on Numeþian his agen land, and hine genydde þæt he sealde Romanum þreo hund gisla. And he þeah siþþon na þe læs ne hergode on Romane.

3   Þa sendon hi eft Marius þone consul ongean Geoweorðan, a swa lytigne and a swa bredende swa he wæs, and for to anre byrig gelicost þam þe he hi abrecan þohte. Ac sona swa

Numidia. This Jugurtha was the kinsman of Micipsa the king of Numidia, who adopted him in his youth and ordered him to be fed and educated with his two sons. When the king died he ordered his two sons to give a third part of the kingdom to Jugurtha. But once the third part was in his possession he got rid of both the sons, killing one and driving out the other. Then the latter approached the Romans to ask for protection. They sent the consul Calpurnius with him with an army, but Jugurtha bribed the consul so that he did little in the way of war.

After that Jugurtha went to Rome and secretly bribed the 2 senators one at a time, so that they were all in two minds about him. When he returned home from the city, he derided and mocked the Romans, saying that no city could be more easily bought if anyone made an offer for it. In the following year the Romans sent the consul Aulus Postumius with sixty thousand men against Jugurtha. They met at the city of Calama and the Romans were defeated. Soon afterward they made peace and then nearly all of Africa turned to Jugurtha. After that the Romans sent Metellus with an army against Jugurtha. Metellus was victorious on two occasions and on the third drove Jugurtha back to his own land of Numidia, and forced him to give the Romans three hundred hostages. But he didn't stop harrying the Romans.

Then they sent against Jugurtha the consul Marius, a man 3 just as cunning and devious as him, and he advanced on a city as if he intended to capture it. But as soon as Jugurtha

Geoweorða hæfde his fultum to þære byrig gelæd ongean
Marius, þa forlet he Marius þæt fæsten and for to oþrum,
þær he geahsode þæt Geoweorðan goldhord wæs, and ge-
nydde þa burhleode þæt hi him eodan on hand, and him
ageafon eall þæt licgende feoh þæt þærbinnan wæs. Þa ne
getrywode Geoweorða his agenum folce ofer þæt, ac geþof-
tude wið Bohan, Mauritania cynicge. And he him com to
mid miclum manfultume and oftrædlice on Romane stalode,
oþ hi gecwædan folcgefeoht him betweonum. To þam ge-
feohte hæfde Boho Geoweorðan gebroht to fultume LX M
gehorsedra buton feðan.

4   Næs na mid Romanum ær ne siþþan swa heard gefeoht
swa þær wæs, forþon þe hi wurdon on ælce healfe utan be-
fangen, and heora eac mæst forþon forwearð þe heora
mitinc wæs on sandihtre dune, þæt hi for duste ne mihtan
geseon hu hi hi behealdan sceoldan. Toecon þam hi derode
ægðer ge þurst ge hæte, and ealne þone dæg wæron þæt
þafiende oþ niht. Þa on mergen hi wæron þæt ilce donde,
and eft wæron on ælce healfe utan befangen, swa hi ær
wæron. And þa hi swiðost tweode hwæðer hi aweg coman,
þa gecwædan hi þæt hi sume hi beæftan wæredon, and sume
þuruh ealle þa truman utan afuhtan gif hi mihton. Ða hi swa
gedon hæfdon, þa com an ren, and swiðe þæt Mauritanie
wæron mid þam gewergode, forþon þe heora scyldas wæron
betogene mid ylpendan hydum, þæt hi heora feawa for þam
wætan ahebban mihta, and forþam geflymede wurdon, for-
þon þe elpendes hyd wyle drincan wætan gelice and spinge
deð. Þær wearð Mauritania ofslagen XL M and I hund manna.
Æfter þam Boho genam frið wið Romanum and him Geo-
weorðan gebundenne ageaf, and hine man dyde siþþan on
carcern and his twegen suna oð hi þær ealle acwælon.

had led his army to the city against Marius, the consul left that stronghold and went to another one, where he had learned that Jugurtha's treasure was. He forced the inhabitants to submit to him, and they gave him all the treasure that was there. Jugurtha didn't trust his own people after that but allied with Bocchus the king of Mauritania. He joined him with a big army and repeatedly harried the Romans until they agreed on a full-scale battle between them. Bocchus had brought to that battle, in support of Jugurtha, sixty thousand horsemen in addition to infantry.

The Romans never had such a tough battle before or 4 since because they were surrounded on all sides, and most of them perished because their battle site was on a sandy hill, so that they couldn't see to defend themselves because of the dust. In addition to that, thirst and heat troubled them and they endured that all day long, until night fell. Then in the morning they suffered the same and were again surrounded on all sides, as they had been before. When they were in grave doubt as to whether they would get away from there, they agreed that some of them would continue defending and others would fight their way out through the whole host if they could. When they did this it started raining and this handicapped the Mauritanians because their shields were covered with elephant hide and few of them could hold the shields up because of the moisture, and so they were overwhelmed, because elephant hide absorbs moisture like a sponge. Forty thousand one hundred of the Mauritanians were killed there. After that Bocchus made peace with the Romans and gave them Jugurtha as a prisoner and he was put in prison along with his two sons until they all perished there.

Chapter 8

Æfter þam þe Romaneburh getimbred wæs vi hund wintrum and xlii, þa þa Mallius and Quintinus wæron consulas, Romane gefuhton wið Cimbros and wið Teutonas and wið Ambronos, þas þeoda wæron on Gallium, and þær ealle ofslagene wurdon buton x mannum, þæt wæs xl m, and þær wæs Romana ofslagen hundeahtatig m, and heora consul and his twegen suna. Æfter þam þa ylcan þeoda besætan Marius þone consul on anum fæstene and hit lang fyrst wæs ær he ut faran wolde to gefeohte, ær him man sæde þæt hi woldan faran on Italiam, Romana land. Ac siððon he him for to ut of þam fæstene. Þa hi hi on anre dune gemetton, þa mænde þæs consules folc to him heora þurst þe him getenge wæs. Þa andwyrde he him, and cwæð: "Eaðe we magon geseon on oþre healfe urra feonda hwær se drinca is gelang þe us nyhst is, ac forþam þe hi us near synd, we hi ne magon buton gefeohte to cumon." Þær hæfdon Romana sige, and þær wæs Gallia ofslagen twa hund þusenda, and heora latteow, and hundeahtatig m gefangen.

Chapter 9

Æfter þam þe Romanaburh getimbred wæs vi hund wintrum and xlv, on þam fiftan geare þe Marius wæs consul, and eac þa mid Romana wæs sib of oþrum folcum, þa ongunnon Romane þa mæstan sace him betweonon up aræran;

Chapter 8

Six hundred and forty-two years after Rome was built, when Manlius and Quintinus were consuls, the Romans fought against the Cimbri, Teutonae and Ambronae in Gaul. All but ten of the forty thousand were killed, and eighty thousand of the Romans, including their consul and his two sons. After that the same nations besieged the consul Marius in a fortress and for a long time he refused to come out to fight, until he was told that they were intending to march to Italy, the land of the Romans. But then he advanced toward them from the fortress. When they had come together on a hill the consul's soldiers complained to him about the thirst that was afflicting them. He answered them saying: "We can easily see where the nearest drink is, on the other side of our enemies, but since they are nearer to us we cannot get to it without a fight." The Romans had the victory there and two hundred thousand Gauls were killed, including their leader, and eighty thousand were captured.

Chapter 9

Six hundred and forty-five years after Rome was built, in the fifth year that Marius was consul, when the Romans were at peace with other countries, the Romans began to stir up a huge conflict among themselves. But I must briefly

þeah ic hit nu sceortlice secgan scyle, cwæð Orosius, hwa
þæs ordfruman wæron. Þæt wæs ærest Marius se consul,
and Lucius and Apulcius and Saturninus, þæt hi adræfdon
Metellus þone consul on elþeode, se wæs consul ær Marius.
Hit wæs þa swyðe ofþincende þam oþrum consulum, Pom-
peiuse and Catan. Þeah þe hi mid þære wrace þam adræfdon
on nanum stæle beon ne mihtan, hi þeah þurhtugon þæt hi
ofslogon Lucius and Saturninus, and eft wæran biddende
þæt Metellus to Rome moste. Ac him þagyt Marius and
Furius forwyrndan. And him þa siþþan se feondscipe wæs
betweonum wexande, þeah þe hit hi openlice cyðan ne
dorstan for þæra senatum ege.

Chapter 10

Æfter þam þe Romanaburh getimbred wæs VI hund
wintrum and LXI, on þam VI geare þe Iulius se casere wæs
consul and Lucius Martius, wearð ofer ealle Italia ungefærlic
unsib and openlice cuð betuh Iuliuse and Pompeiuse, þeah
hi hit ær swiðe him betweonum dyrndon, and eac on þam
geare gewurdon manige wundor on manegum landum. An
wæs þæt man geseah swylce an fyren hrincg norþan cumen
mid mycclum swege. Oþer wearð on Tarentam þære byrig
æt anre feorme: þonne man þa hlafas wrat to þicgenne,
þonne arn þær blod ut. Þæt þridde wæs þæt hit hagolade
seofon niht, dæges and nihtes, ofer ealle Romane, and on
Somnia þam lande seo eorþe tobærst, and þanon up wæs
byrnende fyr wið þæs heofones. And man geseah swylce hit

tell you now who the originators were, said Orosius. They were, firstly, Marius the consul, and Lucius and Apulcius and Saturninus, who drove into exile the consul Metellus, who was consul before Marius. The other consuls, Pompey and Cato, were very angry about this. Although they could not help those who had been exiled in the course of the conflict, they did manage to kill Lucius and Saturninus, and afterward requested that Metellus might be allowed to return to Rome. But Marius and Furius still resisted this. After that the enmity between them grew, though they dared not express it openly for fear of the senate.

Chapter 10

Six hundred and sixty-one years after Rome was built, when Julius the emperor was consul for the sixth time, along with Lucius Martius, the divisive conflict between Julius and Pompey became evident over the whole of Italy, though they had previously hidden it carefully, and also in that year there were many portents in many lands. One was that a fiery ring was seen coming from the north with a great noise. A second was at a meal in the city of Tarentum: when the bread was cut for eating, blood flowed out. The third was that it hailed for seven days, day and night, over all the Roman territory, and in the land of the Samnites the earth gaped open and from it burning fire shot up toward the sky.

wære an gylden hrincg on heofonum braddre þonne sunne, and wæs fram þam heofone bradiende niðer oð þa eorþan, and wæs eft farende wið þæs heofones.

2   On þære tide Pincende þæt folc, and Uestine and Marse and Peligni and Marrucine and Somnite and Lucani hi ealle gewearð him betweonon þæt hi woldan Romanum geswican, and ofslogon Gaius Seruius, Romana ealdorman, se wæs mid ærendum to him asended. On þam dagum aweddan þa nytena and þa hundas þe wæran on Somnitum. Æfter þam gefeaht Pompeius se consul wið þa folc and geflymed wearð, and Iulius se casere gefeaht wið Marse þam folce and geflymed wearð. And raðe þæs Iulius gefeaht wið Somnitum and wið Lucanum and hi geflymde. Æfter þam hine man het casere. Þa bæd he þæt man þone triumphan him ongean brohte. Þa sende him man ane blace hacelan ongean, him on bysmor, for triumphan. And eft hi him sendan ane tunecan, þa þe hi toge heton, þæt he ealles buton arunge to Rome ne com.

3   Æfter þam Silla se consul, Pompeiuses gefera, gefeaht wið Esernium þam folce, and hi geflymde. Æfter þam gefeaht Pompeius wið Pincentes þam folce, and hi geflymde. Þa brohtan Romana þone triumphan ongean Pompeius mid micelre wyrðfullnysse for þam lytlan sige þe he þa hæfde, and noldon Iuliuse nanne weorþscipe don, þeah he maran dæd gedon hæfde, buton ane tunican, and heora gewinn mid þam swiðe gesettan. Æfter þam Iulius and Pompeius abræcon Osculum þa burh on Mærsum, and þær ofslogon eahtatyne M. Æfter þam gefeaht Silla se consul wið Somnitum and heora ofsloh XVIII M.

A kind of golden ring was seen in the sky, bigger than the sun, and it grew bigger as it moved from the sky down to the ground, and went back again to the sky.

At that time the Picentes, the Vestini, the Marsi, the Paeligni, the Marrucini, the Samnites, and the Lucanians agreed to desert the Romans, and they killed Gaius Servius, an officer of the Romans, who had been sent to them as an envoy. Then the livestock and dogs in the Samnite lands went mad. After that the consul Pompey fought against those peoples and was defeated, and Julius the emperor fought against the Marsi and was defeated. Soon after that Julius fought against the Samnites and the Lucanians and defeated them. After that he was hailed as emperor. Then he asked that he should be given a triumph, but he was sent a black cloak in mockery of him instead of a triumph. Later they sent him a tunic, which they called a toga, so that he did not come to Rome entirely without honor.

After that the consul Sulla, Pompey's partner, fought against the Aesernii and defeated them. Later Pompey fought against the Picentes and defeated them. Then the Romans gave him a triumph with great plaudits for the minor victory that he had won, and they wouldn't give Julius any honor, except for a tunic, though he had done a greater deed. They greatly exacerbated their feud through that action. After that Julius and Pompey captured the city of Asculum in the land of the Marsi, and killed eighteen thousand there. Subsequently Sulla the consul fought against the Samnites and killed eighteen thousand of them.

Chapter 11

ÆFter þam þe Romanaburh getimbred wæs VI hund wintrum and LXII, þæt Romane sendon Sillan þone consul ongean Metridatis Partha cynincge. Þa ofþuhte þæt Mariuse þam consule, Iuliuses eame, þæt man þæt gewinn him betæcean nolde, and bæd þæt man him sealde þone seofoðan consulatum and eac þæt gewinn, forþon hit wæs þeaw mid heom þæt man ymbe XII monað dyde ælces consules setl anum pyle hyrre þonne hit ær wæs. Ða Silla geahsode on hwylc gerad Marius com to Rome, he þa hrædlice mid eallre his fyrde wið Rome weard farende wæs, and Marius bedraf into Romebyrig mid eallum his folce, and hine syþþon þa burhleode gefengon and gebundon, and hine siþþon þohton Sillan agifon. Ac he fealh þære ilcan nihte of þam bendum þe hine man on dæg gebende, and siþþon fleah suð ofer sæ on Africam, þær his fultum mæst wæs, and raðe eft wæs cyrrende wið Rome weard.

2   Him wæron twegen consulas on fultume, Cinna and Sertorius, þa wæron simble ælces yfeles ordfruman. And raðe þæs þe þa senatus gehyrdon þæt Marius to Rome nealæhte, hi ealle ut flugon on Greaca land æfter Sillan and æfter Pompeiuse, þyder hi þa mid fyrde gefarene wæron. Þa wæs Silla mid mycelre geornfulnesse farende of Grecum wið Rome weard, and wið Marius heardlice gefeoht þuruhteah and hine geflymde and ealle ofsloh binnon Romebyrig þe Mariuse on fultume wæron. Raðe þæs ealle þa consulas wæran deade buton twam. Marius and Silla geforan him sylf, and Cinna wæs ofslagen on Smyrna, Asia byrig, and Sertorius wæs ofslagen on Ispania.

CHAPTER II

Chapter 11

Six hundred and sixty-two years after Rome was built, the Romans sent Sulla the consul against Mithridates the king of the Parthians. Then the consul Marius, the uncle of Julius, was annoyed that the war had not been given to him and requested that he should be given a seventh consulate and also command of the war, because it was their custom that every twelve months each consul's seat should be raised one cushion higher than it was before. When Sulla heard the reason why Marius had come to Rome he immediately set off for Rome with all his army, and pushed Marius with all his forces back into Rome. The people of the city seized him and made him captive, intending to hand him over to Sulla. But he escaped the same night from the imprisonment that he had been placed in that day, and then fled south over the sea to Africa, where his main support was. Soon after that he returned again toward Rome.

Two consuls supported him, Cinna and Sertorius, who 2 were always the starting point for any trouble. As soon as the senate heard that Marius was approaching Rome they all fled to Greece to catch up with Sulla and Pompey, who had gone there with an army. Then Sulla set off from Greece toward Rome with great energy and engaged in a fierce battle with Marius, defeating him and killing everyone within Rome who had supported him. Soon after that all the consuls were dead except two. Marius and Sulla died naturally, Cinna was killed in the Asian city of Smyrna, and Sertorius was killed in Spain.

3 Ða underfeng Pompeius Partha gewin, forþon Metreda-
tis heora cyning teah him to þa læssan Asiam and eall Creaca
land. Ac hine Pompeius of eallum þam lande aflymde and
hine bedraf on Armenie and him æfterfyligende wæs oð hine
oðre men ofslogon, and genydde Archalaus þone lateow þæt
he wæs his underþeow. Hit is nu ungelyfedlic to secgenne,
cwæð Orosius, hwæt on þam gewinne forwearð þæt hi
wæron dreogende XL wintra ær hit geendod beon mihte,
ægþer ge on þeode forhergunge ge on cyninga slihtum ge on
hungre. Þa Pompeius hamweard wæs, þa noldan him þa
landleode þæt fæsten alyfon æt Hierusalem. Him wæron on
fultume XXII cyninga. Þa het Pompeius þæt man þæt fæsten
bræce and on fuhte dæges and nihtes, simble an legie æfter
oðre unwerige, and þæt folc mid þam aðrytan þæt hi him on
hand eodan, ymbe þry monðas þæs þe hi man ær began. Þær
wæs Iudea ofslagen XIII M, and man towearp þone weal
niðer oð þone grund, and man lædde Aristopolus to Rome
gebundenne, se wæs ægðer ge heora cyning ge heora bisceop.

Chapter 12

Æfter þam þe Romeburh getimbred wæs VI hund win-
trum and LXVII, Romane gesealdon Caiuse Iulius seofon le-
gion, to þon þæt he sceolde fif winter winnan on Gallie.
Æfter þam þe he hi oferwunnen hæfde, he for on Bryttoniae
þæt igland and wið þa Bryttas gefeaht and geflymed wearð
on þam lande þe man hæt Centland. Raðe þæs he gefeaht
wið þa Bryttas eft on Centlande, and hi wurdon aflymede.

Then Pompey took on the war against the Parthians be- 3
cause their king Mithridates had taken over Asia Minor and
all of Greece. Pompey drove him back from all that territory
and pushed him into Armenia, pursuing him until he was
killed by others, and he forced his general Archelaus to be
his slave. It is just impossible to believe, said Orosius, how
many perished in that war, which lasted forty years before it
could be brought to an end, what with the ravaging of coun-
tries, the killing of kings and famine. When Pompey was on
his way home, the inhabitants would not yield the fortress
in Jerusalem to him. Twenty-two kings were helping them.
Then Pompey ordered his men to storm the fortress and at-
tack it day and night, always sending a fresh legion after an-
other, and the people were so exhausted by that that they
submitted to him, three months after the attack began.
Thirteen thousand Jews were killed there and the wall was
leveled to the ground, while Aristobolus, who was both their
king and their priest, was taken captive to Rome.

Chapter 12

Six hundred and sixty-seven years after Rome was built,
the Romans gave Gaius Julius seven legions in order to wage
war on the Gauls for five years. After he had defeated them
he went to the island of Britain and fought against the Brit-
ons but was defeated in the region called Kent. Soon after
that he fought against the Britons again in Kent and they

Heora þridde gefeoht wæs neah þære ea þe man hæt Temese, neah þam forda þe man hæt Welingaford. Æfter þam gefeohte him eode on hand se cyning and burhware þe wæron on Cyrnceastre, and siððon ealle þe on þam iglande wæron. Æfter þam Iulius for to Rome and bæd þæt him man brohte þone triumphan ongean. Þa bebudon hi him þæt he come mid feawum mannum to Rome and ealne his fultum beæftan him lete.

2   Ac þa he hamweard for, him coman ongean þa þry ealdormenn þe him on fultume wæron, and him sædon þæt hi for his þingum adræfde wæron, and eac þæt ealle þa legian wæron Pompeiuse on fultume geseald þe on Romane onwealde wæron, þæt he þe fæstlicre gewin mihte habban wið hine. Ða wende eft Iulius to his agenum folce and wepende mænde þa unare þe him man buton gewyrhton dyde, and swiðost þara manna þe for his þingum forwurdon. And he him aspeon to siþþan þa seofon legian þe wæron on Silomone þam lande. Þa Pompeius and Cato and ealle þa senatus þæt gehyrdon, þa foran hi on Greacas and micelne fultum gegaderodan on Thraci þære dune. Þa for Iulius to Rome and tobræc heora madmhus and eall gedælde his fyrde þæt þærinne wæs. Þæt is unalyfedlic to secganne, cwæð Orosius, hwæt þæs ealles wæs.

3   Æfter þam he for to Marisiam þæt land, and þær let þreo legian beæftan him, to þon þæt hi þæt folc to him genyddon, and he sylf mid þam oðrum dæle for on Ispaniae, þær Pompeius legian wæron mid his þrim latteowum, and he hi ealle to him genydd. Æfter þam he for on Creaca land, þær his Pompeius on anre dune onbad mid xxx cyningan, buton his agenum fultume. Ða for Pompeius þær Marcellus wæs, Iuliuses latteow, and hine ofsloh mid eallum his folce. Æfter

were defeated. Their third battle was near the river Thames, close to the ford called Wallingford. After that battle the king and town-dwellers who were in Cirencester submitted to him, and subsequently all the inhabitants of the island. Then Julius went to Rome and asked for a triumph, but they told him to come with a few men to Rome and leave all his army behind him.

But when he was on his way home, the three leaders who 2 were supporting him came to meet him and said that they had been expelled on his account and also that all the legions who were under Roman control had been given to Pompey to support him, so that he could wage war more successfully against Julius. Then Julius turned back to his own army and complained in tears of the dishonor that had been done to him without justification, and especially to those people who had perished on his account. He then enlisted to his support the seven legions who were in the region of Sulmo. When Pompey, Cato and all the senate heard that, they went to Greece and assembled a big force on the hill called Dyrrachium. Then Julius went to Rome, broke open the treasury and distributed everything that was in there to his army. It is quite incredible, said Orosius, how much it all amounted to.

After that he went to Marseilles and left three legions be- 3 hind him there to force the people to submit to him. He himself went with the rest to Spain where Pompey's legions were with his three generals, and forced them all to submit to him. After that he went to Greece where Pompey waited for him on a hill with thirty kings, besides his own force. Then Pompey advanced to where Marcellinus, Julius's general, was and killed him with all his army. After that Julius

þam Iulius besæt Tarquatus, Pompeiuses latteow, on anum
fæstene, and him Pompeius æfter for. Þær wearð Iulius ge-
flymed and his folces feala forslagen, forþam þe him man
feaht on twa healfa, on oþre healfe Pompeius, on oðre healfe
se ladteow.

4   Siððan for Iulius on Thesaliam and þær his fultum ge-
gaderade. Þa Pompeius þæt gehyrde, þa for he him æfter
mid ungemætlicum fultume. He hæfde eahta and eahtatig
cooratana, þæt we nu truman hatað, þæt wæs on þam da-
gum fif hund manna and an M. Þis eall he hæfde buton his
agenum fultume and butan Catone, his geferan, and buton
þara senatuses, and Iulius hæfde hundeahtatig coortana.
Heora ægðer hæfde his folc on þrim heapum, and hi sylfe
wæron on þam midmestam, and þa oðre on twam healfa
heora. Þa Iulius hæfde ænne þæra dæla geflymed, þa cly-
pode Pompeius him to ymbe Romane ealde gecwydrædene,
þeah þe he hi sylf gelæstan ne þohte, "Gefera, gefera, ge-
myne þæt þu ure geferrædenne and cwydrædenne to lange
ne oferbræc." Þa andwearde he him and cwæð, "On sumere
tide þu wære min gefera, and forþam þe þu nu ne eart, me is
eal leofost þæt þe is laðost." Þæt wæs seo gecwydræden
þe Romane geset hæfdon, þæt heora nan oðerne on þone
andwlitan ne sloge, þær þær hi hi æt gefeohtum gemetton.

5   Æfter þam wordum Pompeius wearð geflymed mid eal-
lum his folce, and he sylf siþþan oðfleah on Asiam mid his
wife and mid his bearnum. And syððon he for on Egyptum
and his fultumes bæd æt Pholomeuse þam cyninge, and raðe
þæs þe he to him com, he him het þæt heafud of aceorfon,
and hit syððon het Iuliuse onsendon and his hring mid. Ac
þa man hit to him brohte, he wæs mænende þa dæde mid
miclum wope, forþon he wæs ealra manna mildheortast on

besieged Torquatus, Pompey's general, in a fortress, and Pompey pursued him. Julius was defeated there and many of his army killed, because he was attacked on two sides, Pompey on one side and the general on the other.

Then Julius went to Thessaly and assembled his army 4 there. When Pompey heard that he went after him with a huge force. He had eighty-eight cohorts, which we now call troops, which in those days came to fifteen hundred men. He had all this in addition to his own force and that of Cato his colleague and the troops of the senate, and Julius had eighty cohorts. Each of them had arranged his army in three sections: they themselves were in the middle one and the others on two sides of them. When Julius had defeated one of those sections, Pompey called out to him, invoking an old Roman convention, though he himself had no intention of following it, "Comrade, comrade, remember not to violate our fellowship and covenant too far." Then Julius answered him saying, "There was a time when you were my comrade, but since you are that no longer, whatever is hateful to you is good for me." This was the convention which the Romans had established, that none of them should strike another on the face, if they met in battle.

After that exchange Pompey was defeated with all his 5 army, and he himself fled to Asia with his wife and children. Then he went to Egypt and asked for help from Ptolemy the king, but as soon as he arrived the king had him beheaded and the head sent to Julius, and his ring with it. But when it was brought to him Julius bewailed what had happened with great tears, because he was the kindest of all people of that þam dagum. Æfter þam Pholomeus gelædde fyrde wið Iuliuse, and eall his folc wearð geflymed and he sylf gefangen, and ealle þa men Iulius het ofslean þe æt þære lare wæran þæt man Pompeius ofsloh, and he swaþeah eft forlet Ptholomeus to his rice.

6   Æfter þam Iulius gefeaht wið Ptholomeus þriwa and æt ælcon cyrre sige hæfde. Æfter þam gefeohte ealle Egypti wurdon Iuliuse underþeowas. And he him syþþon hwearf to Rome and eft sette senatus, and hine sylfne man gesette þæt he wæs hyrre þonne consul, þæt hi hetan "tictator." Æfter þam he for on Affrice æfter Catone þam consule. Þa he þæt geahsode, þa lærde he his sunu þæt he him ongean fore and hine him to friðe gesohte, "Forþon," cwæð he, "þe ic wat þæt nan swa god man ne leofað swa he is on þisson life, þeah þe he me sy se laðosta, and forþon eac ic ne mæg findan æt me sylfum þæt ic hine æfre geseo." Æfter þam worde he eode to þære burge weallum and fleah ut ofer, þæt he eall tobærst. Ac þa Iulius to þære byrig com, he him wæs swyðe waniende þæt he to him cucon ne com and þæt he swylcon deaðe swealt.

7   Æfter þam Iulius gefeaht wið Pompeiuses genefon and wið manige his magas, and he hi ealle ofsloh. And siþþon to Rome for and þær wæs swa andrysne þæt him man dyde feower siþon þone triumphan þa he ham com. Siþþon he for on Ispanie and gefeaht wið Pompeiuses twam sunum, and þær wæs his folc swa swiðe forslagen þæt he sume hwile wende þæt man hine gefon sceolde, and he for þære ondrædinge þæs þe swiðor on þæt werod þrang, forþon þe him wæs leofre þæt hine man ofsloge þonne hine man gebunde. Æfter þam he com to Rome, and ealle þa gesetnyssa þe þær to strange wæron and to hearde he hi ealle gedyde leohtran and

time. After that Ptolemy led an army against Julius and all his force was defeated and he himself captured. Julius ordered all the men who had been involved in Pompey's death to be killed, but he nevertheless left Ptolemy his kingdom.

After that Julius fought against Ptolemy three times and 6 was victorious each time. After that campaign all the Egyptians became subject to Julius. He himself went back to Rome and reestablished the senate and was appointed to a position higher than a consul, which they called "dictator." Next he went to Africa in pursuit of the consul Cato. When Cato heard that, he instructed his son to go to meet him and ask for his protection, "Because," he said, "I know that there is no one as good as him living in this world presently, but to me he is the most hated of men, so I cannot find it in myself to see him again." Saying that, he went to the walls of the city and jumped over so that his body was completely shattered. But when Julius came to the city, he was very upset that he did not find him alive and that he had suffered such a death.

After that Julius fought against Pompey's grandsons and 7 many of his kinsmen and killed them all. Next he went to Rome and was held in such awe that he was given four triumphs when he returned home. Then he went to Spain and fought against Pompey's two sons, and so many of his army were killed that he thought for a time that he would be taken captive and for fear of that threw himself all the more eagerly into the fray, because he would rather be killed than captured. After that he returned to Rome and made all the laws that had been too heavy and severe lighter and gentler.

liðran. Hit þa eallum þam senatum ofþincendum and þam consulum þæt he heora ealdan gesetnyssa tobrecan wolde, ahleopon þa ealle and hine mid heora metseaxum ofsticedon inne on heora gemoterne. Þara wunda wæs XXVII.

Chapter 13

ÆFter þam þe Romanaburh getimbred wæs VII hund wintrum and X, feng Octavianus to Romana anwealde, heora unþances, æfter Iuliuses slege his mæges, forþon þe hine hæfde Iulius him ær mid gewritum gefæstnod þæt he æfter him to eallum his gestreonum fenge, forþon þe he hine for mægrædene gelærde and getyde. And he syþþon V gefeoht ungeferlice þurhteah swa swa Iulius his mæg dyde ær: an wið Pompeius, oðer wið Antonius þone consul, þridde wið Cassus and wið Brutus, feorðe wið Lepidus þeah þe he raðe þæs his freond wyrde, and he eac gedyde þæt Antonius his freond wearð þæt he his dohtor sealde Octaviane to wife, and eac þæt Octavianus sealde his sweostor Antoniuse. Siþþon him geteah Antonius to gewealdum ealle Asiam.

2   Æfter þam he forlet Octavianuses sweostor, and him sylfum onbead gewinn and opene feondscipe, and he him het to wife gefeccean Cleopatran þa cwene, þa hæfde Iulius ær, and hire forþam hæfde geseald eall Egypta. Raðe þæs Octavianus gelædde fyrde wið Antonius, and hine raðe geflymde þæs þe hi togædere coman. Þæs ymbe þreo niht hi gefuhton ut on sæ. Octavianus hæfde XXX scipa and CC þara micelra þryreðrena, on þam wæron farende ehta legian. And

But all the senators and consuls were annoyed that he wanted to change their old laws and they all jumped up and stabbed him to death with their table knives in their meeting hall. He had twenty-seven wounds.

Chapter 13

Seven hundred and ten years after Rome was built, Octavian came to power over the Romans, despite their opposition, after the killing of his kinsman Julius, because Julius had laid it down in writing beforehand that Octavian should take possession of all his treasures after him, since he had educated and fostered him because of his kinship. He subsequently fought five civil wars, as his kinsman Julius had done before: one with Pompey, a second with the consul Antony, a third with Cassius and Brutus, a fourth with Lepidus, though he became his friend soon after that, and he also made a friend of Antony so that the latter gave his daughter to Octavian in marriage and also Octavian gave his sister in marriage to Antony. Then Antony took control of all of Asia.

After that he abandoned Octavian's sister and declared 2 war against him and open enmity, and he ordered the queen Cleopatra to be brought to him as his wife—Julius had had her before, and had given her all of Egypt in return. Soon after that Octavian led an army against Antony and defeated him as soon as they came together. Three nights later they fought at sea. Octavian had thirty ships and two hundred of the big triremes, with eight legions on board. Antony had

Antonius hæfde hundeahtatig scipa, on þam wæran farende
x legian, forþon swa micle swa he læs hæfde, swa micle hi
wæron beteran and maran, forþon hi wæron swa geworht
þæt hi man ne mihte mid mannum oferhlæstan, þæt hi
næran tyn fota heage bufan wætere. Þæt gefeoht wearð
swiðe mære, þeah þe Octavianus sige hæfde. Þær Antoni-
uses folces wæs ofslagen xii m, and Cleopatra his cwen
wearð geflymed, swa hi togædere coman, mid hire here.

3   Æfter þam Octavianus gefeaht wið Antonius and wið
Cleopatran, and hi geflymde. Þæt wæs on þære tide kalen-
das Agustus, and on þam dæge þe we hatað hlafmæssan.
Siþþon wæs Octavianus Agustus haten, forþon þe he on
þære tide sige hæfde. Æfter þam Antonius and Cleopatran
hæfdon gegaderad sciphere on þam Readan Sæ, ac þa him
man sæde þæt Octavianus þyderweard wæs, þa gecyrde eall
þæt folc to Octavianuse, and hi sylfe oðflugon to anum tune
lytle werode. Heo þa Cleopatra het adelfan hyre byrigenne
and þæroninnan eode. Þa heo þæron gelegen wæs, þa het
heo niman upnalis þa nædran and don to hire earme, þæt
heo hi abite, forþon þe hiere þuhte þæt hit on þam lime
unsarast wære. Forþon þe þære nædran gecynd is þæt ælc
uht þæs þe heo abit sceal his lif on slæpe geendian. And heo
forþam dyde þæt heo nolde þæt hi man drife beforan þam
triumphan wið Rome weard.

4   Þa Antonius geseah þæt heo hi to deaðe gyrede, þa ofsti-
code he hine sylfne and bebead þæt hine man on þa ilcan
byrgenne to hire swa somcucre alede. Þa Octavianus þyder
com, þa het he niman oðres cynnes nædran, uissillus is
haten, seo mæg ateon ælces cynnes attor ut of men, gif hi
man tidlice to brincð. Ac heo wæs forðfaren ær he þyder
come. Siþþon Octavianus begeat Alexandriam, Egypta

eighty ships with ten legions on board, because although his ships were fewer they were better and bigger, being so made that they could not be so overloaded with men as to be less than ten feet high above water level. That was a famous battle but Octavian was victorious. Twelve thousand of Antony's army were killed and his queen Cleopatra was defeated with her army as soon as battle was joined.

After that Octavian fought against Antony and Cleopatra, and defeated them. That was on the day called the Kalends of August, which we call Lammas. Subsequently Octavian was called Augustus because he won a victory on that date. After that Antony and Cleopatra had assembled a fleet on the Red Sea, but when it was reported that Octavian was approaching all the people turned to him and Antony and Cleopatra themselves fled to a town with a small force. Cleopatra then had her burial place dug and entered it. When she was laid down in it she had a snake called a hypnalis brought and applied to her arm so that it bit her, because she thought that it would be least painful in that limb. It is the nature of that snake that any creature that it bites will die in their sleep. She did this because she didn't want to be driven in front of the triumph on the approach to Rome. 3

When Antony saw that she had arranged for her death, he stabbed himself and ordered that he should be laid in the same tomb beside Cleopatra, who was still half alive. When Octavian got there he had a snake of another kind fetched, called a visillus, which can draw poison of any kind out of someone, if it is brought in time. But she had died before he got there. Afterward Octavian seized Alexandria, the 4

heafodburh, and mid hire gestreone he gewelgode Rome-
burh swa swiðe þæt man ælcne ceap mihte be twamfealdum
bet cepian þonne man ær mihte.

Chapter 14

Æfter þam þe Romaneburh getimbred wæs VII hund
wintrum and fif and XXX, gewearð þæt Octavianus Ceasar
on his fiftan consolato betynde Ianes duru, and gewearð þæt
he hæfde anweald ealles middangeardes. Þa wæs sweotole
getacnad, þa he cniht wæs, and hine man wið Rome weard
lædde æfter Iuliuses slege, þy ilcan dæge þe hine man to con-
sule sette, þæt man geseah ymbe þa sunnan swylce an gylden
ring, and binnan Rome byrig weoll an wylle ele ealne dæg.
On þam hringe wes getacnod þæt on his dagum sceolde
weorþan geboren se þe leohtra is and scinendra þonne seo
sunne þa wære, and se ele getacnode miltsunge eallum man-
cynne.

2   Swa he eac mænig tacen sylf gedyde þe eft gewurdon,
þeah he hi unwitende dyde on Godes bysene. Sum wæs
ærest þæt he bebead ofer ealne middangeard þæt ælc mægð
ymbe geares ryne togædere come, þæt ælc man þy gearor
wiste hwar hi sibbe hæfdon. Þæt tacnode þæt on his dagum
sceolde beon geboren se þe us ealle to anum mæg-gemote
gelaðoþ, þæt biþ on þam towerdan life. Oþer wæs þæt he
bebead þæt eall mancyn ane sibbe hæfdon and an gafol
guldon. Þæt tacnode þæt we ealle sceulon ænne geleafon
habbon and ænne willan godra weorca. Þridde wæs þæt he

capital of Egypt, and with its treasures he enriched Rome so much that everything cost twice as much as before.

Chapter 14

Seven hundred and thirty-five years after Rome was built, it came about that Octavian Caesar in his fifth consulship closed the doors of Janus and held power over the whole world. That had been foretold by a clear sign when he was a youth and was brought to Rome after the killing of Julius. On the same day that he was appointed consul, a kind of golden ring was seen around the sun, and within Rome a spring of oil flowed all day. Through the ring it was revealed that during his lifetime one should be born who is brighter and more resplendent than the sun was then, and the oil signified mercy to all mankind.

Octavian also did many things himself that signified future events, though he did them unwittingly in figuration of God. The first was that he commanded that throughout the world every family should come together at the year's end so that everyone would know clearly where their kindred were. That signified that in his lifetime one should be born who invites us all to a meeting of kindred, which will be in the life to come. The second was that he commanded that the whole of mankind should have one and the same kindred and pay the same tax. That signified that we must all have the same faith and the same desire for good deeds. The third

bebead þæt ælc þara þe on ælþeodignysse wære, come to his agenum gearde and to his fædereþle, ge þeowe ge frige, and se þe þæt nolde he bebead þæt man þa ealle sloge: þara wæron VI M þa hi gegaderad wæron. Þæt tacnode þæt us eallum is beboden þæt we sceolon cuman of þisse worulde to ures fæder eþle, þæt is to heofenum rice, and se þe þæt nele he wyrð aworpen and ofslagen.

Chapter 15

Æfter þam þe Romeburh getimbred wæs VII hund wintrum and XXXVI, wurdon sume Ispaniae leoda Agustuse wiðerwinnan. Þa ondyde he eft Ianes duru and wið hi fyrde lædde and hi geflymde. And hi syþþon on anum fæstene besæt, þæt hi siþþon hi sylfe sume ofslogon, sume mid attre acwealdan, sume hungre acwælan. Æfter þam mænige þeode wunnon wið Agustus, ægþer ge Illirice ge Pannonii ge Sermenne ge manige oðre þeoda. Agustuses latteowas manega micle gefeoht wið him þurhtugon, buton Agustuse sylfum, ær hi hi ofercuman mihtan. Æfter þam Agustus sende Quintillus þone consul on Germanie mid þrim legian, ac heora wearð ælc ofslagen buton þam consule anum. For þære dæde wearð Agustus swa sarig þæt he oft unwitende sloh mid his heafde on þone wah, þonne he on his setle sæt, and þone consul he het ofslean. Æfter þam Germanie gesohton Agustus ungenydde him to friþe, and he him forgeaf þone nið þe he to him wiste.

was that he commanded that everyone, whether slave or free man, who was away from home, should return to his own region and his native land, and whoever refused should be killed: there were six thousand of them when they were gathered together. That signified that we are all required to pass from this world to our father's native land, that is to the kingdom of heaven, and whoever refuses will be cast out and destroyed.

Chapter 15

Seven hundred and thirty-six years after Rome was built, some of the people of Spain became opposed to Augustus. So he opened the doors of Janus and led an army against them and defeated them. Then he besieged them in a fortress, with the result that some killed themselves, some perished by poison, some died of hunger. After that many people fought against Augustus, the Illyrians, the Pannonians, the Sarmatians, and many others. Augustus's generals fought many great battles against them, without Augustus himself, before they could defeat them. After that Augustus sent the consul Quintilius to Germania with three legions, but all of them were destroyed apart from the consul alone. Augustus was so distressed over this that he often unthinkingly banged his head on the wall when he was sitting on his throne, and he had the consul killed. After that the people of Germania came to Augustus asking for peace, without pressure, and he forgave them the hostility that he had experienced from them.

2   Æfter þam þeos worold eall geceas Agustuses frið and his
sibbe, and eallum mannum nanuht swa god ne þuhte swa hi
to his hyldon becoman, and þæt hi his underþeowas wur-
don, ne forðon þæt ænigum folce his agenum æ gelicode to
healdenne, buton on þa wisan þe him Agustus bebead. Þa
wurdon Ianes duru eft betyned and his loca rustige, swa hi
næfre ær næron. On þam ilcan geare þe þis eall gewearð, þæt
wæs on þam twam and feowertigþan wintre Agustuses rice,
ða wearð se geboren se þe þa sibbe brohte ealre worulde,
þæt is ure Drihten hælend Crist. Nu ic hæbbe gesæd, cwæð
Orosius, fram frymþe þisses middangeardes hu eall mancyn
ongeald þæs ærestan mannes synna mid miclum teonum, nu
ic wylle eac forð gesecgan hwylc miltsung and hwylc geþwær-
ness siþþon wæs siþþon se cristendom wæs, gelicost þam þe
manna heortan awende wurden, forþon þe þa ærran þing
agoldene wæron.

HER ENDAÐ SEO V BOC,
AND ONGINGÐ SEO VI

Then the whole world opted for the protection and peace 2 of Augustus, and everyone thought that there was nothing so desirable as to come under his favor and be his subject. No nation wanted to keep its own law but rather to follow the model that Augustus laid down for them. Then the doors of Janus were closed again and its locks rusted, as they had never done before. In the same year that all this happened, in the forty-second year of Augustus's rule, was born he who brought peace to the whole world, our Lord the savior Christ. Now that I have described, said Orosius, how all mankind, from the beginning of the world, paid for the first man's sins with great misery, I want also to show what mercy and harmony there was after Christianity was established, as if people's hearts had been changed because the earlier sins had been paid for.

HERE ENDS THE FIFTH BOOK
AND THE SIXTH BEGINS

BOOK SIX

Chapter 1

Nu ic wulle, cwæð Orosius, on foreweardre þisse VI bec gereccean þæt hit þeah Godes bebod wæs, þeah hit strang wære, hu emlice þa feower anwealdas þara feower heafodrica þisses middangeardes gestodon. Þæt æreste wæs on Asirium, on þam eastemæstan anwealde, on Babylonia þære byrig. Seo gestod tuwa seofon hund wintra on hire anwealde ær heo gefeolle, fram Ninuse heora ærestan cyninge oþ Sarþanopolum heora nehstan: þæt is IIII hund wintra and an M. Þa Cirus benam Babylonia hire anwealdes, þa ongan ærest Romana weaxan. Eac on þam dagum wæs þæt norðemeste micliende on Macedoniam. Þæt gestod lytle leng þonne VII hund wintra fram heora ærestan cyninge Canone oþ Perseus heora æftemestan. Swa eac on Affricum, on þam suðemestan, Cartaina seo burh heo gefeoll eac ymb VII hund wintra and ymbe lytelne fyrst þæs þe hi ærest Diþa se wifman getimbrede, oþ hi eft Scipia towearp se consul.

2   Swa eac Romana, se is mæst and westmest. Ymbe VII hund wintra and ymb lytelne eacan, com mycel fyrcyn and mycel bryne on Romeburh, þæt þærbinnan forbarn XV tunas, swa nan man nyste hwanon þæt fyr com. And þær forwearð mæst eall þæt þærbinnan wæs, þæt þær uneaðe ænig grot staðoles oðstod. Mid þam bryne heo wæs swa swyðe forhyned þæt heo næfre siþþon swilc næs, ær hi Agustus eft swa micle bet getimbrede þonne heo æfre ær wære, þy geare þe Crist geboren wæs, swa þæt sume men cwædan þæt heo

Chapter 1

Now, said Orosius, I want in the preface to this sixth book to show that it was by God's ordinance that the four periods of dominance of the four empires of this world were so evenly arranged, severe though it was. The first period was in Assyria, the easternmost power, in the city of Babylon. That city lasted for twice seven hundred years in its power until it fell, from Ninus its first king to Sardanapulus its last: that comes to fourteen hundred years. When Cyrus deprived Babylon of its power, the power of the Romans began to grow. Also at that time the northernmost empire was expanding in Macedonia. That lasted for a little longer than seven hundred years from its first king, Caranus, to the last, Perseus. So too in Africa, the southernmost, the city of Carthage fell some seven hundred years and a bit from the time that the woman Dido built it until Scipio the consul destroyed it.

So too with the empire of the Romans, which is the biggest and the westernmost. After seven hundred years and a little more there came a huge fire with much destruction in the city of Rome, so that fifteen districts were consumed and no one knew where the fire came from. Everything that was in those areas perished and scarcely a speck of the foundation remained. Rome was so damaged by that fire that it never recovered until Augustus rebuilt it much better than it was before, in the year that Christ was born, so that some

353

wære mid gimstanum gefrætewod. Þone fultum and þæt
weorc Agustus gebohte mid fela M talentana. Hit wæs eac
sweotole gesyne þæt hit wæs Godes stihtung ymbe þara rica
onwealdas, þa þa Abrahame wæs gehaten Cristes cyme on
þam twam and on feowertigan wintra þæs þe Ninus ricsode
on Babylonia. Swa eac eft on þam siþemestan anwealde and
on þam westemestan, þæt is Rome, wearð se ilca geboren þe
ær Abrahame gehaten wæs, on þam twam and feowertigeþan
geare þæs þe Agustus ricsode, þæt wæs siþþon Romeburh
getimbred wæs VII hund wintra and twa and fiftig.

3   Siþþan gestod Romeburh twelf winter mid miclum we-
lum, þa hwile þe Agustus þa eaðmeto wið God geheold þe he
ongunnen hæfde, þæt wæs þæt he fleah and forbead þæt
hine man god hete, swa nan cyning nolde þe ær him wæs, ac
woldon þæt man to him tobæde and him ofrede. Ac þæs on
þam twelftan geare Gaius his genefa for of Egyptum on
Syriae, hit hæfde Agustus him to anwealde geseald. Þa nolde
he him gebiddan to þam ælmihtigum Gode, þa he to Hieru-
salem com. Þa hit man Agustuse sæde, þa herede he þa ofer-
metto and nanuht ne lehtrade. Raþe þæs Romane onguldon
þæs wordes mid swa miclum hungre þæt Agustus adraf of
Romebyrig healfe þe þærbinnan wæran. Ða wearþ eft Ianes
duru undon, forþon þe þa latteawas wæron Agustuse of
manegum landum ungerade, þeah þær nan gefeoht þuruhto-
gen ne wurde.

people said that it was adorned with jewels. Augustus spent many thousands of talents on the repair and building. It was also very clear that God's design was behind the powers of those empires, when the coming of Christ was promised to Abraham in the forty-second year that Ninus ruled in Babylonia. So too in the last and westernmost empire, Rome, the one who was promised to Abraham was born in the forty-second year that Augustus ruled, seven hundred and fifty-two years after Rome was built.

Afterward the city of Rome stood for twelve years in great wealth, as long as Augustus preserved the humility toward God that he had started with, so that he resisted being called a god and refused to allow it, as no king before him was willing to do, but they wanted people to pray to them and make them offerings. But in the twelfth year his grandson Gaius went from Egypt to Syria, which Augustus had given to him to rule over. He refused to pray to the almighty God when he came to Jerusalem. When Augustus was told this he praised such arrogance and in no way criticized it. Immediately after that the Romans paid for that remark with such great famine that Augustus expelled from the city of Rome half of those who were there. Then the doors of Janus were opened because the generals in many lands were at variance with Augustus, although no wars had been started.

Chapter 2

Æfter þam þe Romeburh getimbred wæs VII hund win-
trum and LXVII, feng Tiberius to rice se cesar æfter Agus-
tuse. He wæs Romanum swa forgyfen and swa milde swa
him nan anwealda næs ær þam, oþ Pilatus him onbead fram
Hierusalem ymbe Cristes tacnunga and ymbe his mar-
tyrunga and eac þæt hine mænige for god hæfdon. Ac þa he
hit sæde þam senatum, þa wurdon hi ealle wið hine swyðe
wiðerwearde, forþon þe hit man ne sæde æror swa hit mid
him gewuna wæs, þæt hi hit syððon mihton eallum Roma-
num cyðon, and cwædon þæt hi hine for god habban noldon.
Þa wearð Tiberius Romanum swa wrað and swa heard swa he
him ær wæs milde, þæt he forneah nænne þæra senatussa ne
let cucune, ne þara twa and twentigra manna þe he him to
fultume hæfde acoren, þæt his rædþeahteras wæron, þa man
het patricius: ealle þa he het ofslean buton twam, ge his
agene twegen suna.

2   Hu God þa þa mæstan ofermetto gewræc on þam folce,
and hu swiðe hi his onguldon fram heora agenum casere,
þeah hit eallum þam folcum on oðrum landum swa swiðe ge-
wrecen ne wurde swa hit oft ær wæs. On þam XII geare
Tiberiuses rices wearð eft Godes wracu Romanum, þa hi æt
heora theatrum wæron mid heora plegon, þa hit eall
tofeoll, and heora ofsloh XX M. Wyrþigre wrace hi forwurdon
þa, cwæð Orosius, þæt þa heora synna sceoldon hrywsian
and dædbote don swiðor þonne heora plegan begen, swa
heora gewuna wæs ær þam cristendome. On þam eahtateo-
þan geare his rices, þa Crist wæs onhangen, wearð mycel

Chapter 2

Seven hundred and sixty-seven years after Rome was built, Tiberius, the emperor after Augustus, came to power. He was indulgent and kind to the Romans in a way that no ruler had been before that, until Pilate reported to him from Jerusalem about Christ's miracles and his martyrdom and also that many people held him to be a god. But when he told this to the senate they were all very hostile to him because they hadn't been told about it before as was the custom, so that they could report it to all the Romans, and they said that they would not recognize him as a god. Then Tiberius was very angry with the Romans and became as fierce as he had previously been kind, so that he left scarcely any of the senators alive, nor of the twenty-two men that he had chosen to assist him, who were his advisers, known as patricians: he had all of them killed apart from two, as well as his own two sons.

See how God then avenged such enormous arrogance on that people, and how heavily they paid for it at the hands of their own emperor, even though it was not so heavily avenged on all the people in other lands as it had often been before. In the twelfth year of Tiberius's rule God's vengeance fell upon the Romans again when they were being entertained at their theater, when it totally collapsed killing twenty thousand of them. They perished in a well-deserved punishment then, said Orosius, since they should have repented of their sins and done penance rather than play their games as their custom had been before Christianity. In the eighteenth year of his reign, when Christ was crucified, þeosternys ofer ealne middangeard, and swa mycel eorðbeofung þæt cludas feollan of muntum, and, þæt þæra wundra mæst wæs, þa se mona ful wæs and þære sunnan fyrrest, þæt heo þa aþystrade. Æfter þam Romana acwealdon Tiberius mid attre. He hæfde rice xxiiii wintra.

Chapter 3

Æfter þam þe Romeburh getimbred wæs vii hund wintrum and lxxxx, wearð Gaius Gallica casere iiii gear. He wæs swiðe gefylled mid unþeawum and mid firenlustum, and eall he wæs swylce Romana þa wyrðe wæron, forþon þe hi Cristes bebod hyspton and hit forsawan. Ac he hit on him swa swiðe wræc, and hi him swa laðe wæron þæt he oft wiscte þæt ealle Romane hæfdon ænne sweoran, þæt he hine raþost forceorfan mihte. And mid ungemete mænende wæs þæt þær þa næs swilc sacu swilc þær oft ær wæs. And he sylf for oft on oðre land and wolde gewin findan, ac he ne mihte buton sibbe. Ungelice wæron þa tida, cwæð Orosius, siþþon Crist geboren wæs, siþþon man ne mihte unsibbe findon, and ær þam man ne mihte mid nanum þingum forbugon.

2   On þam dagum com eac Godes wracu ofer Iudam, þæt hi ægðer hæfdon ungeþwærnesse ge betweonum him sylfum ge to eallum folcum. Swa þeah heo wæs swiþost on Alexandria þære byrig, and hi Gaius het ut adrifan. Þa sendon hi Filionem heora þone gelæredestan man to þon þæt he him sceolde Gaiuses miltse geærndian, ac he hi for þære gewilnunge swyðe bysmorade, and bebead þæt hi man on ælce

there was a great darkness over the whole world and such a huge earthquake that rocks fell from the mountains and, the greatest of marvels, when the moon was full and furthest from the sun it became dark. After that the Romans killed Tiberius with poison. He had reigned for twenty-three years.

Chapter 3

Seven hundred and ninety years after Rome was built, Gaius Caligula was emperor for four years. He was full of vices and wicked appetites, and was exactly what the Romans deserved at that time, because they mocked and despised Christ's commandments. But he avenged it on them so heavily and hated them so much that he often wished that all the Romans had one neck so he could cut through it in one go. He used to complain bitterly that there were no wars such as there had often been before. He went himself to other countries in the hope of finding wars but he could find nothing but peace. The times were very different, said Orosius, after Christ was born, when no warfare could be found, and before that it could in no way be avoided.

In those times God's vengeance fell upon the Jews as well, 2 so that they were in conflict both among themselves and with other peoples, but it was worst in the city of Alexandria, and Gaius had them expelled. Then they sent Philo, their most learned scholar, to negotiate for Gaius's favor, but he showered them with humiliations instead of what they wanted, and ordered that they should be oppressed in

healfe hynde þær man þonne mihte, and bebead þæt man afylde diofolgylda þa cyricean æt Hierusalem, þæt man his agen diofulgyld þærtomiddes asette, þæt wæs his agen anlicnes. And Pilatus he hæfde on þreatunga oþ he hine sylfne ofstang; he gedemde urne Drihten to deaðe.

3 Raðe þæs Romane ofslogon Gaius slæpendne. Þa funde man on his maþmhuse twa cysta þa wæron attres fulle. And on oþre wæs an gewrit, þær wæron on awritene ealra þæra ricestena manna namon þe he acwellan þohte, þæt he hi þe læs forgeate. Þa geat man þæt attor ut on þone sæ, raðe þæs þær com up mycel wæl deadra fisca. Ægðer wæs swiðe gesyne Godes wracu, þæt he þæt folc costian let, ge eft his miltsunge, þa he hi fordon ne let, swa hit Gaius geþoht hæfde.

Chapter 4

Æfter þam þe Romeburh getimbred wæs VII hund wintra and XCV, þa feng Tiberius Claudius to Romana anwealde. On þam ærestan geare his rices Petrus se apostol com to Rome, and þær wurdon ærest cristene men þurh his lare. Þa woldon Romane ofslean Claudius for Gaiuses þingum his mæges, þæs ærran caseres, and ealle þa þe þære mægþe wære, ac mid þon þe hi þæs cristendomes onfengon, hi wæron swa geþwære and swa gesibsume þæt hi ealle forgeafon þam casere þa fæhþe þe his mæg hæfde wiþ hi geworht, and he forgeaf him eallum þa unriht and þæt facen þæt hi him don þohton.

every way that could be done, and had the temples in Jerusalem filled with heathen shrines, and his own shrine placed in the middle, in the form of his own image. He tormented Pilate, who sentenced our Lord to death, until he stabbed himself to death.

Soon after that the Romans killed Gaius in his sleep. Then two chests were found in his treasury, which were full of poison. In one of them was a document on which were written the names of all the chief men that he intended to kill, to ensure that he didn't forget them. When the poison was poured into the sea there immediately came up a great mass of dead fish. God's vengeance was evident here, when he allowed the people to be tormented, and his mercies, when he did not allow them to be destroyed, as Gaius had intended.

Chapter 4

Seven hundred and ninety-five years after Rome was built, Tiberius Claudius succeeded to power over the Romans. In the first year of his reign the apostle Peter came to Rome and through his teaching there were Christians for the first time there. Then the Romans were intent on killing Claudius and the whole of his family because of his kinsman Gaius, the previous emperor, but having adopted Christianity they were so harmonious and peaceable that they all forgave the emperor for the hostility that his kinsman had shown toward them, and he forgave them all for the injustice and treachery that they had intended toward him.

2   On þære tide gewearð eac oþer tacen on Romana an-
wealde, siþþon him se cristendom to com. Þæt wæs þæt
Dalmatiae woldon gesyllan Scribanianuse þam latteowe
heora cynerice, and siþþon wið Romane winnan, ac þa hi
gesomnad wæron, and hine to cyninge don woldon, þa ne
mihtan hi þa guðfanan up ahebban, swa heora þeaw wæs
þonne hi anwealdas setton. Ac wurdon him sylfum wiðer-
wearde þæt hi hit æfre ongunnon and Scribanianus ofslo-
gon. Ætsace nu, cwæð Orosius, se þe wylle oððe se þe durre,
þæt þæt angin nære gestilled for þæs cristendomes gode,
and gesecge hwar ænige gewin ær þam cristendome swa
gehwurfe, gif hit ongunnen wære.

3   Oþer wundor gewearð eac þy feorþan geare Claudiuses
rices, þæt he sylf for æfter gewinne and nan findan ne mihte.
On þam geare wæs mycel hungor on Siria and on Palestina,
buton þæt Elena, Ætiubena cwen, sealde þam munucum
corn genoh þe wæron æt Hierusalem, forþon þe heo þa wæs
niwilice cristen. On þam fiftan geare Claudiuses rices wearð
oþywed an igland betuh Theram and Therasiam, seofon
mila brad and fif mila lang. On þam seofeþan geare his rices
wearð swa mycel ungeþwærnes on Hierusalem betuh þam
þe þær cristene næran, þæt þær wæron xxx m ofslagen, and
æt þam geate oftreden, swa nan man nyste hwanon seo
wroht com. On þam nigeþon geare his rices wearð mycel
hungor on Rome, and Claudius het ut adrifon ealle þa Iudeas
þe þærbinnon wæron. Æfter þam Romana witon Claudiuse
þone hungor þe him getencge wæs, and he wearð him swa
gram þæt he het ofslean þæra senatorum xxxv and þæra
oðra þreo hund þe þær yldeste wæron. Æfter þam Romana
hine acwealdon mid attre.

At that time there occurred another sign in the Roman 2 Empire, after Christianity had come to them. The Dalmatians planned to give their kingdom to the general Scribonian and then wage war on the Romans, but when they had assembled and were about to make him king, they were unable to raise their war standards, as their custom was when they appointed rulers. They became annoyed with themselves for ever embarking on this course and killed Scribonian. Let anyone who wants to, or dares to, deny now, said Orosius, that that enterprise was stopped for the sake of Christianity, and say where any war stopped in this way, once it had started, before Christianity.

Another marvel happened too in the fourth year of 3 Claudius's rule, that he himself went in pursuit of war and could not find any. In that year there was a great famine in Syria and Palestine, but Helena the queen of Adiabene gave enough grain to the monks who were in Jerusalem, because she had recently become a Christian. In the fifth year of Claudius's reign an island appeared between Thera and Therasia, seven miles wide and five miles long. In the seventh year of his reign there was a great quarrel in Jerusalem among those who were not Christians, and thirty thousand were killed and crushed at the gate, though no one knew where the trouble came from. In the ninth year of his reign there was a great famine in Rome, and Claudius ordered all the Jews in the city to be expelled. After that the Romans blamed Claudius for the famine that was afflicting them and he was so angry with them that he had thirty-five of the senators killed and three hundred of the others who were most senior. After that the Romans killed him with poison.

Chapter 5

Æfter þam þe Romeburh getimbred wæs VIII hund wintra and IX, feng Nero to Romana anwealde and hine hæfde XIIII gear. And he hæfde gyt þe ma unþeawa þonne his eam hæfde ær Gaius. Toeacon þam mænigfealdum bismrum þe he donde wæs, he het æt sumon cyrre onbærnan Romebyrig, and bebead his agnum mannum þæt hi simble gegripon þæs licgendan feos swa hi mæst mihtan and to him brohton, þonne hit man ut oðbrude; and gestod him sylf on þam hyhstan torre þe þærbinnan wæs and ongan wyrcean sceopleoþ be þam bryne. Se wæs VI dagas byrnende and VII niht. Ac he wræc his ungewealdes ærest on þære byrig heora misdæda and siþþon on him sylfum, þa he hine ofstang þæt hi Petrus and Paulus gemartredan. He wæs manna ærest ehtend cristenra manna. Æfter his fylle wearð þara casara mægð oðfeallen.

Chapter 6

Æfter þam þe Romeburh getimbred wæs VIII hund wintrum and XXIIII, feng Galfa to Romana anwealde. Þæs on þam VII monðe hine ofsloh Othon an man, and him to þam anwealde feng. Sona swa Romane ærest cristenra manna ehton, swa Nero onstealde, swa wurdon ealle þa folc heora wiðerwinnan þe be eastan Siria wæron, ge eac hi sylfe him betweonum hæfdon ungerædnesse. Uitellus, Germana

Chapter 5

Eight hundred and nine years after Rome was built, Nero succeeded to power over the Romans and held it for fourteen years. He had still more vices than his uncle Gaius had before. In addition to the many disgraceful things that he did, he had the city of Rome set on fire on one occasion and ordered his own men to go on grabbing as much money as they could as people were rescuing it and to bring it to him. He himself stood on the highest tower in the city and began to make poems about the burning. It burned for six days and seven nights. But unintentionally he punished the city for their misdeeds and subsequently himself for martyring Peter and Paul, when he stabbed himself to death. He was the first persecutor of Christians. After his fall the family of the Caesars died out.

Chapter 6

Eight hundred and twenty-four years after Rome was built, Galba succeeded to power over the Romans. Seven months later a man called Otho killed him and took power. As soon as the Romans first began to persecute Christians, a process initiated by Nero, all the people to the east of Syria turned against them, and the Romans also had discord among themselves. Vitellius, the king of the Germani, fought three

cyning, gefeaht þriwa wið Othon, and hine ofsloh on þam
þriddan monþe þæs þe hi winnon ongunnon.

Chapter 7

ÆEfter þam þe Romeburh getimbred wæs DCCC wintra
and xxv, feng Uespasianus to Romana anwealde. Ða wearð
eft sib ofer ealne Romana anweald, and he bead Tituse his
suna þæt he towearp þæt tempel on Hierusalem and ealle þa
burh, forþon þe God nolde þæt hi þone cristendom lencg
myrdon, and forbead þæt man naðer eft ne timbrede; and he
fordyde þara Iudea endlufon siþon hund M, sume he ofsloh,
sume on oðer land gesealde, sume he mid hungre acwealde.
Æfter þam man dyde him twam þone triumphan, Uespa-
siane and Tituse. Seo ansyn wearð þa mycel wundor Roma-
num, forþon þe hi ær ne gesawan twegen men ætsomne
þæron sittan. Hi betyndon Ianes duru. Æfter þam Uespasia-
nus gefor on utsihte, on þam IX geare his rices, on anum tune
buton Rome.

Chapter 8

ÆEfter þam þe Romeburh getimbred wæs VIII hund
wintra and xxIx, feng Titus to Romana anwealde and hine

times against Otho, and killed him in the third month after they began to fight.

Chapter 7

Eight hundred and twenty-five years after Rome was built, Vespasian succeeded to power over the Romans. Again there was peace throughout the whole Roman domain, and he ordered his son Titus to destroy the temple in Jerusalem and the whole city because God did not want them to go on hindering Christianity any longer. Vespasian ordered that neither of them should be rebuilt and destroyed one million one hundred thousand of the Jews, slaughtering some and selling others into slavery abroad, and killing others with hunger. After that the two of them, Vespasian and Titus, were given a triumph. The sight was a great marvel for the Romans because they had never before seen two people together sitting on the triumphal chariot. They closed the doors of Janus. After that Vespasian perished of dysentery, in the ninth year of his reign, on an estate outside Rome.

Chapter 8

Eight hundred and twenty-nine years after Rome was built, Titus succeeded to power over the Romans and held it

hæfde twa gear. He wæs swa godes willan þæt he sæde þæt
he forlure þone dæg þe he naht on to gode ne gedyde. He
gefor eac on þam ilcan tune þe his fæder dyde, and on þære
ilcan adle.

Chapter 9

ÆFter þam þe Romeburh getimbred wæs VIII hund
wintra and XXX, feng Domicianus to Romana anwealde, Ti-
tuses broþor, and hit hæfde XV gear. He wearð eft ehtend
cristenra manna, and wæs on swa micle ofermetto astigen,
þæt he bead þæt man on gelice to him onbugon sceolde swa
to gode. And he bebead þæt man Iohannes þone apostol ge-
brohte on Bothmose þam iglande, on wræcsiþe fram oðrum
cristenum mannum, and bebead þæt man acwealde eall
Dauides cyn, to þon, gif Crist þa git geboren nære, þæt he
siþþon na geboren ne wurde, forþon witegan sædon þæt he
of þam cynne cuman sceolde. Æfter þam bebode he wearð
sylf unwyrðlice ofslagen.

Chapter 10

ÆFter þam þe Romaburh getimbred wæs DCCC wintra
and XLVI, þa feng Nerfa to Romana anwealde, and forþam þe
he eald wæs he geceas him to fultume Traianus þone man. Þa

for two years. He was so well-intentioned that he said that any day on which he did nothing good was a day lost for him. He died on the same estate that his father did, and from the same disease.

Chapter 9

Eight hundred and thirty years after Rome was built, Domitian, the brother of Titus, succeeded to power over the Romans and held it for fifteen years. He was another persecutor of Christians and so arrogant that he ordered people to bow down to him as they did to a god. He ordered the apostle John to be taken to the island of Pathmos, in exile from other Christians, and commanded that all the kin of David should be killed so that Christ should not be born, if he had not already been born, since prophets said that he would come from that line. After that order he was himself ignominiously killed.

Chapter 10

Eight hundred and forty-six years after Rome was built, Nerva succeeded to power over the Romans and because he was an old man he chose Trajan to assist him. They agreed

gespæcon hi him betweonum þæt hi woldon towendon ealle
þa gesetnessa and ealle þa gebodu þe Domicianus hæfde ær
geset, forþon þe he him wæs ær bam lað, and heton eft
Iohannes gebringan æt his mynstre on Effesum fram þam
woruldyrmþum þe he hwile on wæs. Þa gefor Nerfa, and
Traianus hæfde þone anweald XIX gear æfter him. And he
underþeodde Romanum ealle þa folc þe him niwlice ge-
swicen hæfdon, and bebead his ealdormannum þæt hi
wæron cristenra manna ehtend. Þa sæde him hiora an, Ple-
nius wæs haten, þæt he woh bude, and myclum on þam syn-
gode. He hit þa hrædlice eft forbead. On þære tide wæron
Iudei on miclum geflite and on micelre unsibbe wið þa
landeleode þær þær hi þonne wæron, oþ heora fela M
forwurdon on ægþre hand. On þære tide Traianus gefor on
utsihte on Seleutia þære byrig.

Chapter 11

Æfter þam þe Romeburh getimbred wæs DCCC wintra
and LXVII, feng Adrianus to Romana anwealde, Traianuses
genefa, and hine hæfde XXI wintra. And raðe þæs þe him
cristene bec cuþe wæron þurh ænne þara apostola geong-
rena, Quadratus wæs haten, he forbead ofer ealne his an-
weald þæt man nanum cristenum men ne abulge, and gif
ænig cristen agylte, þæt se þonne wære beforan him gelædd,
and him þonne demde sylf swa him riht þuhte. He wearð þa
Romanum swa leof, and swa weorð þæt hi hine nanuht ne
heton buton "fæder," and him to weorðscype hi heton his

that they would set aside all the laws and decrees which Domitian had laid down because they both hated him, and they had John brought back to his church in Ephesus from the hardships that he had suffered for a time. Then Nerva died and Trajan held power for nineteen years after him. He brought under Roman rule all the peoples who had recently deserted them and ordered his officials to persecute Christians. Then one of them, Pliny, told him that he was ordering them to do the wrong thing and it was a great sin. Immediately Trajan forbade it again. At that time the Jews were involved in big conflicts and warfare with the inhabitants where they then lived, until many thousands of them died on both sides. At that time Trajan died of dysentery in the city of Seleucia.

Chapter 11

Eight hundred and sixty-seven years after Rome was built, Hadrian, Trajan's cousin, succeeded to power over the Romans and held it for twenty-one years. As soon as the Christian books became known to him through one of the apostles' disciples, Quadratus, he ordered that no one should give offense to any Christian throughout his territory, and if any Christian committed an offense he should be brought before himself and he would then give judgment as seemed right to him. The Romans loved and honored him so much that they called him nothing but "father" and called wif "casern." And he het ofslean ealle þa Iudeiscean men þe wæron on Palestina, þæt man het Iudea land, forþon þe hi cristene men pinedon, and he bebead þæt man timbrede on oþerre stowe Hierusalem þa burh and þæt hi mon siþþon hette be naman Eliam.

Chapter 12

Æfter þam þe Romeburh getimbred wæs DCCC wintra and LXXXVIII, feng Ponpeius to Romana anwealde, þe man oþre naman het Pius. And him sealde Iustinus se philosophus ane cristene boc for heora freondscipe. Siþþon he þa geleornod hæfde, he wearð cristenum mannum swa leof and swiðe hold oþ his lifes ende.

Chapter 13

Æfter þam þe Romeburh getimbred wæs DCCCC and III wintra, feng Marcus Antonius to Romana anwealde mid his breþer Aureliuse. Hi wæron þa ærestan men þe Romana anweald on twa todældon, and hi hine hæfdon XIIII gear, and hi bebudon þæt man ælcne cristene man ofsloge. Æfter þam hi hæfdon mycel gewin wið Parðe, forþon þe hi hæfdon awest ealle Capedociam and Armeniam and ealle Siriam. Æfter þam hi genamon frið wið Parthe and him siþþon his wife "empress" to honor him. He ordered all the Jews who lived in Palestine, which was what the land of the Jews was called, to be killed because they tormented Christians, and he ordered that the city of Jerusalem be rebuilt in another place and should be called Aelia.

Chapter 12

Eight hundred and eighty-eight years after Rome was built, Pompeius, who was also called Pius, succeeded to power over the Romans. The philosopher Justinus gave him a Christian book because they were friends. After he had studied it he became fond of Christians and favorable to them until the end of his life.

Chapter 13

Nine hundred and three years after Rome was built, Marcus Antoninus succeeded to power over the Romans along with his brother Aurelius. They were the first to divide power over the Romans into two, and they held it for fourteen years. They ordered that all Christians should be killed. After that they had a major war with the Parthians, because the latter had ravaged all of Cappadocia and Armenia and all of Syria. Then they made peace with the Parthians and

becom on swa mycel hungor and micel mancwealm, þæt
heora feawa to lafe wurdon. Æfter þam hi becom on þæt
Denisce gewin mid eallum Germanum. Þa on þam dæge þe
hi feohton sceoldon, him com an swa mycel hæte and swa
mycel þurst þæt hi him heora feores ne wendon. Þa bædan
hi þa cristenan men þæt hi heora on sume wisan gehulpon,
and ongeatan þæt hit wæs Godes wracu. Þa abædan hi æt
þam ælmihtigum Gode þæt hit swa swiðe rinde þæt hi hæf-
don wæter genoh onufon þære dune, and þæt þær wæs swa
micel þunor þæt he ofsloh feala M manna gemang þam ge-
feohte.

2   Ða æfter þam Romana ealle wurdon cristenum mannum
swa holde þæt hi on manegum templum awritan þæt ælc
cristen man hæfde frið and sibbe, and eac þæt ælc þæra
moste cristendome onfon se þe wolde. And Antonius forgeaf
eall þæt gafol þæt man to Rome syllan sceolde, and het for-
bærnan þæt gewrit þe hit on awriten wæs hwæt man on
geare gyldan sceolde. And þæs on þam æftran geare he gefor.

Chapter 14

ÆEfter þam þe Romeburh getimbred wæs DCCCC wintra
and xxx, feng Lucius Antonius to rice and hit hæfde XIII
gear. He wæs swyðe yfel man ealra þeawa, buton þæt he wæs
cene and oft feaht anwig. And feala þara senatorum he het
ofslean þe þær betste wæran. Æfter þam an þunor tosloh
heora Capitolium, þe heora godas inne wæron and heora
deofulgyld, and heora bibliþeca wearð forbærned fram þam

afterward the Romans suffered such a severe famine and plague that few survived. After that they had the Danish war, involving all the peoples of Germania. On the day that they were due to join battle the Romans suffered such intense heat and thirst that they did not expect to survive. Then they asked the Christians to help them somehow, realizing that it was God's vengeance. So they prayed to the Almighty God and as a result it rained so much that they had ample water on top of the hill, and there came such fierce thunder that it killed many thousands of men in the midst of the battle.

After that the Romans were all so favorable to the Christians that they wrote it up in many temples that every Christian should have protection and peace, and that everyone who wished could adopt Christianity. Antoninus remitted all the tax that was meant to be paid to Rome and ordered that the document recording what everyone should pay was to be burned. In the next year he died.

Chapter 14

Nine hundred and thirty years after Rome was built, Lucius Antonius succeeded to the throne and held it for thirteen years. He was a very wicked man in all his ways, but he was bold and often fought in single combat. He had many of the senators killed, the best that there were. After that thunder shattered their Capitol, which contained their gods and their shrines, and their library was burned down by

ligette, and ealle heora ealdon bec forburnan þærinne. Þær
wæs an swa micel demn geburnen swa on Alexandria wæs
þære byrig on heora bibliþecan, þær forburnon feower hund
M boca.

Chapter 15

Æfter þam þe Romeburh getimbred wæs DCCCC wintra
and XLIII, feng Seuerus to Romana anwealde and hine hæfde
XVII gear. He besæt Piscenius on anum fæstenne, oð he him
on hand eode, and he hine siþþon het ofslean, forþon he
wolde ricsian on Sirie and on Egypte. Æfter þam he ofsloh
Albinus þone man on Gallium, forþon þe he eac wolde on
hine winnan. Siþþon he for on Brytannie and þær oft ge-
feaht wið Peohtas and wið Sceottas, ær he Bryttas mihte wið
hi bewerian, and het ænne weall þwyres ofer eall þæt land
asettan fram sæ oð sæ, and raþe þæs he gefor on Eoferwic-
ceastre.

Chapter 16

Æfter þam þe Romeburh getimbred wæs DCCCC wintra
and LXII, feng his sunu to rice Antonius and hit hæfde VII
gear. He hæfde twa gesweostor him to wifum. He hæfde folc
gegaderad and wolde winnan wið Parthe, ac he wearð ofsla-
gen on þam færelde fram his agenum mannum.

lightning and all their ancient books were destroyed by fire. It caused just as much damage as in the library in the city of Alexandria, where four hundred thousand books were consumed by fire.

Chapter 15

Nine hundred and forty-three years after Rome was built, Severus succeeded to power over the Romans and held it for seventeen years. He besieged Pescenius in a fortress until he submitted to him, and had him killed because he wanted to rule Syria and Egypt. After that he killed Albinus in Gaul, because he also planned to fight against him. Next he went to Britain and fought many times against the Picts and Scots before he was able to protect the Britons from them. He had a wall built across the whole country from sea to sea, and soon after that he died at York.

Chapter 16

Nine hundred and sixty-two years after Rome was built, his son Antoninus succeeded to the throne and held it for seven years. He had two sisters as wives. He had assembled an army and intended to make war on the Parthians but was killed on the journey by his own men.

Chapter 17

Æfter þam þe Romeburh getimbred wæs DCCCC wintra and LXX, feng Marcus Aurelius to Romana anwealde, and hine hæfde feower gear. Hine ofslogon eac his agene men, and his modor mid.

Chapter 18

Æfter þam þe Romeburh getimbred wæs DCCCC wintra and LXXIIII, feng Aurelius Alexander to Romana anwealde and hine hæfde XVI gear. And Mammea his seo gode modor sende æfter Oriense þam gelæredestan mæssepreoste, and heo wearð siþþon cristen fram him and wel gelæred, and gedyde þæt hire sunu wæs cristenum mannum swyþe hold. He gefor mid fyrde on Perse and ofsloh Xersan heora cyning. Æfter þam he forlet his lif on Magestan þære byrig.

Chapter 19

Æfter þam þe Romeburh getimbred wæs DCCCC wintra and LXXXVII, feng Maximus to Romana anwealde. He bebead eft þæt man cristene men brocude and þæt man þa godan Mammeam gemartrode, and ealle þa preostas þe hire

Chapter 17

Nine hundred and seventy years after Rome was built, Marcus Aurelius succeeded to power over the Romans and held it for four years. He was also killed by his own men, and his mother too.

Chapter 18

Nine hundred and seventy-four years after Rome was built, Aurelius Alexander succeeded to power over the Romans and held it for sixteen years. His good mother Mamea sent for the very learned priest Origen and became a Christian through him and was well educated. She ensured that her son was very favorable to Christians. He went with an army against the Persians and killed their king Xerxes. After that he lost his life at the city of Mainz.

Chapter 19

Nine hundred and eighty-seven years after Rome was built, Maximinus succeeded to power over the Romans. He ordered Christians to be persecuted again and the good Mamea to be martyred, and all the priests who followed her, folgedon buton Orienis: he oðfleah on Egypte. And Maximus ofsloh his agene ealdorman on þam þriddan geare his rices on Aquilegia þære byrig.

Chapter 20

ÆEfter þam þe Romeburh getimbred wæs DCCCC wintra and XC feng Gordianus to rice, and hit hæfde VI gear. And he ofsloh þa twegen gebroðro þe ær Maximus ofslogon, and he sylf raþe þæs gefor.

Chapter 21

ÆEfter þam þe Romeburh getimbred wæs DCCCC wintra and XCVII, feng Philippus to Romana anwealde and hine hæfde VII gear. He wearð digellice cristen, forþon he eawunga ne dorste. On þam III geare his rices hit gewearð swa hit God gestihtade, þæt wæs ymb an þusend wintra þæs þe Romeburh getimbred wæs þæt ægðer ge heora casere wearð cristen, ge eac þæt hi þa miclan feorme þigedon Cristes þances æt þæs caseres palentsan, þe hi ær ælce geare þigedon æt heora deofulgyldum; þæt wæs deofla þances þæt ealle Romana woldan ymb XII monað bringon togædere þone selestan dæl heora goda gegearod to heora geblote and heora siþþon feala wucena ætgædere brucan. Æfter þam apart from Origen, who fled to Egypt. Maximinus was killed by his own officer in the third year of his reign, in the city of Aquileia.

Chapter 20

Nine hundred and ninety years after Rome was built Gordian succeeded to the throne and held it six years. He killed the two brothers who had killed Maximinus and died soon after.

Chapter 21

Nine hundred and ninety-seven years after Rome was built, Philip succeeded to power over the Romans and held it for seven years. He was secretly a Christian, not daring to show it openly. In the third year of his reign it happened as God had designed it, that a thousand years after Rome was built their emperor was a Christian and they held in honor of Christ at the emperor's palace the great feast which they had previously held at their shrines in honor of the devils, when all Romans would at the end of twelve months bring together the best of their goods prepared for their sacrifice and would consume them afterward for many weeks on end.

Decius, an rice man, beswac þone casere and feng him
siþþon to þam anwealde.

Chapter 22

Æfter þam þe Romeburh getimbred wæs M wintra and
IIII, feng Decius to Romana anwealde and hine hæfde III
gear. And sona gedyde sweotol tacn þæt he Philippus ær
besyrede mid þam þæt he het cristenra manna ehtan and
manige gedyde to halgum martyrum. And gesette his sunu
to þam anwealde to him, and raðe þæs hi wurdon begen
ætsomne ofslagen.

Chapter 23

Æfter þam þe Romeburh getimbred wæs M wintra and
VIII, feng Gallus Ostilianus to rice and hit hæfde twa gear.
Þa wearð eft Godes wracu on Rome. Swa lange swa seo
ehtnes wæs þara cristenra manna, swa lange him wæs unge-
mætlic mancwealm getenge, þæt nan hus næs binnan þære
burig þæt hit næfde þære wrace angolden. Æfter þam Eme-
lianus ofsloh Gallus and hæfde him þone anweald. Þæs eac
on þam þriddon monþe hine man ofsloh.

After that a powerful man called Decius killed the emperor and succeeded to power.

Chapter 22

One thousand and four years after Rome was built, Decius succeeded to power over the Romans and held it for three years. He immediately gave a clear signal that he had treacherously killed Philip earlier when he ordered Christians to be persecuted and made holy martyrs of many of them. He appointed his son to rule alongside him, and immediately after that they were both killed.

Chapter 23

One thousand and eight years after Rome was built, Gallus Hostilianus came to power and held it for two years. Then God's anger fell on Rome again. As long as there was persecution of Christians the Romans were afflicted by terrible plague so that there was no house within the city that did not pay the penalty. After that Aemilianus killed Gallus and took power. In the third month after that he was killed too.

Chapter 24

Æfter þam þe Romeburh getimbred wæs M wintra and
X, þa gesettan Romana twegen caseras. Oþer wæs mid Emi-
litum þam folce, Ualerianus wæs haten, oþer wæs binnan
Romebyrig, Gallienus wæs haten. Þa sceoldon on simbel
beon winnende þær hit þonne þearf wæs. Þa bebudon hi be-
gen cristenra manna ehtnysse, ac hrædlice on hi begen be-
com Godes wracu. Ualerianus for mid fyrde ongean Saphan,
Persa cyninge, and þær gefangen wæs. And siþþon he wæs
Sapan þam cyninge to þam gesett oð his lifes ende þæt he
sceolde swa oft stupian swa he to his horse wolde, and he
þonne se cyning hæfde his hric him to hlypon.

2 And þam oþran, Gallianuse, wæron mænige folc onwin-
nende, þæt he his rice mid micelre unweorðnesse and mid
micelre uneaðnysse gehæfde. Ærest Germanie þe be Donua
wæron forhergedon Italiam oþ Refennan þa burh; and Swæ-
fas forhergodon ealle Galliam; and Gotan oferhergodon
ealle Grecon land and þa læssan Asiam; and Sermenne ge-
nyddon ealle Datie fram Romana anwealde; and Hunas
forhergodon Pannoniam; and Parthe forhergodon Mesopo-
tamiam and ealle Siriae. Toeacon þam Romane hæfdon
gewin betuh him sylfum. Æfter þam Gallienus wearð ofsla-
gen on Mediolane þære byrig fram his agenum mannum.

Chapter 24

One thousand and ten years after Rome was built, the Romans appointed two emperors. One, Valerian, was with the people called Emilites, the other, Gallienus, was in Rome. Both were to campaign all the time wherever it happened to be necessary at that time. They both gave orders for the persecution of Christians, but both quickly experienced the vengeance of God. Valerian went with an army against Sapor the king of Persia and was captured there. Then he was required to serve Sapor the king until the end of his life, to bend down whenever the king wanted to mount his horse so that the king had his back to jump on.

The other one, Gallienus, was attacked by many peoples 2 so that he held his realm with little honor and much difficulty. First the Germanic people who lived beside the Danube ravaged Italy as far as the city of Ravenna; the Suebi ravaged all of Gaul; the Goths harried the whole of Greece and Asia Minor; and the Sarmatians removed all of Dacia from Roman control; and the Huns ravaged Pannonia; and the Parthians ravaged Mesopotamia and all of Syria. Besides that the Romans had war among themselves. After that Gallienus was killed in the city of Milan by his own men.

Chapter 25

Æfter þam þe Romeburh getimbred wæs M wintra and
xxv, feng Claudius to Romana anwealde. Þy ilcan geare he
oferwan Gotan and hi adraf ut of Creacum. And him Ro-
mana gedydan anne gyldenne scyld þære dæde to weorð-
mynte and ane gyldenne anlicnysse and hengon hi up on
heora Capitolium. Þæs on þam æftran geare he gefor, and
his broþor Quintillus feng to þam anwealde, and þæs on
þam xvii dæge he wearð forslagen.

Chapter 26

Æfter þam þe Romeburh getimbred wæs M wintra and
xxvii, feng Aurilius to Romana anwealde and hine hæfde v
gear and vi monað, and adraf Gotan be norþan Donua and
þanon for on Syrie and hi genydde eft to Romana anwealde.
And siððon he for on Gallie and ofsloh Tetricum þone man,
forþy þe he hi him teah to anwealde. Æfter þam he bebead
cristenra manna ehtnysse, and raðe þæs wearð ofslagen.

Chapter 25

One thousand and twenty-five years after Rome was built, Claudius succeeded to power over the Romans. That same year he defeated the Goths and drove them out of Greece. The Romans gave him a golden shield in honor of that action and a golden image, and hung them up in their Capitol. In the following year he died, and his brother Quintillus succeeded to power, and on the seventeenth day he was killed.

Chapter 26

One thousand and twenty-seven years after Rome was built, Aurelius succeeded to power over the Romans and held it for five years and six months. He drove the Goths to the north of the Danube and from there went to Syria and forced the people there to accept Roman rule. Then he went to Gaul and killed Tetricus, because he had taken it under his control. After that he gave orders for the persecution of Christians and was killed soon after that.

Chapter 27

ÆFter þam þe Romeburh getimbred wæs M wintra and
XXXII, feng Tacitus to Romana anwealde, and þæs on þam VI
monþe he wearð ofslagen on Ponto lande. Æfter þam Flo-
riam feng to þam anwealde and wæs ofslagen þæs on þam
þriddan monþe on Tharsa þam lande.

Chapter 28

ÆFter þam þe Romeburh getimbred wæs M wintra and
XXXIII, feng Brobus to Romana anwealde and hine hæfde VI
gear and IIII monþas. And he adyde Hunas of Gallium, and
he ofsloh Saturninum, þe æfter anwealde wan. Æfter þam he
ofsloh Proculus and Bonorum, þa gyrndon eac æfter þam
anwealde. Æfter þam he wearð sylf ofslagen on Syrmie þære
dune.

Chapter 29

ÆFter þam þe Romeburh getimbred wæs M wintra and
XXXIX, feng Carus to Romana anwealde and hine hæfde twa
gear, and gefeaht twywa wið Parthe and geeode heora burga
twa þa wæron on Tigris staþe þære ea. Raþe þæs hine ofsloh

Chapter 27

One thousand and thirty-two years after Rome was built, Tacitus succeeded to power over the Romans, and six months later was killed in Pontus. After that Florian came to power and was killed in the third month in Tarsus.

Chapter 28

One thousand and thirty-three years after Rome was built, Probus succeeded to power over the Romans and held it for six years and four months. He drove the Huns out of Gaul and killed Saturninus, who was fighting for control. After that he killed Proculus and Bonosus, who were also trying to take power. After that he was killed at the hill of Sirmium.

Chapter 29

One thousand and thirty-nine years after Rome was built, Carus succeeded to power over the Romans and held it for two years. He fought twice against the Parthians and captured two of their cities on the bank of the river Tigris.

an þunor, and his sunu Numerianus feng to þam anwealde, and raþe þæs hine ofsloh his sweor.

Chapter 30

Æfter þam þe Romeburh getimbred wæs M wintra and XLI, feng Dioclicianus to Romana anwealde and hine hæfde XX wintra. He gesette under him gingran casere, Maximianus wæs haten, and hine sende on Gallie, forþon þe hi niwlice hæfdon gewinn up ahafen, ac he hi eaþelice ofercom. On þære tide wæron Dioclitiae þry cyningas onwinende: Caucarius on Bretlande, Achileus on Egypta lande, and Marseus of Persum. Þa gesette he III caseras under him: an wæs Maximianus, oþer Constantius, þridda Galerius. Maximianus he sende on Africe, and he oferwan heora wiþerwinnan. And Constantius he sende on Galliae, and he oferwan Alamaniae þæt folc, and siþþon he geeode Brettaniam þæt igland. And he sylf Diaclitianus for on Aegypte and besæt Achileus þone cyning VIII monþas on Alexandria þære byrig, oð hine þa burhleoda him ageafon, and siþþon oferhergode ealle Aegypte.

2   And Galerius he sende on Perse and gefeaht tweowa wið Marseus þone cyning, þæt heora naþor næfde sige. Æt heora þriddan gefeohte Galerius wearð geflymed and mid micelre fyrhtnesse com to Dioclitiane. Ac he his afeng mid micelre unwyrðnesse, and hine het yrnan on his agenum purpuran feala mila beforan his rædwæne. Æfter þam þe his mod wæs

Soon after that he was killed by a thunderstorm. His son Numerian succeeded to power and was soon killed by his father-in-law.

Chapter 30

One thousand and forty-one years after Rome was built, Diocletian succeeded to power over the Romans and held it for twenty years. He appointed a junior emperor under him called Maximian and sent him to Gaul, since they had recently started a war, and he easily defeated them. At that time three kings were fighting against Diocletian: Carausius in Britain, Achilles in Egypt, and Narseus in Persia. He appointed three emperors under him: one was Maximian, the second Constantius, and the third Galerius. Maximian was sent to Africa and he defeated their adversaries. Constantius was sent to Gaul and he defeated the Alamanni, and then conquered the island of Britain. Diocletian himself went to Egypt and besieged the king Achilles for eight months in the city of Alexandria until the townspeople handed him over, and he then ravaged the whole of Egypt.

Galerius was sent to Persia and fought twice against the king Narseus, with neither having victory. At their third battle Galerius was defeated and came in great fright to Diocletian. He treated him with much dishonor, making him run in his own purple robes for many miles in front of his chariot. With his spirits emboldened by that disgrace he went

2

mid þam bismre ahwæt, he for eft on Perse and hi geflymde, and Marseus gefeng and his wif and his bearn. Þa onfeng Dioclitianus Galerius weorðfullice.

3 Æfter þam Dioclicianus and Maximianus bebudon eht-nysse cristenra manna, Dioclicianus eastene and Maximia-nus westene, and for þam gebode wurdon feala martyras on x wintrum fyrste. Þa gewearð hi him betweonum þæt hi woldan þa anwealdas forlætan and þa purpuran alecgan þe hi weredan, and woldon heora dagas on seftnesse geendian. And þæt swa gelæstan. Dioclicianus gesæt on Nicomedia þære burig, and Maximianus gesæt on Mediolane þære by-rig, and letan þa anwealdas to Galeriuse and to Constanti-use, and hi hine todældon siþþon on twa: Galerius nam Ilirice and begeondon þam þone eastende, and þone mæstan dæl þisses middangeardes, and Constantius nam ealle Italiae and Affricam and Ispaniae and Galliae and Bryttanie. Ac he wæs hwon gyrnende þissa woruldþinga and micelra an-wealda, and forþam he forlet his agenum willan Italiam and Affricam to Galeriuse.

4 Þa gesette Galerius twegen cyningas under him: oþer wæs haten Seuerus, þam he gesealde Italiam and Affricam, and Maximinus he gesette on þa eastland. On þam dagum Constantius, se mildheortesta man, for on Bryttannie and þær gefor and gesealde his suna þæt rice Constantinuse, þone he hæfde be Elenan his cyfese. Þa wolde Maxentius, Maximianus sunu, habban þone anweald on Italiam. Þa sende Galerius him ongean Seuerus mid fyrde, þe him se an-weald ær geseald wæs, and he þær beswicen wearð fram his agenum mannum and ofslagen neah Rafenna þære byrig. Þa Maximianus geahsode þæt his sunu feng to þam anwealde, he þa hrædlice forlet þa burh þe he on geseten wæs and

back to Persia and defeated them, capturing Narseus and his wife and children. Then Diocletian received Galerius with honor.

After that Diocletian and Maximian gave orders for the 3 persecution of Christians, Diocletian in the east and Maximian in the west. As a result of those orders there were many martyrs over a period of ten years. Then they agreed that they would relinquish their power and lay aside the purple robes that they wore and end their days in leisure. And that is what they did. Diocletian settled in the city of Nicomedia and Maximian settled in the city of Milan. They left their power to Galerius and Constantius, who then divided it into two: Galerius took Illyria, and the eastern region beyond that and the major part of the world, and Constantius took all of Italy and Africa and Spain and Gaul and Britain. But Constantius cared little for worldly things and great power and so relinquished Italy and Africa to Galerius of his own free will.

Then Galerius appointed two kings under him: Severus, 4 to whom he gave Italy and Africa, and Maximin, whom he appointed to the east. At that time Constantius, the gentlest of men, went to Britain and died there and gave his territory to his son Constantine, whom he had fathered by his concubine Helena. Then Maxentius, the son of Maximian, wanted to take power in Italy. Galerius sent Severus, to whom that power had been given before, against him with an army, but he was betrayed by his own men and killed near the city of Ravenna. When Maximian heard that his son had seized power over Italy he quickly left the city that he had

þohte his sunu to beswicanne, and he siþþon fon to þam an-
wealde. Ac þa hit se sunu afunde, þa adræfde he þone fæder.
And he fleah on Galliae and wolde Constantinus beswicon
his aþum and habbon him þæt rice. Ac hit onfunde his
dohtor and hit Constantinuse gesæde, and he hine geflymde
siþþon on Masiliam, and he þær ofslagen wearð.

5   Þa gesealde Galerius Lucinuse Italiam and Affricam, and
he het ealle þa cristenan þe þær beste wæron gebringon on
elþeode. Æfter þam he wearð on micelre untrumnesse and
him to gehet manige læceas, and hyra nan him ne mihte
beon on nanum gode. Ac him sæde hyra an þæt hit wære
Godes wracu. Þa het he þæt man þa cristenan men eft ge-
brohte on hyra earde, ælcne þær he ær wæs. Swa þeah he
gefor on þære mettrymnysse, and Lucinius feng to þam an-
wealde. Æfter þam wearð gewin betuh Constantinuse and
Maxentiuse, and raðe þæs Constantinus ofsloh Maxentius
binnan Rome, æt þære brycge þe man Moluia hæt.

6   On þam dagum Maximinus bebead cristenra manna eht-
nysse, and raðe þæs gefor on Tharra þære byrig. On þam da-
gum Lucinius bebead þæt nan cristen man ne come on his
hirede ne on his færelde. And raþe þæs wearð gewin be-
tweoh him and betweoh Constantinuse and oftrædlice ge-
feaht, oð Constantinus gefeng Lucinius and hine siþþon het
beheafdian, and siþþon feng to eallum Romana anwealde.
On þam dægum Arrius se mæssepreost wearð on gedwolan
ymbe þone rihtan geleafon. Ymbe þone teonan wæs ge-
gaderod þreo hundred bisceopa and ehtatyne, hine to ofer-
flitenne and to amansumianne.

7   On þam dagum Constantinus ofsloh Crispum his sunu
and Lucinius his sweostorsunu, þæt nan man nyste hwæt se
gylt wæs, buton him anum. Æfter þam he underþeodde him

settled in with the intention of defeating his son and then succeeding to his power. But when his son found out he expelled his father. Maximian fled to Gaul with the intention of deposing his son-in-law Constantine and taking his territory. But his daughter discovered this and told Constantine, who forced him to flee to Marseilles, where he was killed.

Then Galerius gave Italy and Africa to Licinius, and ordered all the best Christians there to be exiled. After that he became very ill and summoned many doctors and none of them could help him. One of them said that it was the vengeance of God. Then he had the Christians brought back again to their own lands, each to the place where he was before, but he died in the course of that illness and Licinius succeeded to his power. After that there was warfare between Constantine and Maxentius, and soon Constantine killed Maxentius in Rome at the Mulvian Bridge. 5

At that time Maximin ordered the persecution of Christians, and died soon afterward at the city of Tarsus. Meanwhile Licinius gave orders that no Christian should be present in his court or on his travels. Soon after that war broke out between him and Constantine and they fought many battles, until Constantine captured Licinius and had him beheaded, and then took power over the whole Roman Empire. In those days the priest Arius was in error over the true faith. Because of that offense three hundred and eighteen bishops were assembled to refute and excommunicate him. 6

At that time Constantine killed his own son Crispus and his sister's son Licinius, though no one else knew what their offense was. After that he brought under his rule many 7

sylfum manige þeoda þe ær wæran Romane ungewylde, and het atimbrian ane burh on Grecum, and het hi be him haton Constantinopolim. He het ærest manna þæt man cyricean timbrede and þæt man beluce ælc deofolgyldhus. He gefor ymb an and þrittig wintra þæs þe he rice hæfde, on anum tune neah Nicomedia þære byrig.

Chapter 31

Æfter þam þe Romeburh getimbred wæs M wintra and XCI, feng Constantius to þam anwealde mid his twam broþrum, Constantine and Constante, and he Constantius hit hæfde XXIIII wintra. Hi wurdon ealle þa gebroþru on þam Arianiscan gedwolan. Constantinus and Constans wunnon him betweonum, oð Constantinus wearð ofslagen. Æfter þam Magnentius ofsloh Constans and feng him to þam rice, þæt wæs Galliam and Italiam. On þam dagum Ilirice gesettan Ueteromonem þone man to hyra anwealde, to þon þæt hi siþþon mihton winnan wið Magnentiuse, and hi hine nyddon to leornunga, þeah he gewintrad wære. Ac Constantius hine benæmde ægþer ge þæs anwealdes ge þære purpuran þe he werede ge þære scole þe he on leornode. Æfter þam he gefeaht wið Magnentiuse and hine geflymde and bedraf into Lucthina þære byrig, and he hine sylfne siþþon ofsticode.

2 Æfter þam Constantius gesette Iulianus to casere under him, se wæs ær to diacone gehalgod, and sende hine on Galliae mid fyrde. And he hrædlice oferwan ealle þe þa on

peoples who had previously been outside Roman control, and had a city built in Greece, which he ordered to be named Constantinople after himself. He was the first to order churches to be built and pagan temples to be closed. He died thirty-one years after taking power, on an estate near the city of Nicomedia.

Chapter 31

One thousand and ninety-one years after Rome was built Constantius succeeded to power along with his two brothers, Constantine and Constans, and he held it for twenty-four years. All the brothers followed the Arian heresy. Constantine and Constans fought each other until Constantine was killed. After that Magnentius killed Constans and succeeded to his territory, which was Gaul and Italy. At that time the Illyrians appointed Vetranio to rule over them, so that they could fight against Magnentius, and they then forced him to study, though he was an old man. But Constantius deprived him of the power and the purple robes that he wore and the school that he studied in. After that Constantius fought against Magnentius and defeated him, driving him into the city of Lyons, and Magnentius then killed himself.

Then Constantius appointed Julian, who had previously 2 been anointed as a deacon, as emperor under him and sent him to Gaul with an army. He quickly defeated all those who

Gallie wunnon and wæs æfter þære dæde swa up ahafen þæt he wolde ealne Romana anweald him geagnian, and mid fyrde wæs farende þær Constantius wæs mid oþere fyrde wið Parthe. Þa he þæt geahsode and him ongeanweard wæs, þa gefor he on þam færelde. And Iulianus feng to þam anwealde and hine hæfde an gear and eahta monþas. Þa wæs he sona geornfull þæt he wolde digolice þone cristendom onwendon, and forbead openlice þæt man nane æfæste boc ne leornode and sæde eac þæt nan cristen man ne moste habban nænne his sunderfolgoþa, and hi mid þam þohte beswican. Ac ealle hi wæron þæs wordes, swa we hit eft secgan gehyrdon, cwæþ Orosius, þæt him leofre wæs se cristendom to beganne þonne his scira to hæbbenne.

3   Æfter þam he gegaderode fyrde and wolde faran on Perse and bebead, þonne he eft wære eastene hamweard, þæt man hæfde anfiteatrum geworht æt Hierusalem, þæt he mihte Godes þeowas on don, þæt hi deor þærinne abitan. Ac God gewræc on þam færelde swiðe gedafenlice on þam arleasan men his arleasa geþoht, mid þam þæt hine gemitte an man, þa he for fram Actesifonte þære byrig gelicost þam þe he flyma wære, and him sæde þæt he hine mihte lædan þuruh þæt westen, þæt he on Perse on ungearuwe become. Ac þa he hine tomiddes þæs westenes hæfde gelædd, þa geswac he him þæt nan man nyste þæs færeldes hwar he com, ac foran hwearfiende geond þæt westen, þæt he nyste hwar he ut sceolde, oð þæs folces wæs fela forworden, ægþer ge for þurste ge eac for hungre. Þa com him ongean an uncuð man and ofsloh Iulianus.

were fighting in Gaul and after that action was so inflated that he wanted to take over the whole empire of the Romans. He advanced with his army to where Constantius was fighting against the Parthians with another army. Constantius heard that and marched to meet him, but died on the journey. Julian succeeded to his power and held it for a year and eight months. He was immediately determined to destroy Christianity secretly, and publicly proclaimed that no one should study a religious book and said also that no Christian was permitted to have another office, and planned to undermine them in that way. But as we have heard, said Orosius, all were of the view that they would rather practice their Christian faith than keep their posts.

After that Julian gathered an army and planned to march 3 against the Persians. He gave orders that by the time he was on his journey home again from the east an amphitheater should have been built in Jerusalem so that he could throw God's servants into it to be killed by wild animals. But in the course of that expedition God took vengeance on that evil man for his wicked scheme very fittingly, so that when he was marching from the city of Ctesiphon he was met by a man who seemed to be a deserter and told him that he could lead him through the desert so as to come upon the Persians without warning. But when he had led them into the middle of the desert, he abandoned them. As a result no one knew the route by which he had come, but they went wandering around the desert not knowing how to get out, until many of the army perished from thirst and hunger. Then an unknown man came to meet them and killed Julian.

Chapter 32

Æfter þam þe Romeburh getimbred wæs m wintra and
an hund and xvii, feng Iuuinianus to Romana anwealde.
Hine man geceas on þam westenne, þy ilcan dæge þe man
Iulianus ofstang. He gesealde Persum Nissibi þa burh and
healfe Mesopotamiam þæt land wiþ þam þæt hi mostan of
þam lande buton laðe. On þam viii monþe þæs þe he to þam
anwealde feng, he wolde faran on Ilirice. Þa wæs he sume
niht on anum niwcilctan huse. Þa het he betan þærinne
micel fyr, forþon hit wæs ceald weder. Þa ongan se cealc mid
ungemete stincan; þa wearþ Iuuinianus mid þam bræþe
ofsmorod.

Chapter 33

Æfter þam þe Romeburh getimbred wæs m wintra and
cxviii, feng Valentinianus to Romana anwealde and hine
hæfde xi gear. He wæs ær þam Iulianuses cempena ealdor-
man. He him bebead þæt he forlete þone his cristendom
oþþe his folgoð. Þa wæs him leofre þæt he forlete his folgoð
þonne þone cristendom, ac him gefylste God eft to maran
are þa he þa læssan for his lufe forlet, and þæt he þæs ilcan
rices ahte geweald þe his wiðerwinna ær ahte. Raþe þæs he
gesealde Valente his breþer healf his rice. And he het ofslean
Percopiosus, þe þa ricsian wolde, and manige oþre mid him.

Chapter 32

One thousand one hundred and seventeen years after Rome was built, Jovian succeeded to the Roman Empire. He was chosen in the desert on the same day that Julian was killed. He gave the Persians the city of Nisibis and half of Mesopotamia in exchange for letting the Romans leave that land unharmed. In the eighth month that he came to power, he planned to go to Illyria. One night he was in a newly whitewashed house. He ordered a big fire to be made because it was cold weather. Then the lime began to smell strongly and Jovian was suffocated with the fumes.

Chapter 33

One thousand one hundred and eighteen years after Rome was built, Valentinian succeeded to the Roman Empire and held it for eleven years. He had previously been Julian's general. Julian had ordered him to relinquish either his Christian faith or his service. Then he preferred to relinquish his post rather than Christianity, but God helped him to achieve greater honor when he gave up the lesser one for God's sake, so that he possessed power over the same empire that his adversary had had. Soon after that he gave his brother Valens half his empire. He ordered the death of Procopius, who wanted to reign at that time, and many others

Valens wæs gelæred fram anum Arrianisco bisceope, Eu-
doxus wæs haten, ac he hit hæl swiðe fæste wið his broþor,
forþon he wiste þæt he hit on him wrecon wolde, gif he on-
funde þæt he on oþrum geleafon wære on oþrum he sylf
wæs, forþon he wiste hu fæstmod he wæs ær on his geleafon
þa he læssan anweald hæfde.

2   On þam ilcan geare Godenric, Gotena cyning, gedyde
feala martyra on his þeode cristenra manna. On þam dagum
Valentinianus genydde eft þa Seaxan to hyra agenum lande,
þa hi woldon winnon wið Romana; þa wæron eardfæste
neah þam garsecge. And Burhgendum he gestyrde eac þæt
hi on Gallie ne wunnon; mid þam þe him wæs swiþost ge-
styred þæt him man gehet fulluht. On þam XI geare his rices
Sermenne hergodon on Pannoniam; þa he þyderweard wæs
mid fyrde, þa gefor he on blodryne.

Chapter 34

Æfter þam þe Romeburh getimbred wæs M wintra and
C and XXIX, feng Valens, Valentinianuses broþor, to Romana
anwealde, and Gratianus, Valentinianuses sunu, feng to Ita-
lia anwealde, and to Gallia, and to Ispania, under Valense.
He þa Valens oðywde openlice þæt he ær digelice gehyd
hæfde, swa þæt he bebead þæt munucas, þe woruldlice þing
forgan sceoldan and wæpna gefeoht, þæt hi wæpna namon
and mid þam fuhton and yfel dydan mid oðrum mannum.
And sende on Egypte and het towyrpan ealle þa munuclif þe

with him. Valens had been educated by an Arian bishop called Eudoxius, but he hid it very carefully from his brother because he knew that he would punish him for it if he discovered that Valens held a different faith from himself, knowing how resolute Valentinian had been in his faith when he had less power.

In the same year Godenric the king of the Goths made 2 many martyrs of Christian people among his subjects. At that time Valentinian forced the Saxons back to their own land, when they were wanting to wage war on the Romans; their home was near the ocean. He also stopped the Burgundians from making war on Gaul; what mainly restrained them was that they were promised baptism. In the eleventh year of his reign the Sarmatians raided Pannonia; when he was on his way there with an army, he died from an effusion of blood.

Chapter 34

One thousand one hundred and twenty-nine years after Rome was built, Valens the brother of Valentinian succeeded to the Roman Empire, and Gratian, Valentinian's son, succeeded to the rule of Italy and Gaul and Spain under Valens. Valens then revealed openly what he had previously hidden and ordered the monks, who were meant to abstain from worldly things and fighting with weapons, to take up arms and fight with them and do harm to other people. He sent orders to Egypt to destroy all the monasteries that his

his broþor ær gestaþelode, and sume þa munucas he het of-
slean, sume on elþeode fordrifon.

2   On þam dagum Firmus wæs haten sum man on Affricum,
se wæs þær wilniende þæs anwealdes. Þa sende Valens þyder
Þeodosius his ealdorman mid fyrde, þæs godan Þeodosiuses
fæder, þe eft wæs casere. On þam færelde Firmus wæs ge-
fangen and forð gelæded to sleane. Þa bæd he sylf þæt hine
man ær gefullode, and þa he gefullod wæs he wæs þuruh þæs
mæssepreostes lare þe hine fullode on swa fullan geleafon
heofunrices, þæt he cwæð to þam folce, "Doþ nu swa ge wil-
lan," and him sylf leat forð þæt him man asloh þæt heafod of,
and wearð Cristes martir.

3   On þam dagum Gratianus gefeaht on Gallium wið Ala-
manne þam folce and hyra fela M ofsloh. On þam þriddan
geare his rices, þa he þæt mæste woh dyde wið þa Godes
þeowas, þa adrifon hine Gotan ut of hyra earde, and hi foron
siþþon ofer Donua þa ea on Valenses rice, and wilnodan to
him þæt hi mostan on his rice mid friþe gesittan. Þa oferho-
gode he þæt he him aðer dyde, oððe wyrnde oþþe tiþode, ac
hi let sittan þær þær hi woldon. Ac his gerefon and his eal-
dormen nyddan hi æfter gafule, and micel geflit hæfdon ymb
þæt, oþ þa Gotan hi mid gefeohte geflymdon. Þa Valens þæt
geahsode on Antiochia þære byrig, þa wearþ he swiðe sarig
and geþohte his misdæda, hu hi hine bædan rihtes geleafon
and fullwihtes bæþes, and he him sende Arrienisce bisceo-
pas to lareawum and gedwolmen, swa he sylf wæs, and hwæt
he hæfde Godes þeowum on oftsiþas to laþe gedon. Het
þeah sendan æfter þær he ænigne libbendne wiste, þeah he
þæt late dyde and him siþþon het gearian.

4   On þam feorþan geare his rices he gefeaht wiþ Gotan and

brother had established and had some of the monks killed, some exiled.

At that time there was a man called Firmus in Africa who wanted to take power there. Valens sent there his general Theodosius, the father of Theodosius the good who was emperor afterward, with an army. Firmus was captured on that campaign and taken out to be killed. Then he asked to be baptized first, and when he had been baptized he was so full of faith in the heavenly kingdom through the teaching of the priest who baptized him, that he said to the soldiers, "Do as you wish now," and bent forward so that his head could be struck off, and became Christ's martyr. 2

In that period Gratian fought in Gaul against the Alamanni and killed many thousands of them. In the third year of his reign, when he was doing great injury to the servants of God, the Goths drove him out of their territory and then advanced over the river Danube into Valens' territory, and asked him to give permission for them to settle in his empire under protection. Then he disdained either to refuse them or to agree but left them to settle wherever they wanted. But his officials and prefects pressed them for taxes and had a great dispute with them over that until the Goths defeated them in battle. When Valens, in the city of Antioch, heard that, he was very distressed and thought about his own misdeeds, and how they had asked for the true faith and baptism and he had sent them Arian bishops and heretics, such as he himself was, as teachers, and what harm he had often done to God's servants. But he sent for them wherever he knew any to be still living, though he did it late in the day, and ordered them henceforth to be honored 3

In the fourth year of his reign he fought against the 4

geflymed wearð and bedrifen on ænne tun and wearð on anum huse forbærned. Þær wæs swiðe riht dom geendod, þæt hi þone woruldlice forbærndon þe hi þohte bærnan on ecnysse.

Chapter 35

Æfter þam þe Romeburh getimbred wæs M wintra and C and XXXIII, feng Gratianus to Romana anwealde and hine hæfde VI gear, and gesette Theodosius him to fultume, forþon him geþuhte þæt þa þeoda þe hyra winnan wæron wæron to swiþe gestrangode þæt hi man leng ne mihte mid gefeohtum oferswiðan. Ac Theodosius genam frið wið hi, and on þære sibbe he lædde Athanaricus hira cyning mid him to Constantinopolim þære byrig, and þær raðe þæs his lif geendode. Raþe þæs þe Gotan ongeatan hu god Theodosius wæs, ægþer ge hi ge ealle þeoda þe on Sciþþium wæron gecuron his frið. On þam dagum gecuron Bryttannie Maximus him to casere ofer his willan. Se wære wyrþe ealra Romana anwealda for his mænigfealdum duguþum, buton þæt he þa wið his hlaford wan for oþra manna lare, and raþe þæs for in Gallie and Gratianus ofsloh and Valentinianus his broþor he adraf ut of Italiam, þæt he oþfleah to Theodosiuse.

Goths but was defeated and driven back to an estate, and was burned to death in a house. That was a very just judgment, that the Goths burned to death in this world the emperor who had intended them to burn in eternity.

Chapter 35

One thousand one hundred and thirty-three years after Rome was built, Gratian succeeded to the Roman Empire and held it for six years. He appointed Theodosius to help him because it seemed to him that the nations who were opposed to them had become so strong that they could no longer be defeated with warfare. Theodosius made peace with them and under the terms of that peace he took the king Athanaric with him to the city of Constantinople, and Athanaric died there soon after. As soon as the Goths realized how good Theodosius was both they and all the peoples who were in Scythia chose his protection. At that time the Britons chose Maximus as emperor against his will. He would have been worthy of rule over all the Romans for his many virtues if he had not fought against his own lord through the advice of others. He immediately went to Gaul and killed Gratian and drove his brother Valentinian out of Italy so that he fled to Theodosius.

Chapter 36

Æfter þam þe Romeburh getimbred wæs M wintra and
C and XXXVIII, feng Theodosius to Romana anwealde and
hine hæfde XI gear. He hæfde VI gearum ær anweald ofer þa
eastdælas. He þa Theodosius wæs þencende hu he Gratia-
nus his hlaford gewrecan mihte and eac his broþor on þam
anwealde gebringan, and fyrde gelædde on Italia, þær Maxi-
mus mid fyrde abad æt Aquilegia þære byrig, and his ealdor-
men Andregatia hæfde beboden þa clusan to healdenne. Ac
se ealdorman hi betæhte liþrum mannum to healdenne, and
þohte him sylf on scipum to farenne east ymbutan and
þonne bestelan on Theodosius hindan. Ac mid þam þe he
fram þære clusan afaren wæs wiþ þara scipa, þa com Theo-
dosius þærto and funde þæræt feawa manna, þa wæron yfele
and earge. And he hi raðe aweg aþywde and þa clusan tobræc
and siþþon for ofer þa muntas oþ he com to Aquilegia and
Maximus ofsloh. Þa þæt se ealdorman gehyrde, þa adrencte
he hine sylfne. Hu yþelice God geendode þæt mycle gewin
mid hyra twegra fylle, þe Maximus and his ealdorman hæf-
don up ahafen mid manegum þeodum.

2   Æfter þam feng eft Valentinianus to his rice, and þæs ymb
twa gear, þa he on Gallium com, hine ofsmorode Ambo-
gæstes his ealdorman and hine siþþon mid rapum be þam
sweoran up aheng, gelicost þam þe he hine sylf unwitende
hæfde awirged, and gesette Eugenius to þæs rices naman,
þæt he casere wære, and feng him sylf to þam anwealde,
forþam he ne mihte sylf habban þæs anwealdes naman,
forþy he næs Romanisc, ac lærde þone oþerne þæt he deo-
fulgyld georne beeode. Þa gelædde eft Theodosius fyrde wið

Chapter 36

One thousand one hundred and thirty-eight years after Rome was built, Theodosius succeeded to the Roman Empire and held it for eleven years. He had previously ruled the eastern region for six years. Theodosius then considered how he could avenge his lord Gratian and also restore Gratian's brother to power. He led an army to Italy, where Maximus was waiting with an army at the city of Aquileia. He had ordered his general Andragathius to guard the mountain pass, but the general entrusted it to cowards to guard and decided to go himself by sea roundabout by the east and creep up behind Theodosius. But while he was gone from the pass on his way to the ships, Theodosius arrived there and found only a few men, who were wicked and cowardly. He quickly drove them away and broke through the passes and then went over the mountains until he reached Aquileia and killed Maximus. When the general heard that he drowned himself. How easily God ended, with the death of those two, that great conflict which Maximus and his general had stirred up with many nations.

After that Valentinian returned to his throne and two 2 years later, when he went to Gaul, his general Arbogastes suffocated him and then hung him up by the neck with ropes as if he had strangled himself unknowingly. He set up Eugenius to be emperor in name and took power himself, because he could not have power in his own name since he was not a Roman. He taught Eugenius to worship the pagan gods. Then Theodosius led out an army again, against the two of him twam to þære ilcan clusan þe he ær hæfde wið Maximus. Þa sende Theodosius Gotena fultum beforan him, þæt hi þa clusan tobræcon, ac hi wurdon uton ymbfaren of þam muntum and ealle ofslagen: þæt wæron x m.

3   Þa for Theodosius þyderweard and wiste þæt hine man wolde mid þam ilcan wrence beþridian. Þa hi togædereweard foran, þa þohton Eugenius and Arbogestes þæt hi sceoldan ærest of þam muntum hi gebigean mid heora flana gesceotum, ac him onsende God swelcne wind ongean þæt hi ne mihton fram him nænne flan asceotan, ac ælc com oþer þara, oððe on hi sylfe oððe on þa eorþan. And Theodosius hæfde þone wind mid him þæt his fultum mihte mæstne ælcne heora flana on heora feondum afæstnian. Þær wearð Eugenius ofslagen, and Arbogæstes ofstang hine sylfne. Æfter þam Theodosius for on Italiae. Þa he com to Mægelange þære byrig, þa geendode he his lif and betahte his twam sunum þone anweald.

Chapter 37

Æfter þam þe Romeburh getimbred wæs m wintra and c and xlix, feng Archadius to anwealde, to þam eastdæle and hine hæfde xii gear, and Honorius to þam westdæle and nugit hæfð, cwæð Orosius. And forþam þe hi geonge wæron, he hi betahte his ii ealdormannum to bewitanne: Archadius wæs betaht Rufinuse, and Honorius wæs betaht Stilecan. Ac hi gecyðdon raðe þæs hwilce hlafordhylda hi þohton to cyþonne on heora ealdhlafordes bearnum, gif hi hit þurhteon them, to the same pass that he had used before against Maximus. Theodosius sent the Gothic troops in advance to break through the pass, but they were surrounded from the mountains and all killed: there were ten thousand of them.

Then Theodosius moved to that point, knowing that they intended to defeat him by the same tactic. When the armies marched toward each other, Eugenius and Arbogastes thought that they should first turn them back with volleys of arrows from the mountains, but God sent such a strong wind that they couldn't shoot any arrows from their side but they all came either back on themselves or to the ground. Theodosius had the wind with him so that his forces could strike their enemies with almost every arrow. Eugenius was killed there and Arbogastes stabbed himself to death. After that Theodosius moved into Italy. When he reached the city of Milan he departed this life and entrusted the empire to his two sons. 3

Chapter 37

One thousand one hundred and forty-nine years after Rome was built, Arcadius came to power in the east and held it for twelve years, and Honorius came to power in the west and still holds it now, said Orosius. Because they were young, Theodosius gave them to his two generals to take care of: Arcadius was assigned to Rufinus and Honorius was assigned to Stilicho. But they soon showed what kind of loyalty they intended to bestow on their old leader's sons, if

mihton. Rufinus wolde habban him sylf þone anweald þær
east, and Stileca wolde syllan his suna þisne her west. And
for þam feondscipe he forlet Gotan on Italiae mid heora
twam cyningum, Alrican and Rædgotan, and þohte siþþon
þæt folc oferfunden wære, þæt hi syþþon woldon eall þæt he
wolde, and wende eac þæt he þam Gotan þæs gewinnes
mihte raþe gestyran, forþam he of heora lande geboren wæs.

2   Raðe þæs Alrica wearð cristen. And Rædgota hæþen þu-
ruhwunode and dæghwamlice wæs blotende deofolgyldum
mid manslihtum and simle him wæs leofost þæt þa wæron
Romanisce. Nugit eow Romane mæg gescamian, cwæð Oro-
sius, þæt ge swa heanlic geþoht sceoldon on eow geniman
for anes mannes ege and for anes mannes geblote, þæt ge
sædan þæt þa hæþenan tida wæron beteran þonne þa criste-
nan, and eac þæt eow sylfum wære betere þæt ge eowerne
cristendom forleton and to þam hæþeniscean þeawum fen-
gan, þe eowre yldran ær beeodan. Ge magon eac geþencean
hu hean he eft wearð his geblota and his deofulgylda þe he
on lyfde, þa þa ge hine gebundene hæfdan and hine siþþon
atugon swa swa ge woldon, and ealne his fultum; þæt wæs,
swa swa ge sylfe sædon, twa C M, swa eower nan ne wearþ
gewundod.

they could manage it. Rufinus intended to take for himself the empire in the east, while Stilicho intended to bestow this western empire here on his son and because of that hostile intention allowed the Goths into Italy under their two kings, Alaric and Radagaisus. He thought that once the Roman people had been defeated they would afterward agree to all that he wished, and he also trusted that he could quickly restrain the Goths from warfare because he was born in their country.

Soon after this Alaric became a Christian. Radagaisus remained heathen and sacrificed daily to his pagan gods with slaughtered humans, and he always preferred those to be Romans. You Romans still ought to feel ashamed, said Orosius, that just because of your fear of one man and the pagan sacrifices made by one man you should adopt such a shameful notion, saying that the heathen times were better than the Christian ones, and also that you would be better off to abandon your Christian faith and take up the heathen ways, which your ancestors practiced. You can also note how shamed he was for all his sacrificing and the pagan gods that he believed in, when you had made him captive and dragged him afterward wherever you wanted, and all his force; that was, as you yourselves said, two hundred thousand, with not one of you wounded. 2

Chapter 38

ÆFter þam þe Romeburh getimbred wæs M wintra and C and IIII and sixtegum, God gedyde his miltsunge on Romanum, þa þa he heora misdæda wrecan let, þæt hit þeah dyde Alrica se cristena cyning and se mildesta. And he mid swa lytlum niþe abræc Romeburh þæt he bebead þæt man nanne man ne sloge and eac þæt man nanuht ne wanode ne ne yfelode þæs þe on þam cyricum wære. And sona þæs on þam þriddan dæge hi geforan ut of þære byrig heora agenum willan, swa þær ne wearð nan hus heora wyllan forbærned. Þær genam Hettulf, Alrican mæg, Honoriuses sweostor þæs cyninges, and siþþon wið hine geþingode and hi him to wife genam. Siþþon sætan þa Gotan þær on lande, sume be þæs caseres willan, sume his unwillan; sume hi foran on Ispaniae, and þær gesætan, sume on Affrice.

Chapter 38

One thousand one hundred and sixty-four years after Rome was built, God bestowed his mercy on the Romans when he allowed their misdeeds to be punished, since it was done by Alaric the gentlest Christian king. He took Rome with so little violence that he gave orders that no one should be killed and nothing in the churches should be taken or damaged. Immediately on the third day they left the city by their own will, leaving not a house deliberately burned. There Alaric's kinsman Athaulf took possession of the sister of Honorius the king, and afterward negotiated with him and married her. Subsequently the Goths settled in that land, some at the emperor's wish, some against his will, and some went to Spain and settled there, and some went to Africa.

Abbreviations

C = London, British Library MS Cotton Tiberius B 1

DOE = Angus Cameron, Ashley Crandell Amos, Antonette diPaolo Healey et al., eds., *Dictionary of Old English: A to G Online.* (Toronto: Dictionary of Old English Project, 2007)

L = London, British Library MS Additional 47967 (Lauderdale)

MS = manuscript

Note on the Text

The Old English History of the World survives in just two man-
uscripts (apart from small fragments), both in the British
Library: Additional MS 47967, known as the Lauderdale
manuscript, from the name of a previous owner (*L*), written
in the first half of the tenth century; and Cotton Tiberius B
1 (*C*), written in the first half of the eleventh century. There
are no very substantial differences between them, but each
has a lot of minor errors that are not found in the other, and
there are many small differences of wording and detail. They
also have in common a few scribal errors as well as, probably,
a very substantial interpolation, so it is safe to conclude that
they are two independent copies derived from a manuscript
that was itself not the original. *C* is complete but *L* has lost a
substantial section near the beginning. The *C* version was
the basis of editions by Barrington (1773), Thorpe (1853), and
Bosworth (1858), and the *L* version of editions by Sweet
(1883) and Bately (1980). The text here is based on *C*, cor-
rected where necessary from *L*. Abbreviations are expanded
and minor errors corrected without comment. The many al-
terations to spelling and sometimes vocabulary entered in
later eleventh-century hands in *C* are not recorded or
adopted (though sometimes they coincide with necessary
emendations that have been made, and in places it is hard to

be sure whether a reading is that of the original scribe or a later corrector).

The spellings and inflections in both manuscripts are very inconsistent and often wayward; the forms used in *C* have for the most part been allowed to stand, since the translation makes the sense clear and it is impossible to determine what the original forms would have been in many cases. Names are a particular problem in this text. There are at least a thousand different names of people and places, of Latin, Greek, Germanic, and many other origins, some of them occurring many times. In Orosius's Latin text they appear in many different spellings, varying between manuscripts and sometimes between different occurrences a few lines apart in the same manuscript. The same inconsistency occurs with the Old English manuscripts, and it would be hard in most cases to say what spelling Osric used or what was used by the Latin manuscript on which he drew. I have generally kept the spellings of names in MS *C*, except in egregious cases or where confusion between different characters might be involved (such as Constantinus and Constantius). Numbers are also an issue. They are extremely common, referring to dates of events, lengths of reigns, and numbers of people killed or ships destroyed or cities captured in the incessant wars that the text records. MS *C* sometimes spells out the number in Old English and sometimes gives it in Roman numerals, and often in a combination of the two ("Lxgum" = "sixtigum"). Since it is hard to say what the spelled-out Old English form would have been for complex numbers, the text here follows the varying practice of the manuscript, with the modern form of the number in the translation. The notes to the text are selective: they record in significant cases the rejected reading of

MS *C* where *L*'s reading has been adopted, or of both MSS in the case of an editorial emendation, and the most important of the variant readings in MS *L,* but not the innumerable minor copying errors that have been corrected by editors.

Book and Chapter Divisions

Orosius issued his work in seven books, and that division is generally reflected in the Latin manuscripts and in the title. It was arguably designed to reflect the seven days of the week and to suggest the traditional idea of the seven ages of the world, with the seventh age containing the time of the Roman Empire, which would last until the end of time in his view. The Old English version is organized instead in six books, with its fifth book condensing Books Five and Six of Orosius. In many of the Latin manuscripts the individual books are further subdivided into subsections or chapters, and in some of them these chapters are numbered and listed, but there is no consistency among the manuscripts in these divisions and no reason to think that they are due to Orosius himself. The modern editions of the Latin text use a now standard system of numbered chapters, but there is no reason to suppose that the text used by Osric had the same system or indeed any system of numbered chapters. The two Old English manuscripts have their own chapter divisions, quite distinct from those of the Latin editions, and the list of chapters with their contents is given in full at the beginning of the text in both manuscripts. In *L* the chapters are numbered, both in the chapter list and in the margins of the text. In *C* the same divisions are used, with occasional exceptions; the numbers do not generally occur in the initial list or in the early part of the text, but they do appear in the separate chapter lists for Books 5 and 6 and in the later part of the text and, once, in the initial list. It seems clear that both manuscripts derive from a copy containing the same system of numbered chapters, with a bit of confusion in Book 5, and those divisions are used here, as they are in earlier editions of *The Old English History*.

Notes to the Text

TITLE

Her . . . nemneð: *om. L*

LIST OF CHAPTERS

Book i

1.1	Asia and Europe: Asia ond Europe hiera landgemircu *L*
1.5	Asiria and Persiða: Asilia and Passiða *C;* Asilia ond Persiða *L*
1.8	and þonne besince eft on þæt sand: *om. C* neh: *om. C*
1.12	þære ea Rines: Rines ofre þære ie *L* wið Creca land: wið norþan Creca lond *L*
1.16	swa feor swa: swa *C*
1.18	bið swiðe god: *L missing from here to end of 1.8.3*
1.21	man mihte geseglian: man m mihte geseglian *C, with the* m *altered later to* ne
1.25	þy ylcan dæg þe: þy ylcan dæg *C*
1.26	swiftoste: swifte *C*
1.28	ymbe Creca land, þe liþ be suðan Donua þære ea: be suðan Donua þære ea ymbe Creca land liþ *C;* be suðan Donua þære ea ymbe Creca land, [hu hit] liþ *Sweet, Bately*
1.30	be westan him ofer ða westenu: be westan him Profentsæ ofer ða westenu *C*
1.33	secgan: *om. C*
1.34	and be suðan seo þeod: *om. C* (*em. Bosworth*) be eastan Libia: be westan Libia *C*
1.35	seo burh is Adrumetis: se beorh is Adrumetis *C* Astrixim: Astrix ymb *C*
1.36	landgemæro: landgemærco *C* Icarisca: risca *C*
1.38	be suðan Affrica: be norðan Affrica *C*
5.1	eahta and þusend: eahta *followed by* hund *on erasure C* Pompeius se hæþena scop: Sompeius se hæþena scop *C*
5.2	wole: wolde *C*
7.2	þe on þæm lande wæron: frumcennede *added in later hand after* lande *in C and adopted by all edd.*
7.3	wearð: *om. C*
9.1	Ær ðam ðe Romeburh: *L resumes*
10.6	wif and swa elðeodge . . . þa earman: *om. C*
10.7	landes: *om. L*
11.2	wrecende: þa gewinn wrecende *C;* þa gewin wraciende *L*
12.4	Sicilia: Cilicia *C;* Si\ci/lia *L* (*Latin* Siculus)
12.5	besprecað: beswicað *C*

BOOK 2

1.1	rihtlicran þingan: rihtlican þingan *C;* ryhtlicran lufan *L*
4.1	hyran: hyra an *C;* hiran *L*
5.2	wiston: *om. CL*
5.3	þæs folces wæs: þæs folces *CL*
5.9	bleaðran: bliðran *C*
8.5	oðhydan: oððe oðhydan *CL;* oðfleon oððe oðhydan *all edd.*

BOOK 3

1.8	Creca gewinn: hu Creca gewinn *CL;* hu Creca gewinn ongonn/angan *Sweet, Bately*
3.1	gedrehte: gedrycnede *L*
4.1	LXXXVIII: LXXVIII *C*
5.2	ær eft: ærest *C*
6.1	hine eft hett his fæder ofslean. For þam slege: *om. C*
6.2	Ualerius: Ualerianus *C* þærryhte: þær *C*
7.1	forð ofer þæt: forð oð þæt *C*
7.2	landum: lande \h/im *C*
7.3	wenunge: wununge *C*
7.5	forneah: *om. C* oðrum folcum: of oðrum folcum *C*
8.1	besyrede: bismere *C*
8.2	consulas: consulas ond heora witan *L*
9.1	sealdon: sceoldon *C*
9.7	hæfdon: hæfde *CL*
9.8	Cilicia: Cecilia *C*
9.9	in Sciþþie: *om. C*
9.17	æt heora cotum: æt ham æt heora cotum *L* magon þæt hy: *om. C*
10.1	feorþan: *om. C* strengstan: strengan *C*
10.2	Favius se consul: Fumus se consul *CL*
10.3	forbude: bude *C;* forbuden *L*
10.4	bidan: biddan *C;* gebiden *L*
	þa consulas: he þa consulas *C;* he ond þa consulas *L*
11.3	gehrifnian: gehwyrftnian *C* gesweop: gesceop *C;* gesweow *L*
11.4	Arachasihedros: ara and Arathasihedros *C*

11.12   to þam fæstene: and to þam fæstene *CL (and edd.)*

11.13   þa oþre: þa þry *C*

11.17   þæt we þæt: þæt we þær *CL*

Book 4

1.2   ge on sciphere: *om. C*

1.7   moneaca cuman: mann eac acumon *C*

3.1   and him to wifum dydon þa þe ær wæran heora hlæfdian: *om. L*

4.1   LXXXI: LXXX *C*

4.3   Nu we sculon fon: *rubric* Be Cartaima gewinne *C*   LXXII-tigum: LXXXII-tigum *C*   stærwriteras: heora stærwrite-ras *L*   onhælede: on unhæle *L*

5.1   þonan: *om. C*   to lafe: *om. C*   sylf hamweard for: wepende hamweard for *L*

5.3   he eac to him cumon wolde: hy eac to him cumon woldon *C*

6.3   and þone weg letan butan ware, þæt seo fyrd siððan þær þurh-for: *om. L*

6.5   Ða gegaderade Regulus: *rubric* Be þære nædran *C*

6.6   IX elpendas: XI elpendas *L*

6.8   scipa XXX gefangen: twentig gefan *L*

6.9   Þæs ymb VI gear: Þæs ymb III gear *L*

6.11   Þa he eft to Cartainum com: *om. C*

7.2   abæd: abead *C*

7.5   III hund M: III M *L (Latin 23,000)*

7.6   XVII M gefangen: XV M gefangen *C*

8.1   V hund wintrum: VI hund wintrum *C*   monegum oðrum: monegum *C*

8.2   Munt Iof: munti (:)for *C*

9.3   heora hlafordas: heora *CL*   oþþe hi ne anhagade: oð hi ne angode *C*

10.7   Þæt wæs swiþost: Þæt wæs swiþor *C*

10.10   þære bene: *om. L*

10.11   betweox þam folcum: betweox þam fohtum *C*

10.12   hwylc folc: swylc folc *C*

11.2   and Uoi: *om. C;* ond Euoi *L*   siððan foron: siððan *C;* siþþan for *L*

11.3   leng ongan: leng ne ongan L

11.5   mæst ealle: *om.* L

13.2   ymbegang wæs xxx mila: ymbeganges xxx brad C   he siððan
         hamweard for: siððan hamweard for CL   ærest utgan: *om.* C

BOOK 5

1.1   wisten hi þæt hi wæron: wæron hi C

2.2   On þam dagum wæs an hyrde: *rubric* Be þam yrde Variato C
         gebetan: gewrecan L

2.3   gretan: leng gretan L

2.4   Æfter þam wæs swa mycel mancwealm: *rubric* Be þam mann-
         cwealme C

3.3   ealle Romana . . . geegesode: eallum Romanum witum for þam
         andwyrde and for þam wordum swiðe mid geegesode C; ealle
         Romana weotan for ðæm ondwyrde mid wordum swiþe geeg-
         sade L   VII M ofslagen: VI M ofslagen L

4.2   Asiria cyninge: Asia cyninge L   gymde: ne gymde C

4.3   On þære tide. . . . getrywestan witan: On þære tide Scipia, se
         betsta Romana þegn, mænde his earfoða to Romana witum,
         þær hie æt hiera gemote wæron, hwy hie hiene swa unweorðne
         on his ylde dyden; and ascade hie for hwy hie nolden geþencan
         ealle þa brocu and þa geswinc þe he for hira willan, and eac for
         hiera niedþearfe fela wintra dreogende wæs, unarimedlice oft;
         and hu he hie adyde of Hannibales þeowdome, and of monegre
         oþerre þeode; and hu he him to þeowdome gewylde ealle Is-
         panie, and ealle Africe. On þære ilcan niht Romane him geþanc-
         odon ealles his geswinces þa hie hiene on his bedde asmoro-
         don L

4.4   Æfter þam com an wind, and forbleow hi ut on sæ: *om.* C

5.1   XXVII: XXIIII C   Þa forleton hi: þa for hi C; ond þa men for-
         leton L

7.4   Næs na: *om.* C   for þam wætan: *om.* L   XL M : LX M L

10.1   seofon niht: niht C

10.3   gesettan: geiecton L

11.1   fealh: fleah C   on Africam, þær his fultum mæst wæs: *om.* L

11.3   an legie: on læg C; anleg L

12.2   gedælde his fyrde: gedælde *C*

12.3   Marisiam: Samariam *C*   þrim latteowum: twæm ladteo-
wum *L*   wearð Iulius geflymed: wearð gefliemed *L*

12.4   eahta and eahtatig: hundeahtatig *C*   nu ne eart: nu eart *L*

12.5   Iulius het ofslean: Alexander het ofslean *L*

12.7   xxvii: xxiii *altered from* xxvii *L*

13.1   vii hund wintrum and x: vii hund wintrum and lxx *C*   v ge-
feoht ungeferlice þurhteah: iiii gefeoht wel cynelice gefeaht
and þurhteah *C*   his mæg: *om. L*   and wið Brutus:
om. C   sealde Octauiane: sealde Iuliuse *L*

13.2   Antoniuses folces: Octauianuses folces *CL*

13.3   tune: *om. C*   hiere þuhte þæt hit on þam lime unsarast wære,
for þon þe: *om. C*

15.1   sume hungre acwælan: *om. C*

15.2   eft betyned: fæste betyned *L*   Her endað seo v boc, and on-
gingð seo vi: Her enþaþ sio sixte boc ond onginð seo siofoðe *L*

Book 6

1.1   þisse vi bec: þisse seofeþan bec *L*   iiii hund wintra: iii hund
wintra *CL*

1.2   fyrcyn and mycel bryne: fyrbryne *L*

3.3   þæt he hi þe læs forgeate: *om. L*

4.1   xcv: xci *L*

4.3   seofon mila brad: v mila brad *L*   seofeþan geare: feorðan
geare *C*   cristene næran: cristene wæron *L*   Claudius
het: Gaius het *L*

6.1   Germana: Germania *L*

9.1   Bothmose: Thomore *C*

10.1   xix gear: x gear *L*

12.1   lxxxviii: lxxviii *C*   swa leof and: *om. L*

14.1   Capitolium, þe: Capitoliam þæt hus þe *L*

18.1   Aurelius: *altered from* Aurelianus *C;* Aurelianus *L*

19.1   lxxxvii: lxxxvi *C*

21.1   gegearod to heora geblote: *om. L*

29.1   sweor: sweortor *C;* agen sweor *L*

30.1   Maximianus wæs haten: Maximus wæs haten *CL*   an wæs

Maximianus: an wæs Maximus *C*   oþer Constantius: oþer Constantinus *C*   And Constantius: And Constantinus *C*

30.2   wið Marseus: wið Marserius *C*   Dioclitianus Galerius: Dioclicius Ualeriuse *C*

30.3   Æfter þam: *om. C*   and Maximianus gesæt on Mediolane þære byrig: *om. L*   to Galeriuse and to Constantiuse: and to Constantinuse *C*   Constantius nam ealle Italiae: Constantinus nam ealle Italiae *C*

30.4   Þa gesette Galerius: Þa gesette Galius *C*   On þam dagum Constantius: On þam dagum com Constantinus *C*   cyfese: wife *in later hand on erasure C*   Constantinus beswicon: Constantius beswican *L*   Constantinuse gesæde: Constantiuse asæde *L*

30.5   æt þære brycge: æt þære byrig *CL*

30.6   teonan: timan *L*

30.7   deofolgyldhus: diofolgield *L*

31.1   feng Constantius: feng Constantinus *C*   and he Constantius: and he Constantinus *C*   xxiiii wintra: xxiii wintra *C*   Constantinus wearð ofslagen: Constans wearð ofslagen *CL*   Ac Constantius hine benæmde: Ac Constantinus hine benæmde *CL*

31.2   Æfter þam Constantius gesette: Æfter þam Constantinus gesette *CL*   farende þær Constantius wæs: farende þær Constantinus wæs *L*   æfæste boc: fæste boc *CL*   sunderfolgoþa: underfolgoþa *C*

31.3   eac for hungre: for hæte *L*   ofsloh Iulianus: ofstong Iulianus *L*

32.1   þa wearþ Iuuinianus: þa wearþ Iuuinius *CL*

33.1   and cxviii: and xcviii *CL*

34.1   Valentinianuses broþor: Valerianuses broþor *C;* Valentianuses broþor *L*

34.2   mid fyrde, þæs godan Þeodosiuses fæder: *om. L*

34.3   ænigne libbendne: ænne libbendne *C*

35.1   Maximus: Maximianus *CL*

36.3   him onsende God swelcne wind ongean þæt hi ne mihton fram him nænne flan asceotan, ac: *om. C*

Notes to the Translation

References to the Latin text are to the edition by Arnaud-Lindet (see Bibliography).

1.1–12   The geographical description draws primarily on Orosius 1.2.1–51.

1.2   The Riphaean Mountains are much cited by classical authors as aspects of the far north, but have no certain identification. The Sarmatic (or Sarmatian) Ocean was apparently the ocean at the northern edge of the known world. Alexander's shrines refer to the altars that Alexander the Great set up in Central Asia, misplaced here by Orosius. The Rhobasci were a Scythian people in classical accounts, and the Maeotic marsh is now the Sea of Azov. Theodosia was a city in the Crimea, now Feodosia. Cadiz was an island in antiquity, though no longer so. "The Pillars of Hercules" is the ancient name for the two opposing mountains at the entrance to the Mediterranean (Gibraltar and an uncertainly identified one in North Africa). Old English *Scotland* tended to mean Ireland or Hibernia, the homeland of the *Scotti,* until around the year 900, when it began to be used more for modern Scotland.

1.3   The island called Fortunate refers to the Fortunate Isles or Isles of the Blessed of Greek legend.

1.4   Caligdamana or Caligardamana, Samara (called a promontory in the Latin text) and the river Ottorogorra are doubtfully identifiable. Taprobane is the ancient name for Sri Lanka. Sericus refers to the Seres or Chinese.

1.12   *the sea called Cwensea:* This is the earliest reference to such a sea. It presumably relates to the people called *Cwenas* mentioned later and their country, *Cwenland,* and perhaps designates the northern ocean to which Orosius refers at this point.

1.13–15   The description of Germania owes nothing to Orosius but apparently draws on some more contemporary account of the geography and ethnography of central and northern Europe, possibly one originating in the kingdom of the East Franks, which is its starting point.

1.14   *on the other side of the uncultivated land:* Old English *westen* is generally interpreted as "waste, wilderness, desert." In the account of Africa in 1.1.3 and 1.1.8, it indeed refers to the "Ethiopian desert" and corresponds to Latin *deserta.* When it and the related adjective *weste* are used in the account of Europe and Ohthere's report, they seem to denote land that is sparsely inhabited and uncultivated, though in some cases exploited by hunters and fishers, and not therefore normally attributed to any particular people or country, though in Ohthere's account the land of the *Terfinnas* is said to be all *weste.*

    To the northeast of Moravia are the Daleminci: Both manuscripts say "northeast," but this may well be a mistake for "northwest."

    To the north of the Croats are the Magyars: The phrase *mægða lond* could mean "land of the tribes" or "land of the (young) women," perhaps in the latter case referring to Amazons. More probably it is a proper name and perhaps therefore a rendering of some form of Magyar, referring to the Hungarians who had begun to penetrate in Europe in the ninth century.

1.15   *the land of the Cwenas:* The Cwenas are referred to in later Norse sources and were probably a Finnic people.

1.16–27   The accounts of the travels of Ohthere and Wulfstan are the best-known and most discussed parts of *The Old English History,* not least because they are the earliest written records for parts of northern Europe. They supplement the more detailed account of Germania offered by Osric and are quite possibly a later addition to the original work, supplied early in the tenth century. The account of Ohthere, at least, purports to be a record of information that he gave in person to King Alfred, but whether such a person really did visit the king and if so for what reason and what his own status and occupation were has been a subject of prolonged discussion. He may have been a merchant or a landowner or a farmer or a warrior or a hostage, in exile or in the service of the king or on a trading expedition or simply traveling. The "Northmen," of whom Ohthere is one, are apparently the Germanic-speaking inhabitants of roughly modern Norway, while the *Finnas* are the mainly nomadic people speaking a Uralic language who are now called the Sami, the *Terfinnas* are an otherwise unknown branch of the Sami, and the *Beormas* are the Biarmians, a people of northwestern Russia referred to in later records. Quite where Ohthere terminated his expedition and where he met the Biarmians is still much discussed and far from certain.

1.18   *seven ells:* An ell is of varying length, but subsequently in *The Old English History* it renders the Latin term for a cubit and presumably implies a length of about eighteen inches.

he and five others had killed sixty of them in two days: Since this is implausible with reference to the very large whales just described, it is usually assumed that the reference is to the walruses described in the preceding sentences.

1.19   *Reindeer:* The account describes them as *wildrum,* which would normally be wild animals, but these are also described as mainly tame. The term is perhaps used here to distinguish them from the domesticated livestock such as cows that were familiar to the Anglo-Saxons and are referred to in Old English as *nyten,* in part because reindeer also existed in the wild in Ohthere's account.

1.20   *The cultivated land is broadest toward the east:* Here and in the next sentence the sense seems to require "south" rather than "east," but the text is clear.

1.21   *There is a port in the southern part called Sciringesheal:* generally identified as near modern Kaupang in Norway.

You would have Ireland to the starboard at first: This is sometimes interpreted as meaning not that Ireland was to starboard but that the route to Ireland diverted to the right at this point, away from the coast.

the port called Hedeby: an important trading station on the east coast of southern Jutland.

1.22   *he had Denmark on the port side:* In modern terms he would have had Norway to his left; the usual assumption is that the Danes possessed some kind of authority over this region at the time.

1.23   *Wulfstan reported that he traveled:* Wulfstan is not identified in the text: he may have been an English traveler or merchant, since the name in its present form is common in Anglo-Saxon England, or a Scandinavian or other Continental traveler whose name has been translated into Old English form; or indeed he may have been an Anglo-Saxon who was merely reporting what Ohthere went on to say about his travels in the Baltic, so that the "he" would be Ohthere. The report switches to the first person after two sentences ("we had"), as if reporting the actual words of Wulfstan (or Ohthere).

1.24–27 This account of the customs of the Ests does not mention Wulfstan again, and it is not clear whether it is offered as a paraphrase of his (or Ohthere's) travel narrative and of what he had seen in their country or as a separate report from another source, of the practices of the people that he had visited. Truso appears to have been a significant trading town on a lake or inland sea separated from the Baltic itself by areas of sandbank.

1.27   *two vessels full of ale or water:* The inconsistency with 1.1.24, where it is said that the Ests do not make ale, is unexplained.

1.28   The text now returns to the geographical account derived from Orosius, 1.2.54–106.

1.31   *The third lies to the northwest opposite Brigantia, a city of the Gauls, and the land of the Irish across an arm of the sea:* The intended sense is perhaps: "The third [corner] lies to the northwest where Brigantia, a city of Gallicia, faces the land of the Irish across an arm of the sea." Brigantia is modern Corunna.

1.32   Thule is in classical legend an island in the far north or northwest of the known world.

1.34, 35 Byzacium was one of the North African provinces of the Roman

Empire and is what Orosius referred to here. Some MSS of the Latin text mistakenly have *Bizantium* however, hence Osric's *Bizantium.*

2.1   From here to the end of Book 1 generally corresponds to Book 1 of Orosius.

One thousand three hundred years before Rome was built, Ninus the king of Assyria became the first man to reign as king in this world: The system of dating by *anno domini,* popularized by Bede, was in regular use in Anglo-Saxon England by Osric's time, but he follows Orosius in using instead the Roman system of dating by years before and after the foundation of Rome in 753 BCE and evidently expects his readers to be familiar with it. The opening date is thus 2053 BCE. Orosius, who begins his *History* at an earlier point in time with a brief account of the creation and fall of man and the flood, says only that Ninus was the first king of Assyria according to tradition but does claim in his preface that almost all previous historians had begun with Ninus and that they had mistakenly believed that kingship began with him.

4.1   *The Thelcises and Carsatii:* These are the names used by Orosius, but he was probably referring to the peoples otherwise known as Telchines (legendary inhabitants of Rhodes) and Caryates (of Arcadia). "The Greeks" presumably are the Carsatii (the detail is not in Orosius).

5.1   *The heathen poet Pompeius and his pupil Justinus sang about this Joseph as follows:* The reference (from Orosius) is to the classical historian Pompeius Trogus, whose prose Greek chronicle (beginning with Ninus) was summarized in Latin prose by the later historian Justinus. The narrative as far as the end of 1.5.2 derives from Justinus via Orosius.

5.3   *the king called Amosis:* Ahmose Nebpehtire (1550–1525 BCE).

6.1   *Liber Pater* is the Roman equivalent of the Greek god Dionysus or Bacchus.

7.4   *Jamnes and Mambres:* These Egyptian magicians are not mentioned in the Old Testament but are identified in the New Testament (2 Timothy 3:8) as opponents of Moses and feature in later biblical apocrypha and legends. Orosius does not refer to them, and Osric probably knew the story from a legend of the apostles Peter and Paul, which credits the two magicians with a role in the Egyptian attempt to cross the Red Sea. See Frederick M. Biggs and Thomas N. Hall, "Traditions concerning Jamnes and Mambres in Anglo-Saxon England," *Anglo-Saxon England* 25 (1996): 69–89.

10.2   *were expelled from Scythia and went to that land:* The verb *geforon* could also mean "conquered [that land]," but in view of what follows, "went to" is more likely. The land in question is presumably Asia Minor.

10.5   *the Greek ships that are called "dulmuns":* The text mentions "dulmuns" three times as a kind of warship, but the word does not otherwise occur in Old English. It is probably an adaptation of the Latin (Greek-derived) word *dromones,* defined by Isidore as a longship or beaked ship.

12.1   *He was extremely licentious:* This is merely a guess at the meaning of the word *furþumlic,* which does not occur elsewhere in Old English. Its sense is wholly uncertain, but it presumably means something of this kind.

12.2   *his maternal grandson Cyrus:* Orosius has the term *nepos,* which means "nephew" or "grandson," as does the Old English word *nefa,* but he goes on to identify Astyages as the grandfather of Cyrus, as indeed fuller versions of it report. Osric refers to Astyages as the *eam* of Cyrus; this would normally mean "uncle" in Old English, and so other editors and translators of *The Old English History* identify Cyrus and Astyages as nephew and uncle, but elsewhere in *The Old English History* it is clear that *eam* can also mean "maternal grandfather" in Osric's usage (see 2.1.3 and 2.2.2) and that must be what Osric intended here.

14.3   *I have now briefly narrated what happened before Rome was built, which was four thousand four hundred and eighty-two years from the beginning of the world. From the time it was built to the birth of our Lord was seven hundred and fifteen years:* Orosius does not give the dates at this point, but they are supplied in a good many manuscripts of his work, and the combined figure of five thousand one hundred and seventy-nine years from the beginning of the world to the birth of Christ accords fairly closely with the figure of five thousand one hundred and ninety-nine, which Orosius gives in his preface for the period from Adam to the birth of Christ, drawing on Eusebius and Jerome.

BOOK 2

BOOK 2

1.7   *Alaric, its count and the king of the Goths, tried to take its power away … when both its own governor and the king of the Goths wanted to take its power away:* The first reference is to Alaric's dual role as a count (Latin *comes*) of the city of Rome under the empire and as king of the Goths. In the second reference the verb "wanted" is plural, so by "its own governor" Osric probably means not Alaric but Attalus, the Greek-born prefect of the city who was proclaimed emperor by Alaric in 409 (but soon deposed) and who is named at this point by Orosius.

2.3   *the people of Canusium:* Latin Caeninensium, referring to the people of Canusium, modern Canosa in Apulia. The Old English text reflects the Latin variant Cirinensium.

2.4   *the most distinguished of the Romans next to the king himself:* Or perhaps, "the most distinguished of the Romans in the eyes of the king." Brutus is not elsewhere identified as the brother of Lucretia, and Orosius gives no detail on this episode.

3.2   *Tarquin sent another warrior, the son of the arrogant Arruns:* In Orosius's account it is Arruns himself, the son of Tarquin the proud (*Tarquinus Superbus*), who fights with Brutus.

4.1   *until the plague came to an end:* The punctuation in the manuscripts, followed by all editors, places this clause at the beginning of the next sentence, but context, usage, and Latin source all suggest it belongs here.

4.6   *Then one of his officers boasted that he would swim across it, using two barrels, but the current swept him away:* "Barrels" is no more than a guess for Old English *tyncenum*, which is not otherwise recorded. In the standard Latin text it is one of Cyrus's horses (*equorum*) that is drowned, but *equitum*, meaning "riders" or "knights" is a common manuscript variant.

5.2   *Their leader was Theseus, who was superior in the speed of his actions*

437

rather than the strength of his army: Orosius identifies the leader of the Athenians as Miltiades, but there were stories that the legendary founder of Athens, Theseus, appeared in spirit at the Battle of Marathon and inspired the Athenians.

6.2   *took as consul a common man, where he was working in his field with his hands on the plow:* This is Quintius Cincinnatus.

BOOK 3

3.2   *since you, Father Augustine, have described them clearly in your books:* Orosius addressed Augustine of Hippo in his preface, noting that the latter had instructed him to write his *History* and was himself by then engaged in writing the eleventh book of his *City of God,* which is probably the work referred to here.

5.1   *since they were both fighting at the time against the same land, Beneventum:* The point is not in Orosius (or any other known source), and the sense is uncertain. It could be rendered "since they [the Carthaginians] were fighting against a territory called Beneventum," perhaps implying that they wanted to ensure by a peace treaty that the Romans did not intervene. If "they" means the Carthaginians and the Romans, it would mean that both were already at war in Beneventum, and the force of *on an land* could be "against the same land." Beneventum is later identified with Campania (4.9.4), which is the subject of the next paragraph.

7.2   *Alexander, who held the kingdom of Sparta:* This should of course be the kingdom of Macedonia (Orosius does not specify).

7.10   *until a woman shot him through the thigh:* Orosius does not identify the assailant as a woman. Bately suggests that Osric saw a putative gloss on Latin *femur* (thigh), which appeared to link the event with *femina* (woman). Bosworth interpreted the Old English *cwen* as a proper name and translated "a Cwene," meaning a warrior from the northern people called Cwenas, who have been mentioned in the geographical account.

7.12   *The death of Philip:* Osric's account bears little relation to that in Orosius, where Philip is ambushed and killed by a young Macedonian noble when on his way to watch the games. It appears to be an imaginative reconstruction by Osric, based on a brief explanatory gloss in a Latin manuscript.

9.8   *in the city of his ancestors:* Orosius says that Darius was buried in the tomb of his ancestors, but both manuscripts of the Old English text have *byrig* (city) rather than *byrgenne* (tomb).

9.10   *His devilry and his harrying:* The normal sense of *scinlac* is "magic, sorcery"; dictionaries, translators, and editors offer "rage, frenzy" for this one instance, but it is doubtful, so "devilry" is used here.

11.3–4   *Alexander's successors:* This long list of unfamiliar names, identifying Alexander's successors and the peoples and regions over which they ruled, not surprisingly produced massive confusion in the Latin manuscripts, not helped by Orosius's random variations in word order, so that subjects sometimes precede objects and sometimes follow them, and the scribes found it hard to distinguish the names of rulers from those of the ruled and to work out who got what. Orosius himself in places had similarly garbled the list given by his source Justinus, perhaps because of corruptions in his copy of Justinus. The Old English text reflects those confusions and no doubt adds some of its own. Where the Old English can be understood as saying the same as the edited text of the Latin, I have translated accordingly, even if objects might more naturally be read as subjects, and used the Latin (or Greek) forms of the names, but otherwise I have just rendered what the Old English says. So "Thelenus" is not in Orosius the name of the ruler of Cilicia but a variant for Mitylanaeus, which is a soubriquet of Laomedon of Mitylene who got Syria/Assyria, while "Stromen" is originally not the name of a ruler but a corruption of the Latin *socer* (father-in-law), and "Susana" was not the ruler of Phrygia but the people *Susaniana gens* ruled by Scynus, and so on. In paragraph 4 "the Calonians" are actually the colonies *(colonias)*, "Sicheus" is actually Itacanor the Scythaean, and the "Polausus" who got the "Archi" is actually Archous Pellasos, who got the Babylonians.

11.5 *They also refused to be subject to the Spartans:* That is what the Old English manuscripts say, but it should of course say "Macedonians" as Orosius wrote, rather than Spartans.

 The Athenians led thirty thousand men and two hundred ships against King Antigonus: The Latin text says "against King Antipater," but since Osric goes on to explain that Antipater was besieged because he had helped Antigonus, he clearly intended Antigonus here, and presumably had authority for it.

BOOK 4

1.3 *they answered him ambiguously and said, "You will have it or not have it":* Orosius himself did not give the words of the oracle, but they often appear as a gloss to this passage in the Latin manuscripts and are much quoted by other Latin writers, usually in the form *Aio te Aecida Romanos vincere posse,* which reads most naturally as, "I say son of Aeacus that you can defeat the Romans," but could also be read as, "I say son of Aeacus that the Romans can defeat you."

1.4 *near the river Liris:* This is the location given by the Old English text and the edited text of Orosius, but some Latin manuscripts give the river Siris instead.

4.3 *Elissa:* Another name for Dido.

6.1 *Hanno, the king of Carthage, with all his people became tributary to the Romans:* Orosius says it was Hieron, king of Syracuse, who submitted to the Romans.

6.4 *After that the consul Atilius laid waste:* This is Atilius Regulus, referred to as Regulus subsequently, but Orosius does not identify the two.

6.10 *In the time of the consul Lucius Caecilius and Metellus Gaius and Furius Placidus:* These are the two consuls Lucius Caecilius Metellus and Gaius Furius Placidus in Orosius's account. Several further instances of reading two consuls as three occur in the Old English text, but the interpretation is evidently Osric's not the Old English scribes', since he explicitly refers to a third consul in some places; so the reading has to be retained in the text and translation.

fought with Metellus the king: This must be the consul Metellus, but both manuscripts agree in reading *cyning.*

6.11   *should become a king over a nation:* The wording does seem to suggest that the Romans were inviting Regulus to become king over them, though kings had been abolished centuries earlier and he had simply been a consul for a year some five or six years earlier. There is nothing similar in the narrative of Orosius or in the many other classical stories about Regulus.

6.12   *the consuls Atilius Regulus and Manlius Vulsco:* This is the son of the previous Regulus.

surrounded them: Taking *hine* (him, it) as either a mistake for plural or as referring to one of the consuls or the army.

6.13   *Lutatius set off against the Carthaginians:* Osric's *on Africe* presumably means "against the Africans" (that is, "Carthaginians") rather than "to Africa," since the target is Sicily.

7.1   *Titus Sempronius and Gracchus Gaius:* The Latin gives *T. Sempronio Graccho C.Valerio Falcone consulibus,* usually expanded as Tiberius Sempronius Gracchus and Gaius Valerius Falco, though some manuscripts give *Titus* Sempronius Gracchus. Many similar instances of misinterpretation or mistaken division of consuls' names occur subsequently in the *Old English History* and are not noted again here.

the Gauls who are now called Lombards: Orosius identifies them as Cisalpine Gauls, so presumably Osric means either that they were the Gauls who occupied the part of Italy that was inhabited in his time by the Lombards (Germanic invaders or migrants who moved into Italy in the sixth century) or conceivably that these Gauls were the ancestors of the later Lombards.

one of them had fled in the earlier battle: Osric simply says "he had fled." Orosius reports that one of the consuls, Valerius, had been killed in the first battle against the Gauls and that a triumph was refused to the remaining one because of the preceding defeat.

8.2   *over the mount of Jove: Mons Iovis,* or in Old English *Munt Iof,* was the late antique name for what is now the Great Saint Bernard pass over the Alps, because of the temple of Jupiter erected there.

There were one thousand foot soldiers in his army: The Old English manuscripts agree in this figure but Orosius has one hundred thousand, which is more plausible.

8.5   *the consul Scipio, brother of the other Scipio:* That is, Gnaeus Cornelius Scipio, brother of the consul Publius Cornelius Scipio who figures in 4.8.2.

9.1   *killed two of the consuls and captured the third:* Orosius specifies two consuls, Lucius Aemilius Paulus and Publius Terentius Varro, of whom the first was killed in the battle of Cannae and the second escaped.

9.2   *Scipio, who was the most senior of the military men:* Orosius identifies this Scipio as the future Scipio Africanus (son of the consul Publius Cornelius Scipio mentioned in 4.8.2), and notes that he was only a military tribune at the time. On other evidence he was only twenty. He is presumably to be identified in *The Old English History* with the heroic son of Scipio mentioned in 4.8.2 and the young general of 4.9.4. His appointment as consul in 4.9.3 seems to be an invention by Osric, with no basis in Orosius or any other source.

9.5   *the two Scipios, who were consuls and also brothers:* In Latin historical tradition at least these are the two Scipios mentioned in 4.8.5.

10.1   *because of the skill of Archimedes, a Sicilian soldier:* This is indeed the celebrated Greek scientist and inventor Archimedes of Syracuse (ca. 287–ca. 212 BCE), who designed defense equipment as well as the Archimedes screw and other devices. Old English *þegn* has various meanings (follower, disciple, officer, warrior, and so on) but "scientist" is not one of them.

10.10   *Some fled to the island of Crete:* So in *The Old English History,* but in Orosius it is the island of Cirta, much nearer the African coast.

10.11   *in accordance with their heathen custom:* Orosius may have only meant that Hannibal saw the ruined tomb as an indication of disaster, but Osric picked up the hint of ill omen in the Latin word *abominatus.*

10.12   *Terence, the great Carthaginian poet, went with it wearing a hat:* The Roman playwright Terence (Publius Terentius Afer) was indeed of North African background, but he was born some years after Scipio's victory and originally brought to Rome as a slave, by a Roman senator some decades after the events described here, and later freed. Orosius mistakenly describes him accompanying Scipio's triumph among the Carthaginian captives but wearing the felt cap signifying a manumitted slave. This apparently derives from Livy's account of a quite different Terentius, a Roman senator who had been captured by the Carthaginians and freed by Scipio after his victory and who followed his triumph wearing the cap as a sign that he had been freed from Carthaginian servitude.

11.3   *He didn't know how he had come to him, but some people said that he had been captured while on a raid or on guard duty:* Orosius says that it is unknown how Scipio's son came to be in Antiochus's hands. The Old English text as it stands apparently says that Antiochus did not know how he came to be there, unless the initial *He* refers to Orosius.

11.4   *Fulvius went with an army to Mount Olympus in Greece:* Orosius describes Fulvius advancing *from* Greece to Galatia, so that the Olympus in question is the one in Asia Minor. Osric has Fulvius going *to* Greece and hence to the Mount Olympus that is in Greece.

12.1   *the consul Scipio, who was surnamed Africanus subsequent to that campaign, because he went there for a second time when no one else dared:* This, in the Latin narrative, is the Publius Cornelius Scipio who was to be surnamed Africanus on a later occasion (Scipio Africanus the younger, see below on 5.4.3). Osric's wording seems to suggest that he had already campaigned in Spain, perhaps by association with the earlier Scipio Africanus of 4.9.4 (Scipio Africanus the Elder, whose death has been reported a little earlier in Orosius), and to imply, somewhat illogically, that he was given the name Africanus as a result of this Spanish campaign.

12.2   *Scipio repeatedly sent messages home:* Orosius identifies this figure as Scipio Nasica, who held office in Rome at the time; Osric identifies him as the Scipio Africanus of 4.12.1.

13.1   *When that had been done:* Osric must mean that the Carthaginians had given up their weapons but had not abandoned the city.

13.2   *another smaller fortress on the sea cliff, which was two miles high:* This is clearly wrong, whether referring to the height of the citadel or to the cliff, but the two Old English manuscripts both have *heah* (high), and it is difficult to know what Osric intended. Orosius says that the citadel "comprehended [*tenebat*] a little more than two miles," but whether he meant length or circumference or area or something else is unclear, and his source appears to have been a lost book of Livy, so we can never know.

13.3   *It is important to grind the softest stone firmly if you want to use the best whetstone on it:* This is a rather desperate guess at the meaning. The natural sense is that you have to work hard to make a good whetstone from soft rock, but that seems a stupid thing to attempt. My translation reflects Thorpe's.

BOOK 5

3.2   *Ale-brewing was done at that city for the first time, because they had no wine:* Orosius reports that the Numantines did not produce or drink wine, being unable to grow vines in their country, but were accustomed to making a powerful-sounding alcoholic drink, made from malted and fermented grain mixed with a sweet juice, and drank this before going into their final battle against Scipio. Osric simply calls the drink ale, and it is not clear what the force of his *ærest* (first) is: that ale was invented by the Numantines, or that they turned to brewing ale for the first time because the long siege meant that they had no wine left, and being unfamiliar with it were led to destruction?

4.1   *One was from Nicomedia, another from Bithynia, a third from Pontus, a fourth from Armenia, a fifth from Argeata, a sixth from Cappadocia, a seventh from Filimene, an eighth from Paphlagonia:* This list conflates the names of kings and the names of their countries. Orosius has just four kings, Nicomedes of Bithynia, Mithridates of Pontus and Armenia, Ariarathes of Cappadocia, and Pylaemenes of Paphlagonia, but there is much confusion in the Latin manuscripts.

4.3   *Scipio, the best and finest of the Roman senators and officers: . . .*
This fine passage on the murder of Scipio Africanus and his fi-
nal speech, together with Orosius's address to the Romans, is
much fuller and more dramatic than that given by Orosius
himself. In filling out the story, Osric combines details of this
Scipio Africanus (Publius Cornelius Scipio Aemilianus Africa-
nus, or Scipio Africanus the Younger, 185–129 BCE), who had
brought the third Punic War to an end with the destruction of
Carthage, and his grandfather by adoption, Scipio Africanus
the Elder (Publius Cornelius Scipio Africanus, 236–183 BCE),
who had defeated Hannibal. Both are said by Orosius to have
suffered ingratitude from Rome and both had had successful
campaigns in Spain. Manuscript *L* has a shorter version, which
is perhaps what Osric originally wrote, with this version from
Manuscript *C* representing a subsequent rewriting in more
rhetorical vein. The *L* version reads as follows: "At that time
Scipio, the best of the Roman officers, complained to the Ro-
man senators about his ill-treatment, when they were at a
meeting, asking why they so dishonored him in his old age, and
why they refused to consider all the troubles and toil he had
endured in response to their wishes and their needs, for many
years, over and over again, pointing out that he had rescued
them from the domination of Hannibal and from many an-
other nation, and subdued the whole of Spain and all of Africa.
Then on that very night the Romans expressed their gratitude
for all his labor when they smothered him in his bed."

8.1   *All but ten of the forty thousand were killed, and eighty thousand of the
Romans, including their consul and his two sons:* Orosius presents
this as a major Roman defeat, with eighty thousand Roman
soldiers and forty thousand camp followers killed, apart from
ten, and nothing said about losses on the Gallic side. Osric
does not say which side won but implies a Roman defeat, given
the numbers, even if the forty thousand are to be understood
as Gauls in his version.

9.1   *Lucius and Apulcius and Saturninus:* In fact, one person in the
Latin text, Lucius Apuleius Saturninus, whom Orosius identi-
fies as the original instigator of the civil strife.

10.1   *when Julius the emperor was consul for the sixth time, along with Lu-*
        cius Martius: The Latin text has *Sex. Iulio Caesare et L. Marcio*
        Philippo consulibus, meaning "when Sextus Julius Caesar and
        Lucius Marcius Philippus were consuls" (in 91 BCE, though
        Orosius's date is 87 BCE), Sextus being one of the many Julius
        Caesars active in Roman service in the last centuries of the
        republic. Osric evidently interpreted the *sexto* of his copy as
        meaning "for the sixth time," not unreasonably, and identified
        this Julius Caesar as the famous Gaius Julius Caesar who was
        assassinated by Brutus and Cassius and was viewed as an em-
        peror in Anglo-Saxon tradition. The Old English phrase *Iulius*
        se casere is rendered "Julius Caesar" by previous translators, on
        the assumption that *se casere* is a form of the cognomen, but
        elsewhere in the *History* and in Old English generally, *se casere*
        always means "the emperor," and when the phrase *Iulius se casere*
        occurs in the List of Chapters at 1.10, it corresponds to *Iulius se*
        cræftiga casere (Julius the mighty emperor) in the text, meaning
        Gaius Julius Caesar, the founder of the Roman Empire. The
        Anglo-Saxon Chronicle similarly refers to the latter as *Gaius*
        Iulius se casere or *Gaius Iulius Romana casere* (emperor of the Ro-
        mans), and the *Old English Bede* refers to him as "Gaius Julius
        the first *casere* of the Romans," so it would seem that *se casere* is
        best rendered "the emperor." That Osric intended an identifi-
        cation with Gaius Julius Caesar here, in contrast to the Latin
        text, is confirmed by the second half of the sentence referring
        to the hostility between Julius and Pompey, which does not
        correspond with anything in Orosius at this point but appar-
        ently draws on the subsequent account of the conflict between
        Gaius Julius Caesar and Gnaeus Pompeius Magnus (Pompey
        the Great). Osric presumably used "Julius the emperor" pro-
        leptically to identify him as the Julius who later became em-
        peror, unless *se casere* is meant as an honorary cognomen, like
        Africanus. From this point on Osric condenses events consider-
        ably and (perhaps deliberately) does not distinguish the various
        Julius Caesars and Pompeys, leaving readers presumably to as-
        sume that all references are to Gaius Julius Caesar and Gnaeus
        Pompeius Magnus.

10.2 *Julius the emperor fought against the Marsi and was defeated. Soon after that Julius fought against the Samnites and the Lucanians and defeated them. After that he was hailed as emperor:* Orosius identifies this figure as *L. Iulius Caesar,* apparently meaning Lucius, the father of Gaius Julius Caesar, and describes him being hailed as *imperator* by his troops after a victory over the Samnites and Lucanians. Osric apparently identifies him as Gaius Julius Caesar being proclaimed emperor. The following sentences in *The Old English History* convert the senate's gesture of celebration into a refusal of a triumph and other signs of honor to Julius, again reflecting the later treatment of Gaius Julius Caesar.

11.1 *the consul Marius, the uncle of Julius:* That Marius was the uncle of Gaius Julius Caesar is known from Plutarch, but it is not in Orosius or any other likely Latin source.

because it was their custom that every twelve months each consul's seat should be raised one cushion higher than it was before: A baffling statement with no known source. Conceivably, Osric saw a gloss or annotation that had arisen from a miscopying of Sulla as *sella* (seat).

13.1 *He subsequently fought five civil wars:* Osric appears to list only four, but the fifth civil war in the Latin text is a second one against Antony, which is what *The Old English History* goes on to describe. Manuscript *C* has a revised version here, and instead of "fought five civil wars" records that Octavian "fought most royally and sustained four wars."

13.4 *a snake of another kind called a visillus:* The Latin word is *Psylli,* but it refers not to a snake but to humans who could draw out poison (though that is not evident from Orosius's wording).

he enriched Rome so much that everything cost twice as much as before: That is the sense of the Latin and probably of the Old English, and makes sense in terms of economics, but the Old English could be taken to mean that everything became twice as cheap, as Barrington and Bosworth render it, since *ceapian* means both "to buy" and "to sell."

15.2 *Here ends the fifth book and the sixth begins:* This corresponds to the end of the *sixth* book in the Latin text but is the end of the fifth in the Old English, since the material from the fifth and sixth books of the Latin has been combined into one. Manuscript *L*, following the Latin, has "sixth" and "seventh" here, manuscript *C* has "fifth" and "sixth," probably through correction by a reviser to make the wording fit the reality.

Book 6

5.1   *the family of the Caesars died out:* Following Orosius fairly precisely *(omnis Caesarum familia consumpta est); casara mægð* here presumably means either "the family with the cognomen Caesar" or "the family of the emperors," meaning the line from the first *casere,* or emperor, Julius Caesar. Neither Orosius nor Osric specifies the relationships of the early emperors, but in fact Tiberius was not a Caesar by birth, only on his adoption by Augustus, and Caligula, Claudius, and Nero were related to Tiberius rather than to Augustus and Julius.

12.1   *Pompeius who was also called Pius:* This is the emperor known universally as Antoninus Pius, and so named in Orosius, and it is impossible to explain how he came to be called Pompeius in the *Old English History.*

24.1   *One, Valerian, was with the people called Emilites:* Orosius says that Valerian was hailed as emperor by the troops in Raetia (roughly modern Switzerland), though *Raetia* is an editorial reconstruction and the Latin manuscripts have many different readings. None corresponds to the Old English *emilitum* though. Bosworth suggested that it means "the people of Aemilianus" (that is, the followers of the previous ruler); Bately speculated that Osric was following a hypothetical gloss *a militibus* (by the soldiers) to the subsequent *ab exercitu.*

24.2   *the Sarmatians removed all of Dacia from Roman control; and the Huns ravaged Pannonia:* Orosius does not specify who was responsible for the loss of Dacia but reports that the Sarmatians and Quadi invaded Pannonia. Osric seems to have identified the Quadi, a minor Germanic people of whom little is known, with the Huns, who did not arrive in Europe until the fourth century (the events described here belong to the period around 265 CE).

26.1   *Aurelius succeeded to power:* Called Aurelianus in Orosius.

28.1   *He drove the Huns out of Gaul:* Orosius refers only to barbarians *(barbari)* being driven out of Gaul. The Huns arrived in Gaul only in 451, whereas Probus reigned from 276 to 282 CE.

31.1   *Constantius succeeded to power along with his two brothers Constantine and Constans:* The names of the three sons of Constantine the Great, who all became emperor at the same time, though Constantius survived longest, caused much confusion in the Latin manuscripts and the Old English ones. In the edition of Arnaud-Lindet, the primary emperor is Constantius. In the Old English, he is called Constantine twice in manuscript *C,* and twice more in both manuscripts, and once again in manuscript *L,* and in the conflict between the other two brothers both manuscripts report, illogically, that it was Constans rather than Constantine who was killed. In the List of Chapters the primary emperor is called Constantine in both manuscripts. I have emended the text and the List of Chapters to match the Latin edition.

33.2   *Godenric the king of the Goths:* He is called Athanaric by Orosius, and subsequently by Osric (6.35.1), so it is not clear why he is called Godenric here.

36.2   *as if he had strangled himself unknowingly:* The force of *unwitende* is unclear. Its normal sense is "unknowing"; Thorpe suggests "voluntarily"; Bately "out of his senses."

38.1   *Honorius the king:* Both Old English manuscripts have *cyning* rather than *casere* (emperor) here.

Bibliography

EDITIONS AND TRANSLATIONS

Barrington, Daines, ed. *King Alfred's Orosius: The Anglo-Saxon Version from the Historian Orosius by Alfred the Great, together with an English Translation from the Anglo-Saxon.* London, 1773.

Bately, Janet, ed. *The Old English Orosius.* Early English Text Society ss 6. London, 1980.

Bosworth, Joseph, ed. *King Alfred's Anglo-Saxon Version of the Compendious History of the World by Orosius.* London, 1858. (Includes a Modern English translation.)

Sweet, Henry, ed. *King Alfred's Orosius.* Early English Text Society, original series 79. London, 1883.

Thorpe, Benjamin, ed. *Alfred's Anglo-Saxon Version of Orosius, with a literal English Translation.* In *The Life of Alfred the Great, translated from the German of Dr. R. Pauli,* by B. Thorpe. London, 1853.

PRIMARY SOURCES

Orose: Histoires contre les Païens, ed. Marie-Pierre Arnaud-Lindet. 2nd ed. 3 vols. Paris, 2003.

Orosius: Seven Books of History against the Pagans, trans. with an introduction and notes by A. T. Fear. Liverpool, 2010.

Secondary Sources

Bately, Janet M. "The Old English Orosius." In *A Companion to Alfred the Great,* edited by Nicole Guenther Discenza and Paul E. Szarmach, 313–43. Leiden and Boston, 2015.

Bately, Janet, and Anton Englert, eds. *Ohthere's Voyages: A late 9th-Century Account of Voyages along the Coasts of Norway and Denmark and Its Cultural Context.* Roskilde, 2007.

Englert, Anton, and Athena Trakadas, eds. *Wulfstan's Voyage: The Baltic Sea Region in the Early Viking Age as Seen from Shipboard.* Roskilde, 2009.

Godden, Malcolm. "The Old English Orosius and Its Context: Who Wrote It, for Whom, and Why?" *Quaestio Insularis* 12 (2012): 1–30.

———. "The Old English *Orosius* and Its Sources." *Anglia* 129 (2011): 297–320.

Harris, Stephen. "The Alfredian World History and Anglo-Saxon Identity." *JEGP* 100 (2001): 482–510.

Pezzarossa, Lucrezia. "Reading Orosius in the Viking Age: An Influential Yet Problematic Model." *Filologia Germanica* 5 (2013): 223–40.

Russell, Paul. "Revisiting the 'Welsh Dictator' of the Old English Orosius." *Quaestio Insularis* 12 (2012): 31–62.

Valtonen, Irmeli. *The North in the Old English Orosius: A Geographical Narrative in Context.* Mémoires de la Societé Néophilologique de Helsinki 73. Helsinki, 2008.

Index

The Index lists names in the translation. Personal names are generally indexed on the last name given, and persons or places of the same name are distinguished if the text distinguishes them. References are marked with "n" when there is a relevant discussion in the Notes to the Translation; see especially notes to 4.7.1 and 4.9.1 on the treatment of consuls' names.